Cutwork

Drawnwork

Hardangerwork

Needle Lace

テーブルクロス 1

解説 別紙図案

テーブルセンター 1

解説 別紙図案

テーブルセンター2

解説34頁

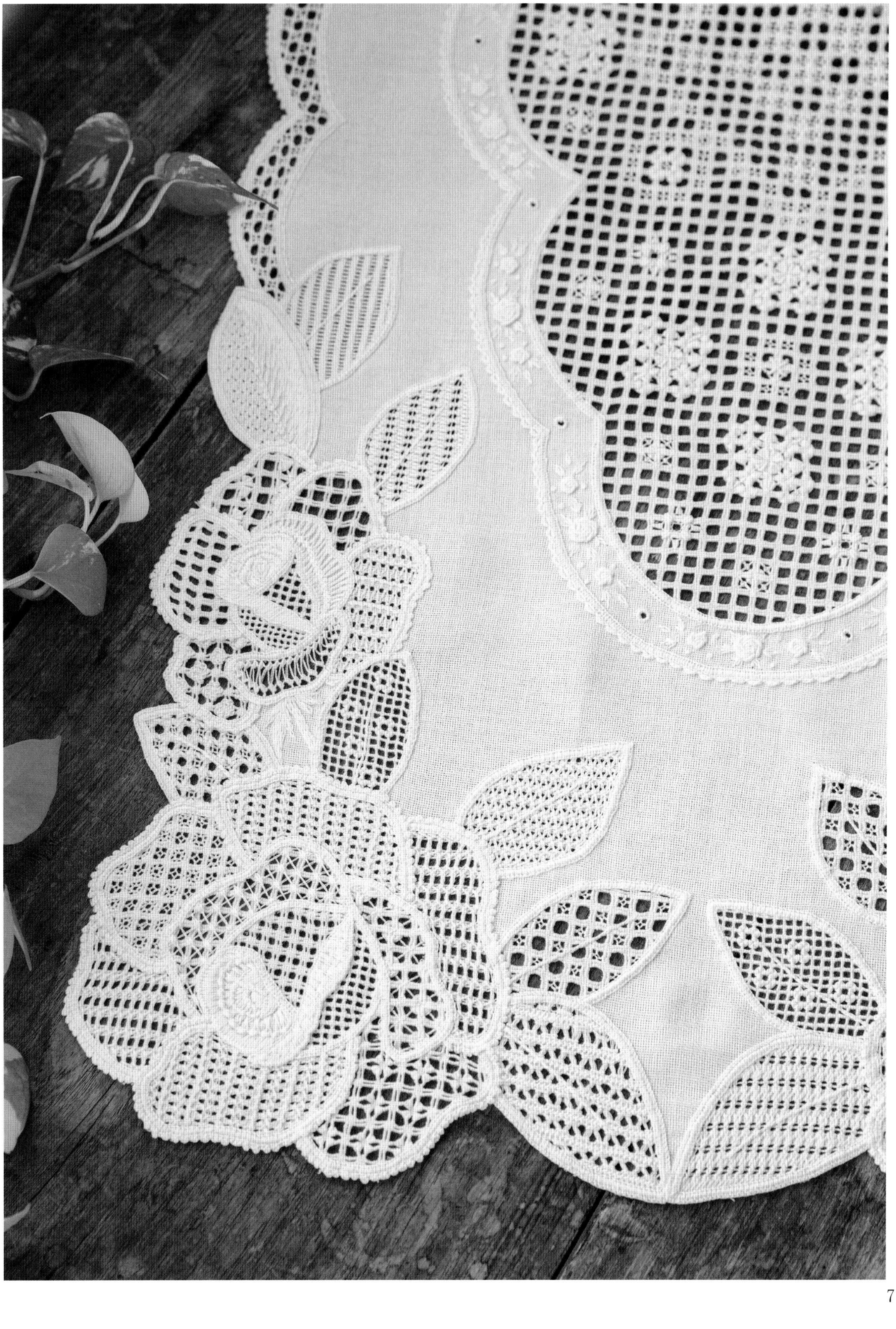

テーブルセンター3

解説44頁

テーブルセンター 4

解説48頁

ドイリー1

解説42頁

ドイリー2

解説56頁

テーブルセンター 5

解説54頁

テーブルセンター 6

解説60頁

ドイリー3

解説64頁

ドイリー4

解説66頁

テーブルセンター 7

解説92頁

アクリル額 1

解説33頁

アクリル額 2

解説68頁

額

解説72頁

クッション

解説81頁

バッグ 1

解説86頁

バッグ 2

解説88頁

バッグ 3
解説94頁

バッグ 4
解説96頁

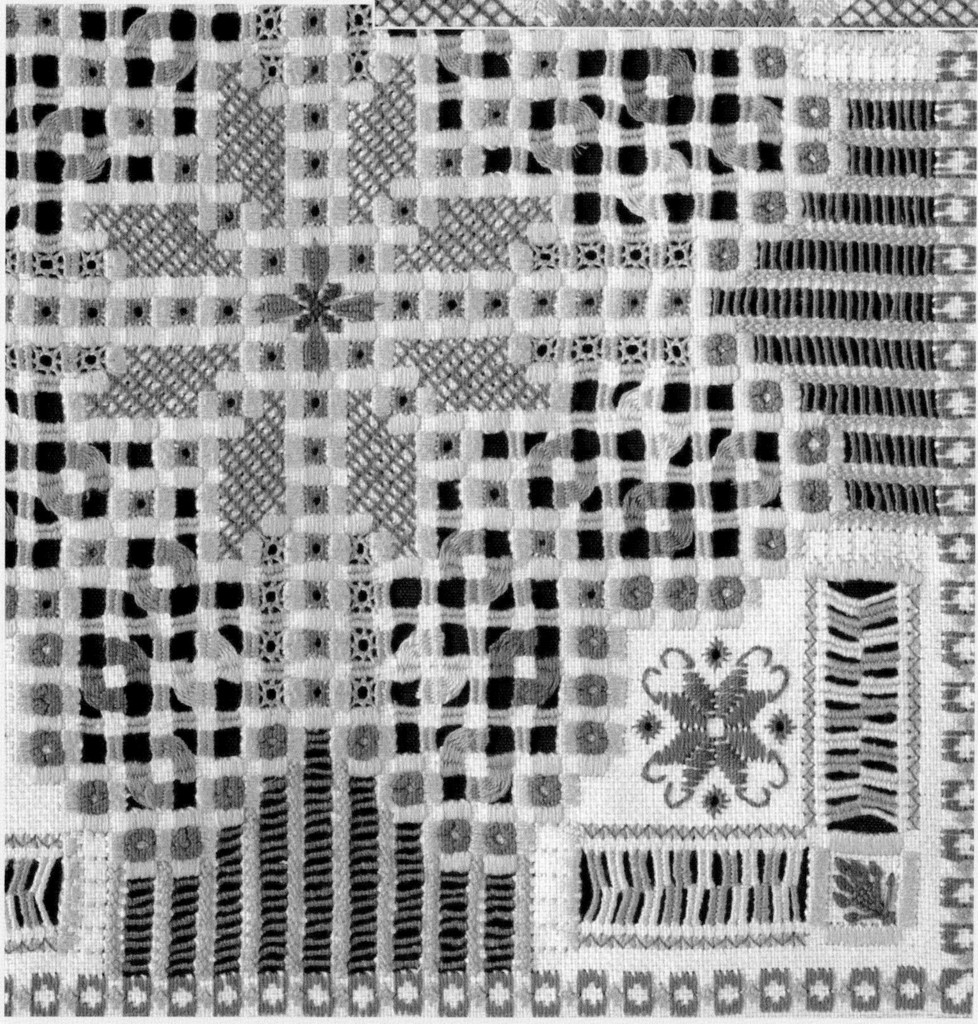

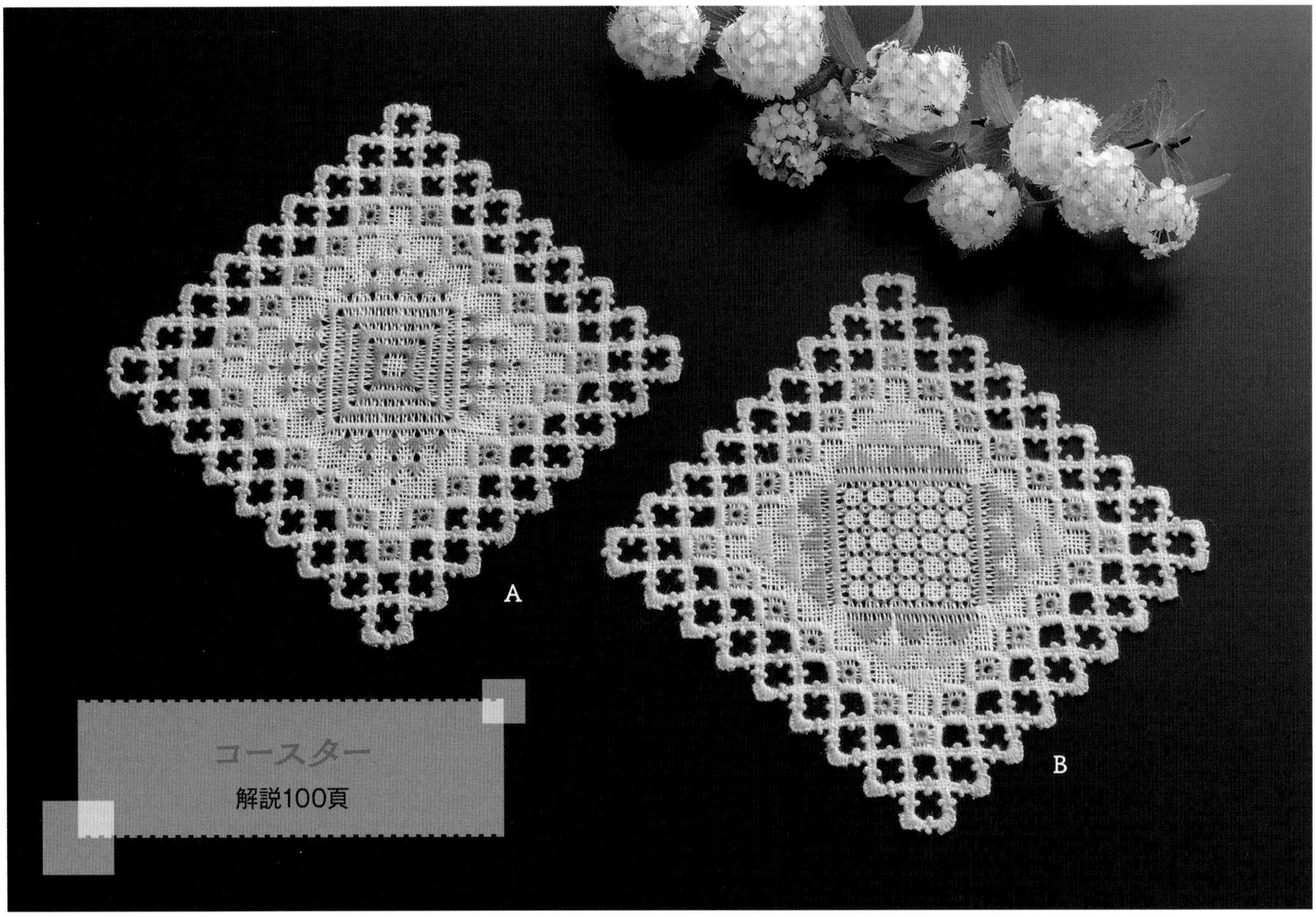

コースター
解説100頁

がま口ポーチ
解説98頁

アクリル額 1

口絵21頁

●**材料**　ツヴァイガルト3770ダボサ(100白)　[10cm平方：約70×70目]　35×35cm
[額外寸：28×28cm]、丸小ビーズ(グリーン)　適量。
コスモ25番刺繍糸　グリーン317　ブルーグリーン896～898　白2500。

●紙面の都合上、図案の一部を掲載しています。出来上がり図参照の上、図案を回転して完成させます。
●糸は、指定以外全て2500を使用します。
●刺し終えたら、糸を切らぬように周りの布をカットします。
●加工は専門店に依頼します。

出来上がり図　**単位：cm**

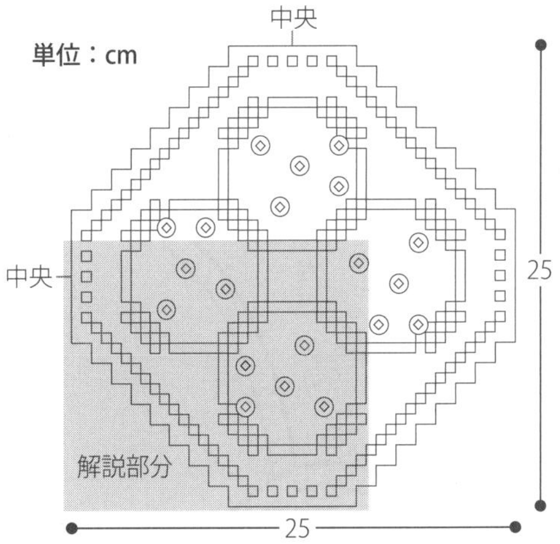

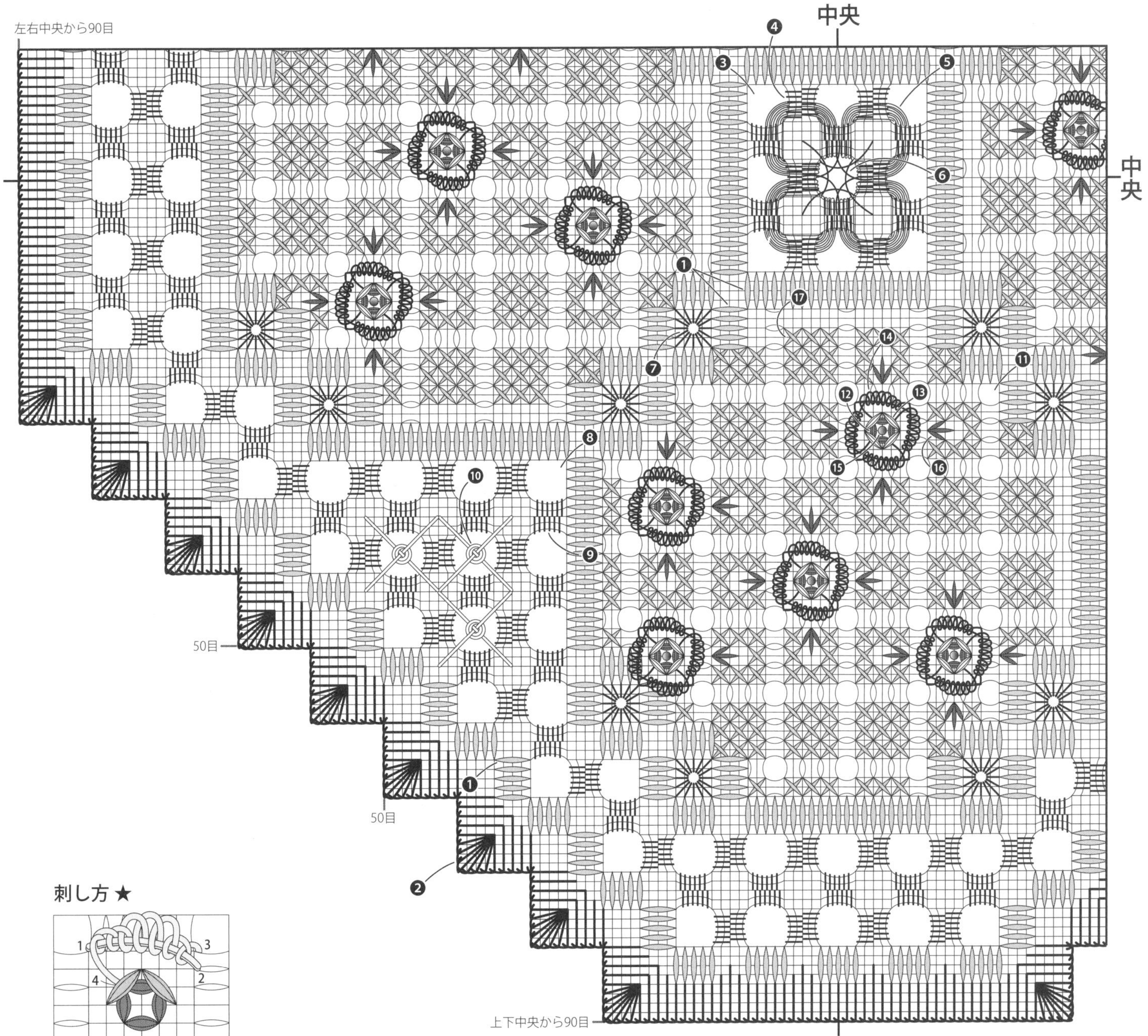

刺し方★

1からスタートし2に針を入れて2回渡す。
つづけて3から針を出し、2本の糸にゆるめにボタンホール・Sをかけ4の位置におとす。

❶ストレート・S (4)
❷ボタンホール・S (4)
❸タテヨコ4目ずつ織り糸を抜く
❹ダーニングかがり (3)
❺かがり方**C** (3)
❻かがり方**G** (3)
❼ストレート・S (2)
(きつめに糸を引く)
❽タテヨコ4目ずつ織り糸を抜く
❾ダーニングかがり (3)
❿かがり方**H** (3)
⓫タテヨコ2目ずつ織り糸を抜く
⓬プレーンナット・S 898(2)
⓭プレーンナット・S 897(2)
⓮ストレート・S+ボタンホール・Sの応用
(刺し方★参照) 896(3)
⓯丸小ビーズ(グリーン)
(897(2)で止め付ける)
⓰ストレート・S 317(2)
⓱クロス・S (2)

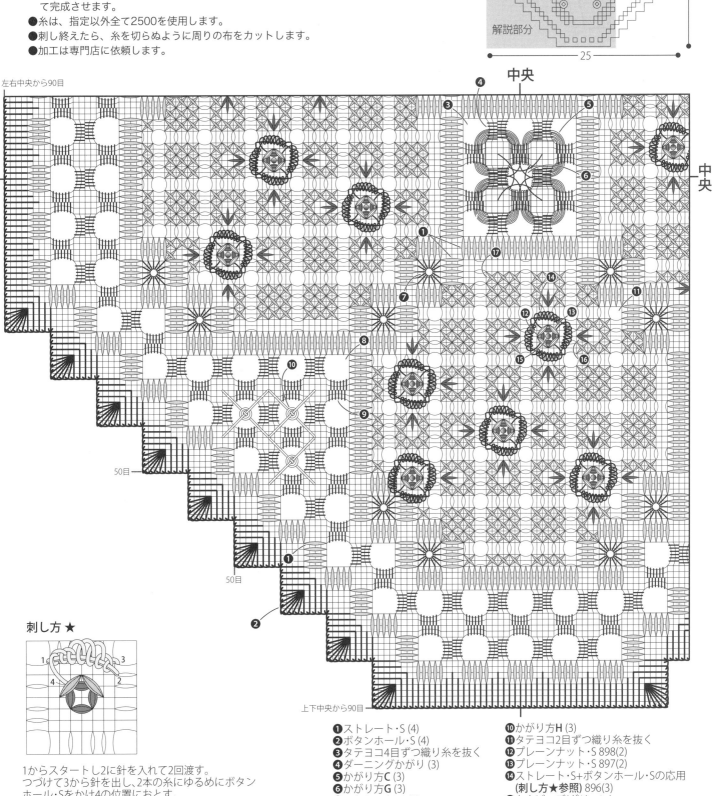

テーブルセンター 2
口絵6頁

材料、配置図は42頁に掲載

葉脈は、指定以外、葉Aと同様。

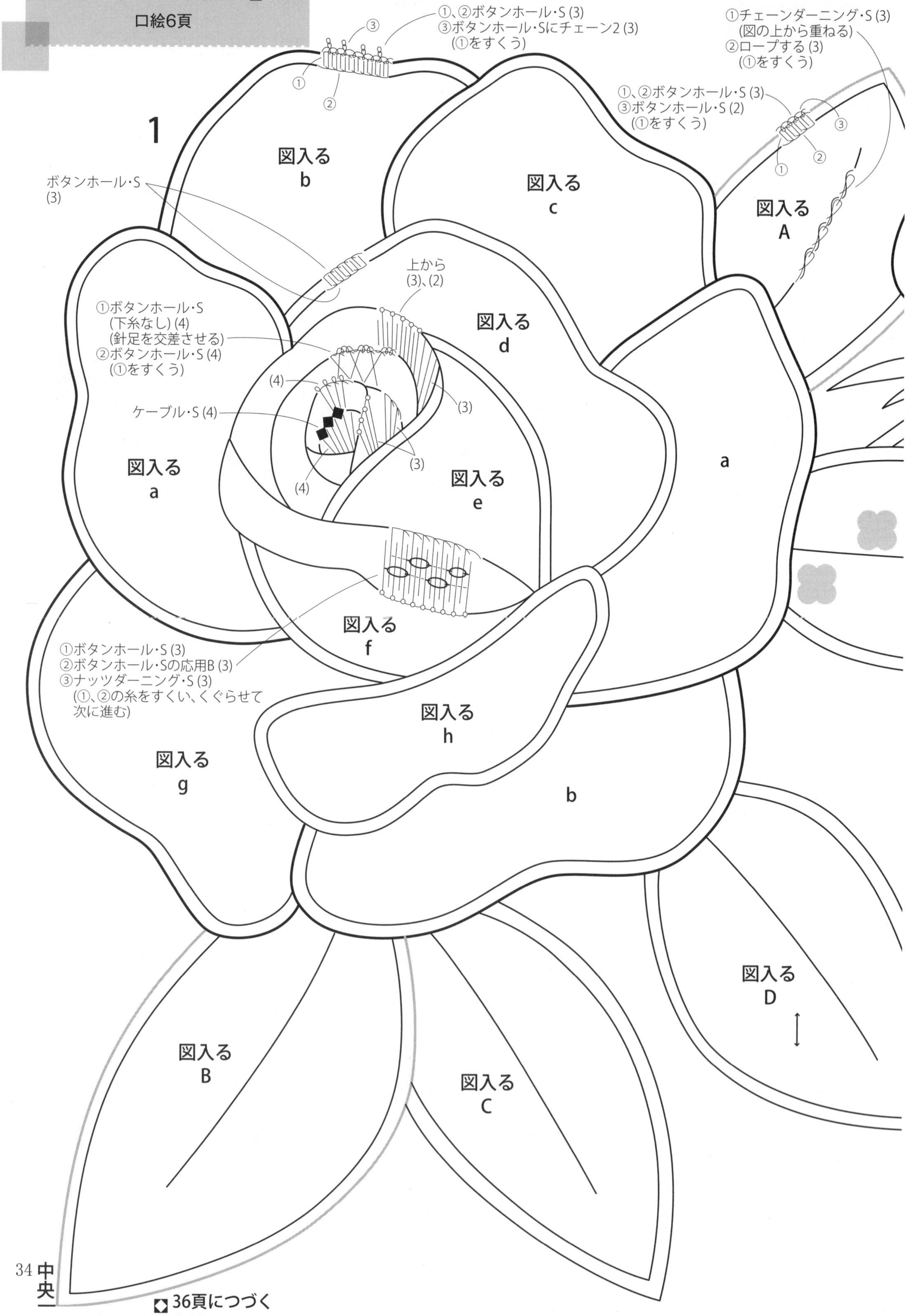

①、②ボタンホール・S (3)
③ボタンホール・Sにチェーン2 (3)
(①をすくう)
③
①
②
1
図入る
b
図入る
c
①チェーンダーニング・S (3)
(図の上から重ねる)
②ロープする (3)
(①をすくう)
①、②ボタンホール・S (3)
③ボタンホール・S (2)
(①をすくう)
③
②
①
図入る
A
ボタンホール・S
(3)
上から
(3)、(2)
図入る
d
①ボタンホール・S
(下糸なし) (4)
(針足を交差させる)
②ボタンホール・S (4)
(①をすくう)
(4)
(3)
ケーブル・S (4)
(3)
(4)
図入る
a
図入る
e
a
図入る
f
①ボタンホール・S (3)
②ボタンホール・Sの応用B (3)
③ナッツダーニング・S (3)
(①、②の糸をすくい、くぐらせて
次に進む)
図入る
h
図入る
g
b
図入る
D
図入る
B
図入る
C
中央

36頁につづく

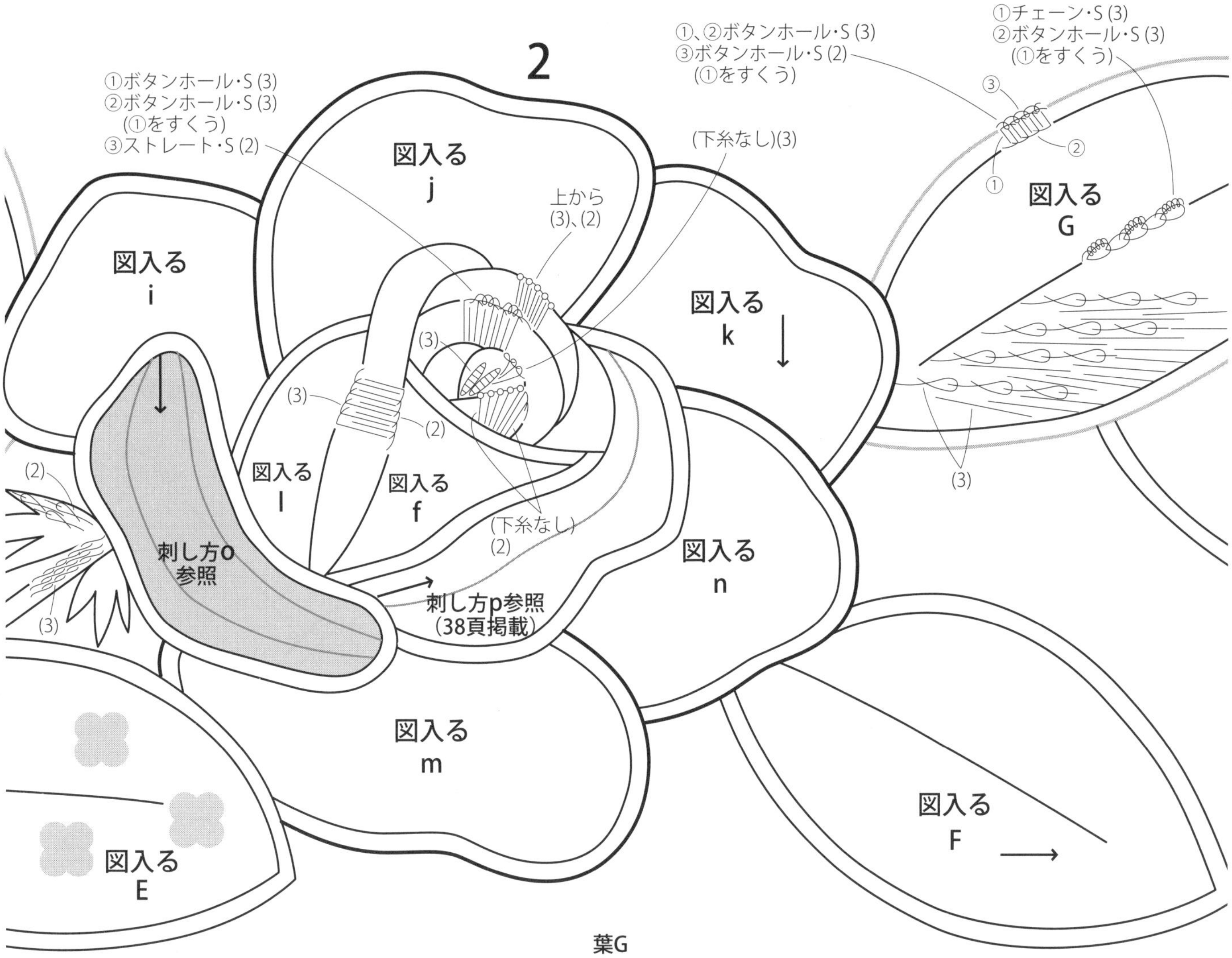
2
①ボタンホール･S (3)
②ボタンホール･S (3)
(①をすくう)
③ストレート･S (2)
図入る
j
上から
(3)、(2)
(下糸なし)(3)
①、②ボタンホール･S (3)
③ボタンホール･S (2)
(①をすくう)
①チェーン･S (3)
②ボタンホール･S (3)
(①をすくう)
③
②
①
図入る
G
図入る
i
図入る
k
(3)
(3)
(2)
図入る
l
図入る
f
(下糸なし)
(2)
(2)
刺し方o
参照
(3)
図入る
n
刺し方p参照
(38頁掲載)
(3)
図入る
m
図入る
F
図入る
E

◆ 38頁につづく

花2 花弁o 刺し方

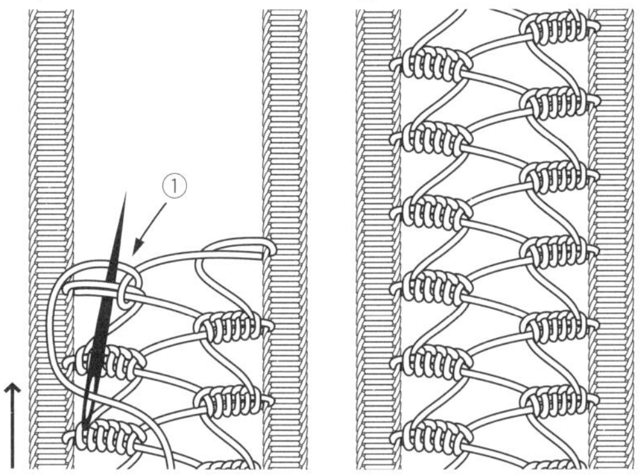
1
2
①

①フェザー･Sの応用A (3)
（ボタンホール･Sを6回ずつかける）

葉G

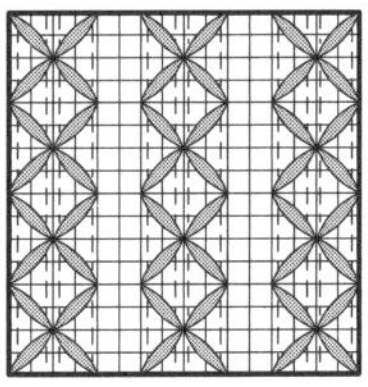

バック･S (3)
(山形に進む)

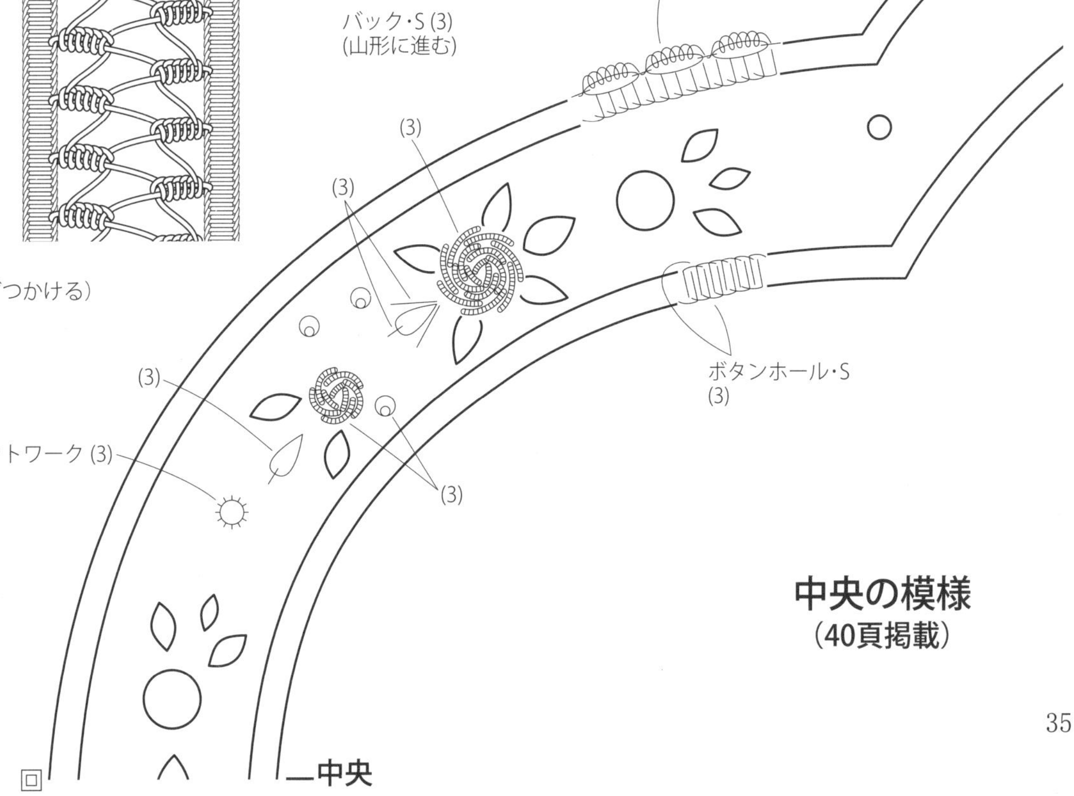
①ボタンホール･S (3)
②ナッツダーニング･S (3)
③ボタンホール･S (2)
(①をすくう)
(3)
(3)
ボタンホール･S
(3)
(3)
アイレットワーク (3)
(3)
□
中央

中央の模様
（40頁掲載）

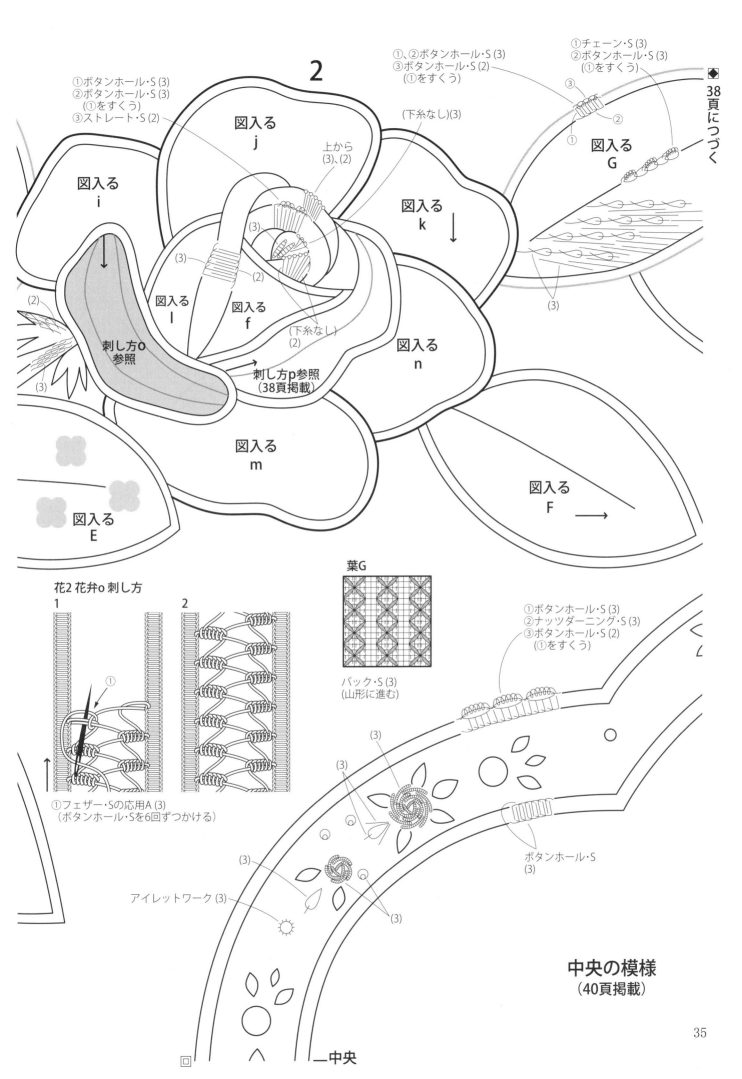

◘34頁のつづき

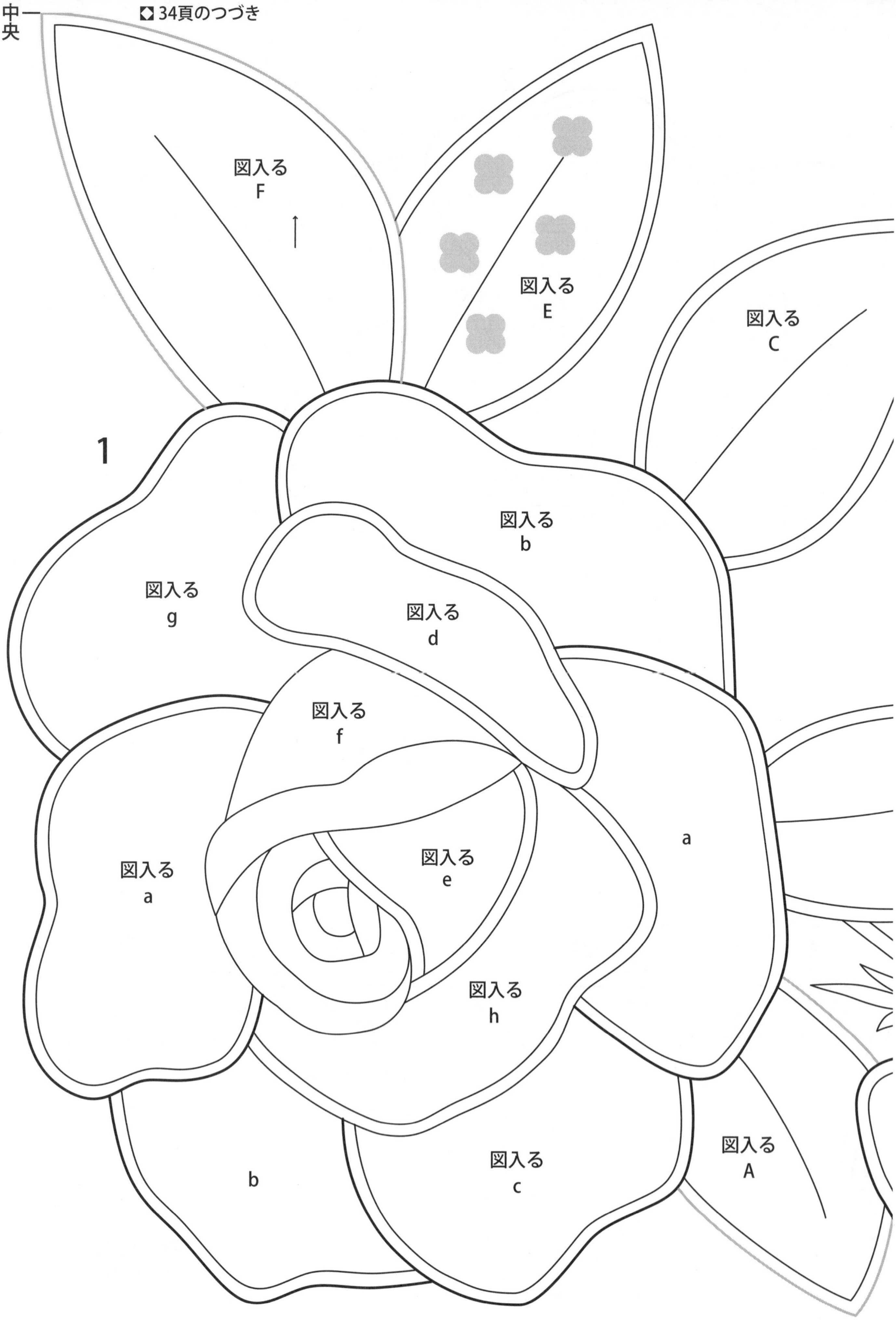
中央
1
図入る
F
図入る
E
図入る
C
図入る
b
図入る
g
図入る
d
図入る
f
a
図入る
a
図入る
e
図入る
h
b
図入る
c
図入る
A

テーブルセンター 2

口絵6頁

材料、配置図は42頁に掲載

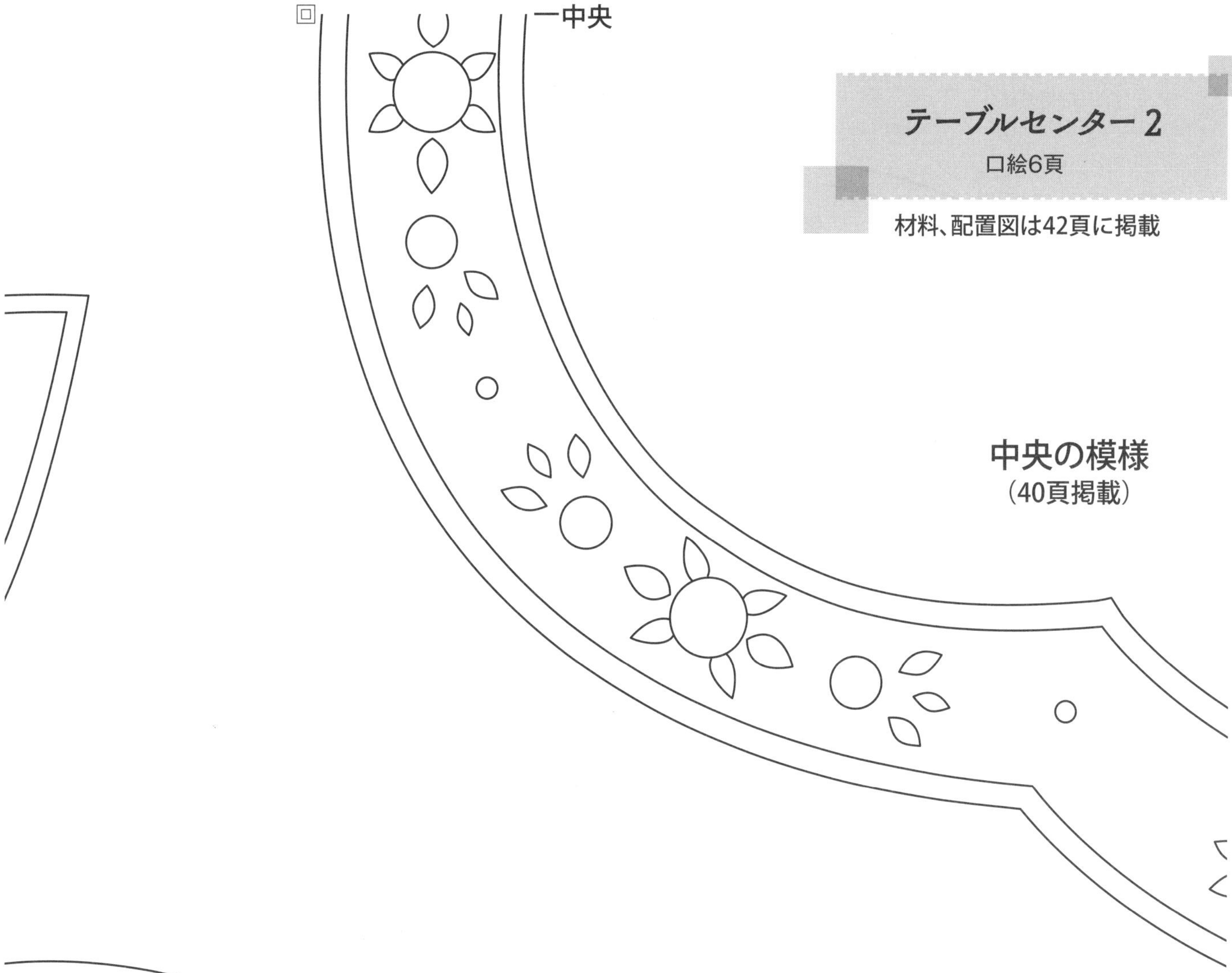
中央

中央の模様
（40頁掲載）

2

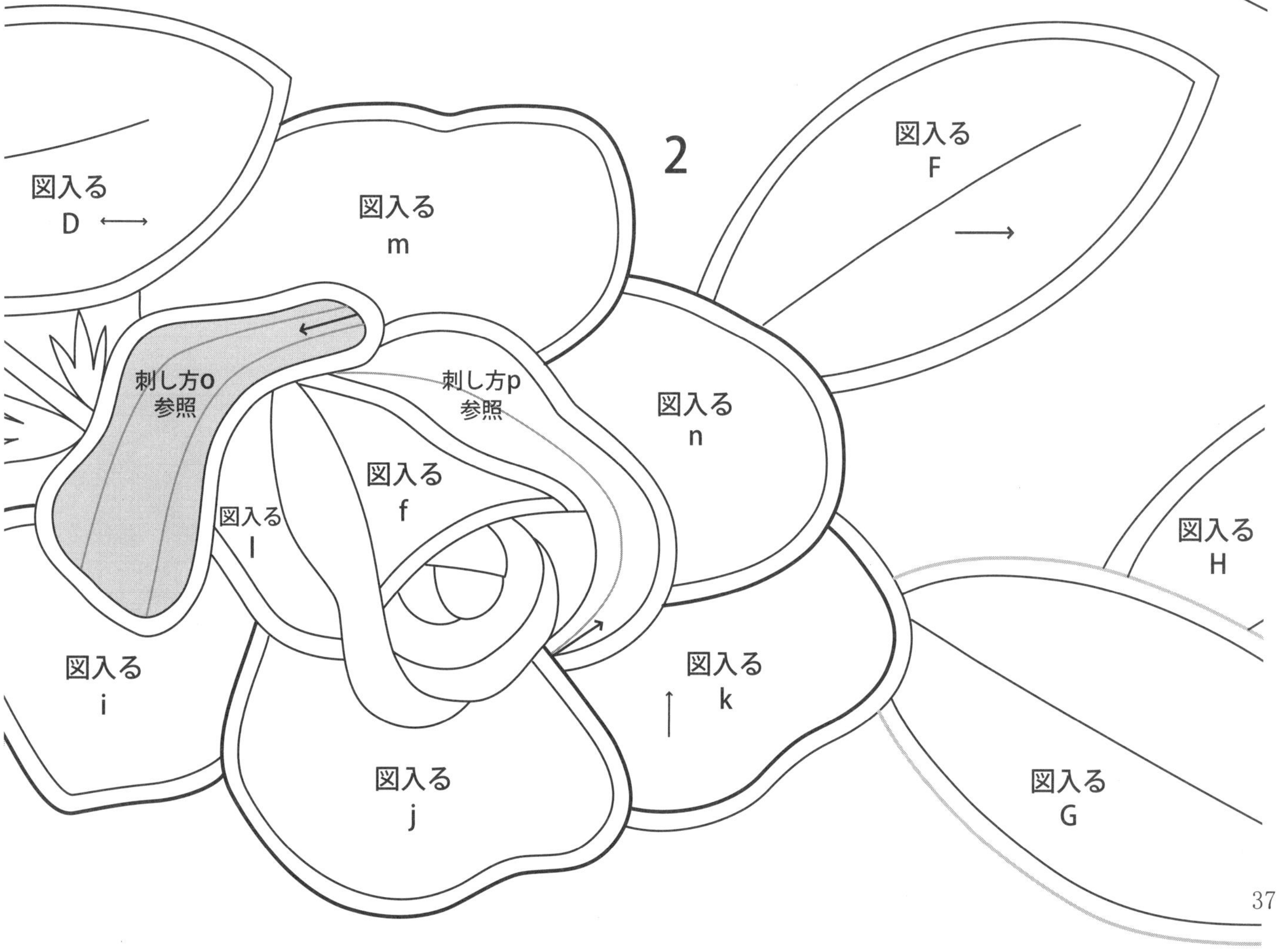
図入る
D
図入る
m
図入る
F
刺し方o
参照
刺し方p
参照
図入る
n
図入る
f
図入る
l
図入る
H
図入る
i
図入る
k
図入る
j
図入る
G

テーブルセンター2
口絵6頁

材料、配置図は
42頁に掲載

◆35頁のつづき

模様☆

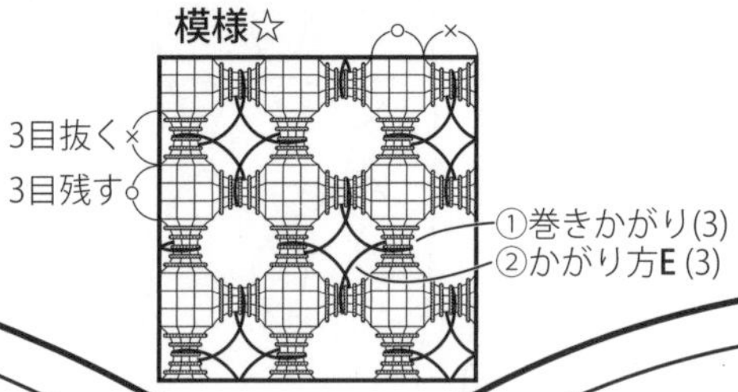
3目抜く
3目残す
①巻きかがり(3)
②かがり方**E** (3)

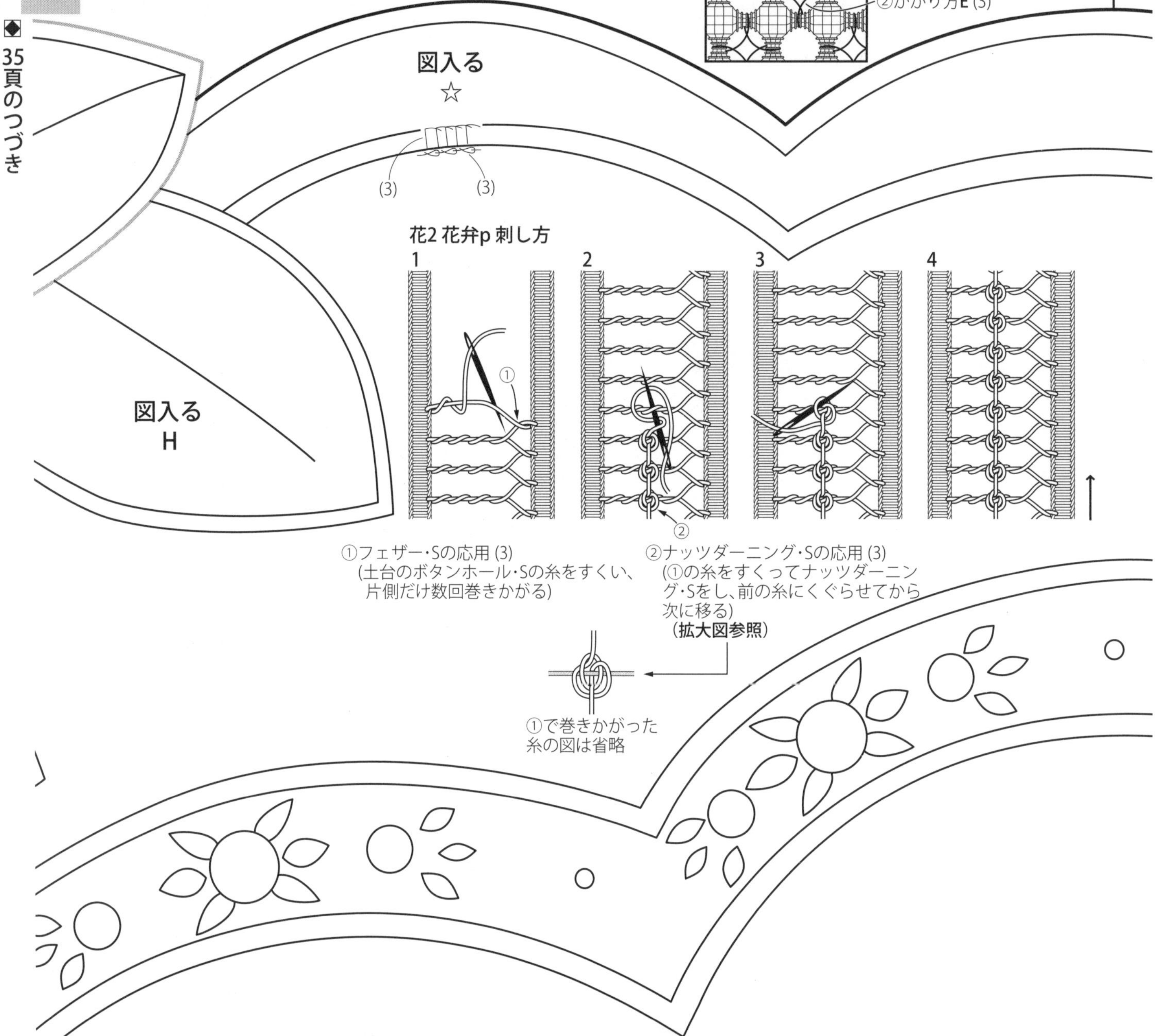
中央
図入る
☆
(3)
(3)
図入る
H
花2 花弁p 刺し方
1
2
3
4
①
②
①フェザー・Sの応用 (3)
(土台のボタンホール・Sの糸をすくい、
片側だけ数回巻きかがる)
②ナッツダーニング・Sの応用 (3)
(①の糸をすくってナッツダーニング・Sをし、前の糸にくぐらせてから次に移る)
(拡大図参照)
①で巻きかがった
糸の図は省略

花2 花弁i

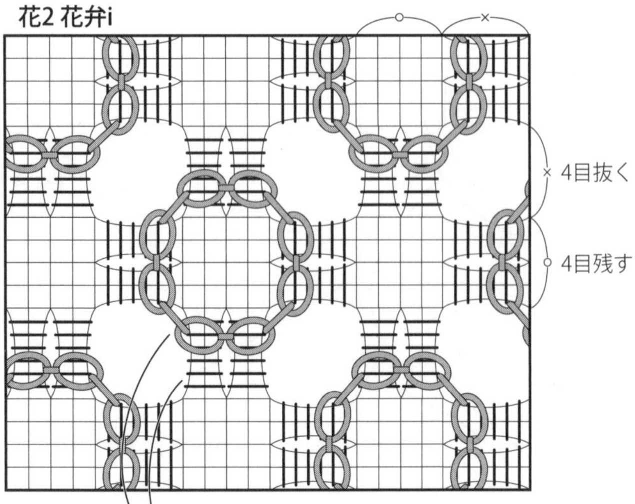
4目抜く
4目残す
①巻きかがり(3)
②ナッツダーニング・S (4)

葉E

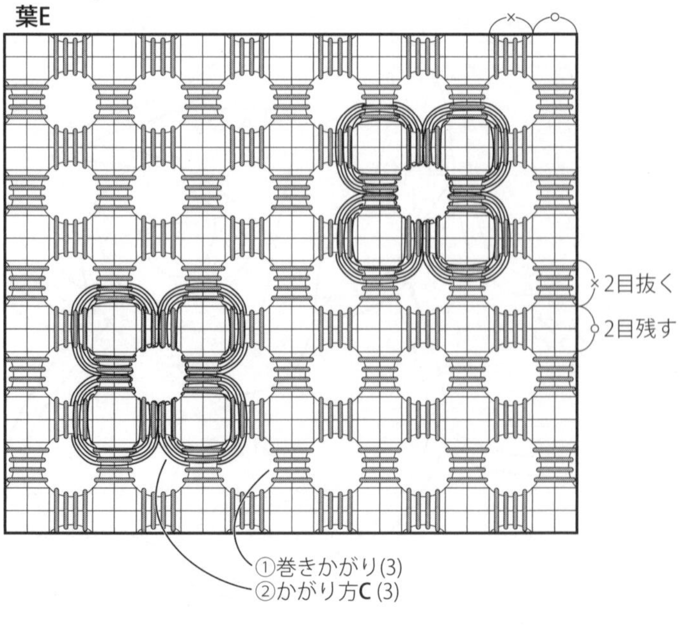
2目抜く
2目残す
①巻きかがり(3)
②かがり方**C** (3)

葉Gは35頁に掲載

花1 花弁a

2目抜く
4目残す

①シャドー・S (3)
②ケーブル・S (3)

花1 花弁b

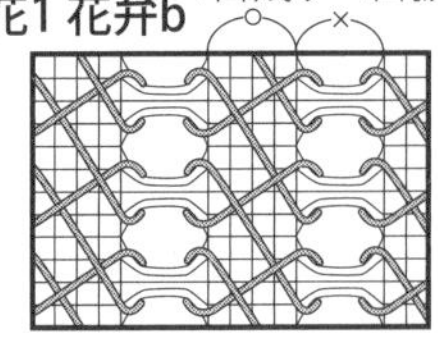
4目残す 4目抜く

シャドー・S (3)

花1 花弁c

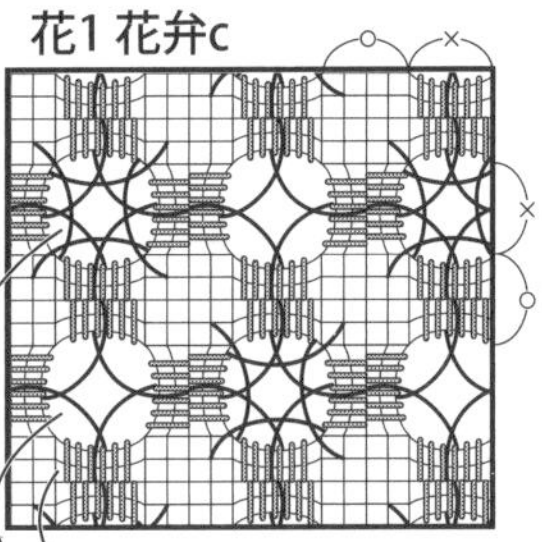
4目抜く
4目残す

①ダーニングかがり (3)
②かがり方**E**、かがり方**G** (3)

花1 花弁d

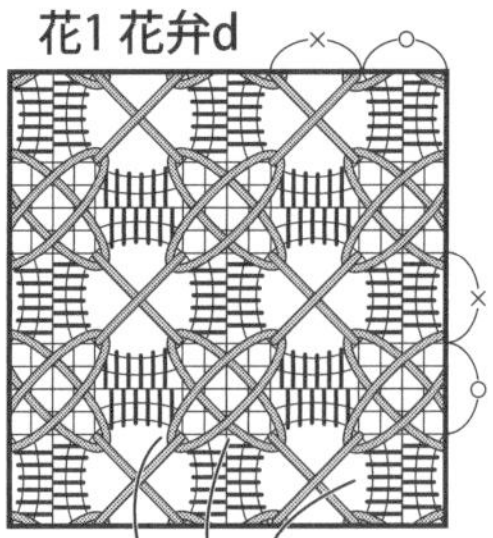
4目抜く
4目残す

①ダーニングかがり(3)
②ナッツダーニング・S (3)
③ナッツダーニング・S (3)

花1 花弁e

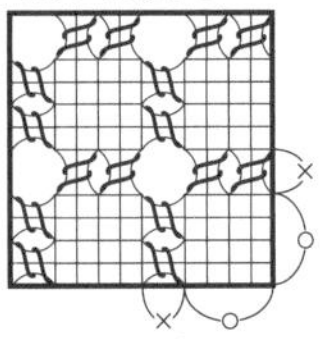
2目抜く
4目残す

巻きかがり (3)

花1、2 花弁f

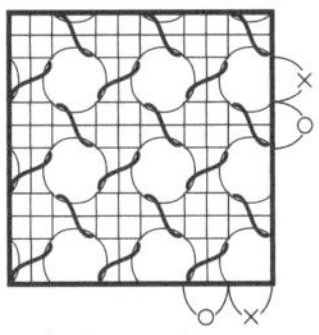
2目抜く
2目残す

巻きかがり (2)

花1 花弁g

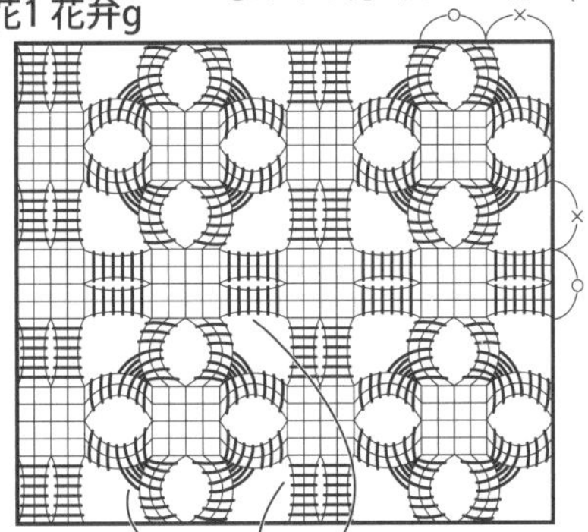
4目抜く
4目残す

①巻きかがり(3)
②巻きかがり+かがり方**J** (3)

花2 花弁j

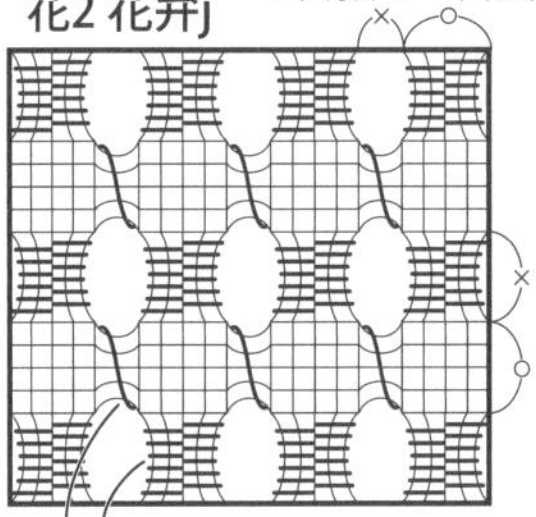
2目抜く 4目残す
4目抜く
4目残す

①ダーニングかがり (3)
②巻きかがり (3)

花1 花弁h

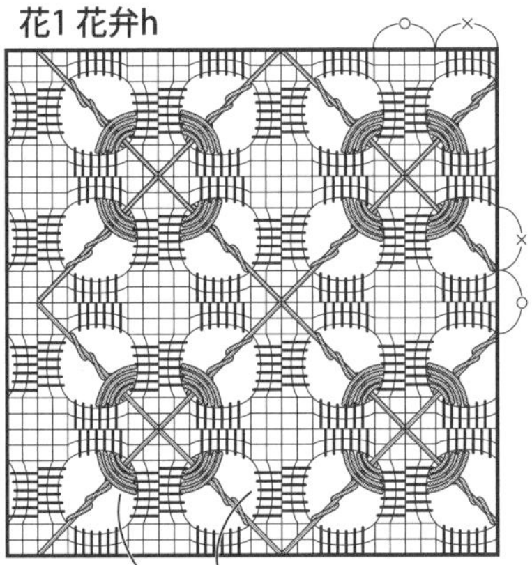
4目抜く
4目残す

①ダーニングかがり(3)
②かがり方**M** (3)

花2 花弁k

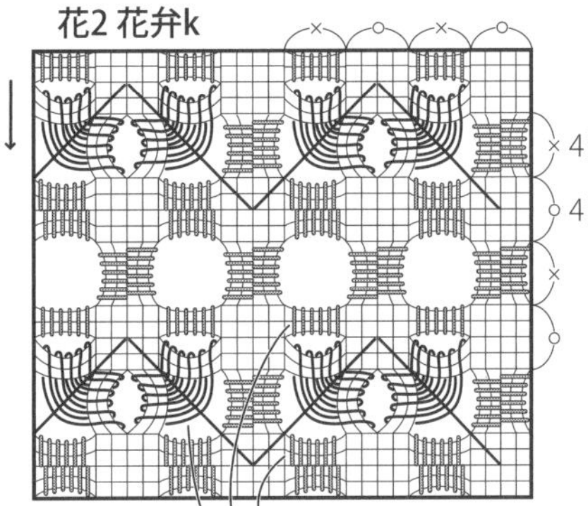
4目抜く
4目残す

①ダーニングかがり(3)
②かがり方**I**+巻きかがり(3)

花2 花弁l

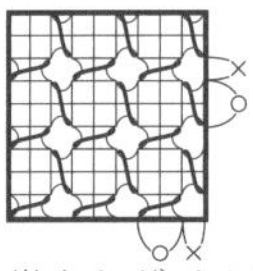
1目抜く
2目残す

巻きかがり (2)

花2 花弁m

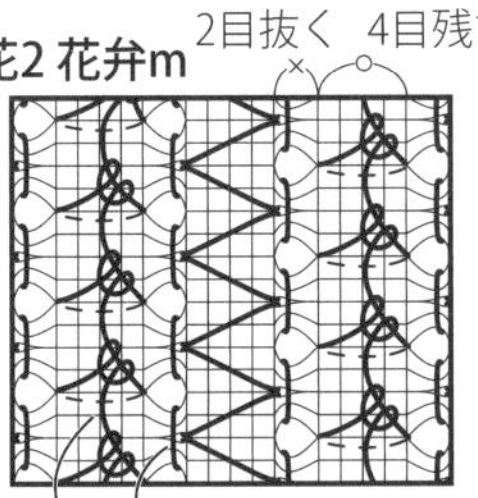
2目抜く 4目残す

①シャドー・Sの応用A (3)
②ケーブル・S (3)

花2 花弁n

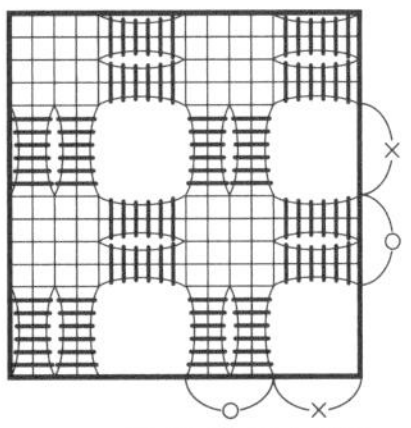
4目抜く
4目残す

巻きかがり(3)

葉A

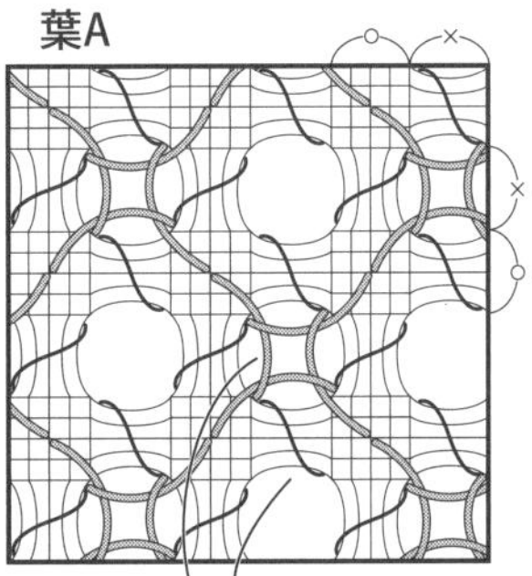
4目抜く
4目残す

①巻きかがり (3)
②かがり方**F** (4)

葉B

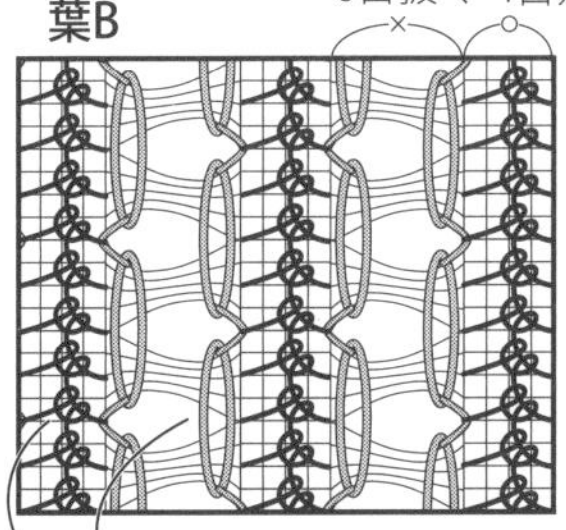
6目抜く 4目残す

①ナッツダーニング・S (3)
②ケーブル・S (3)
(①の糸をおさえる)

葉C

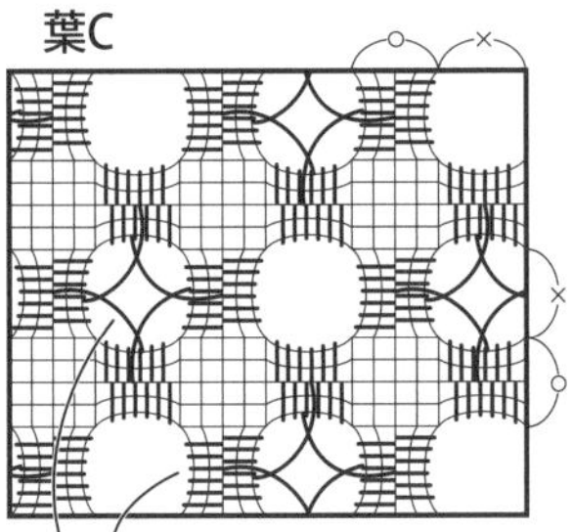
4目抜く
4目残す

①ダーニングかがり(3)
②かがり方**E** (3)

葉D

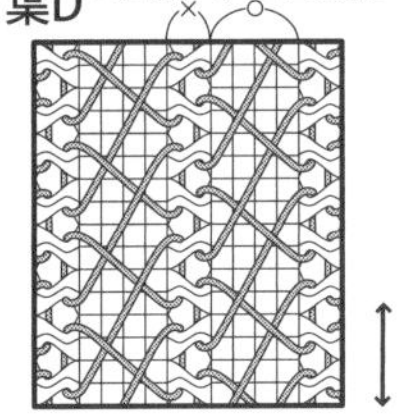
2目抜く 4目残す

シャドー・S (3)

葉F

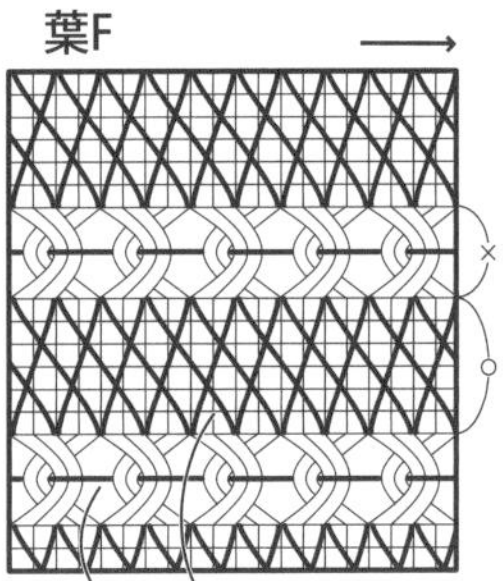
4目抜く
6目残す

①シャドー・S (3)
②糸をかける (3)

葉H

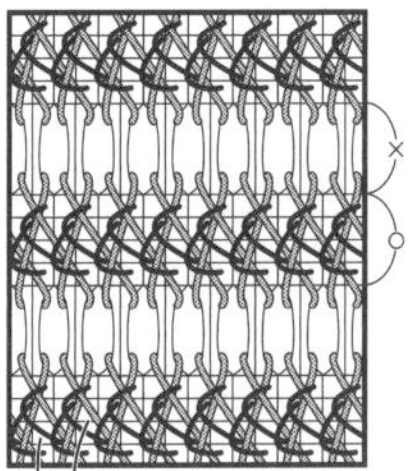
4目抜く
4目残す

①シャドー・S (3)
②フェザー・S (3)
(①の糸のみすくう)

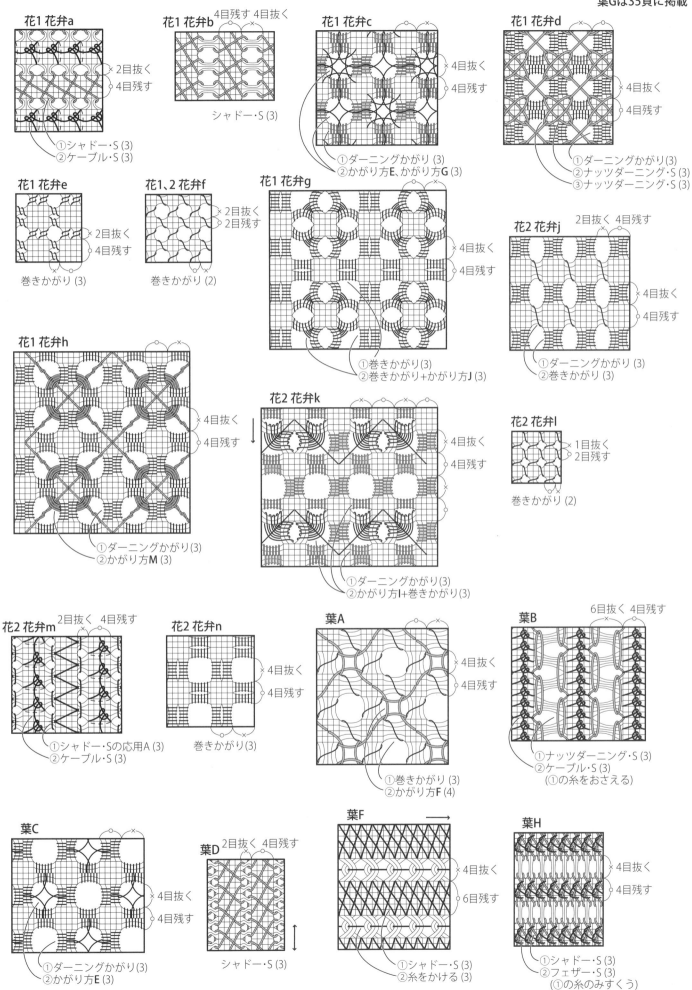

中央の模様

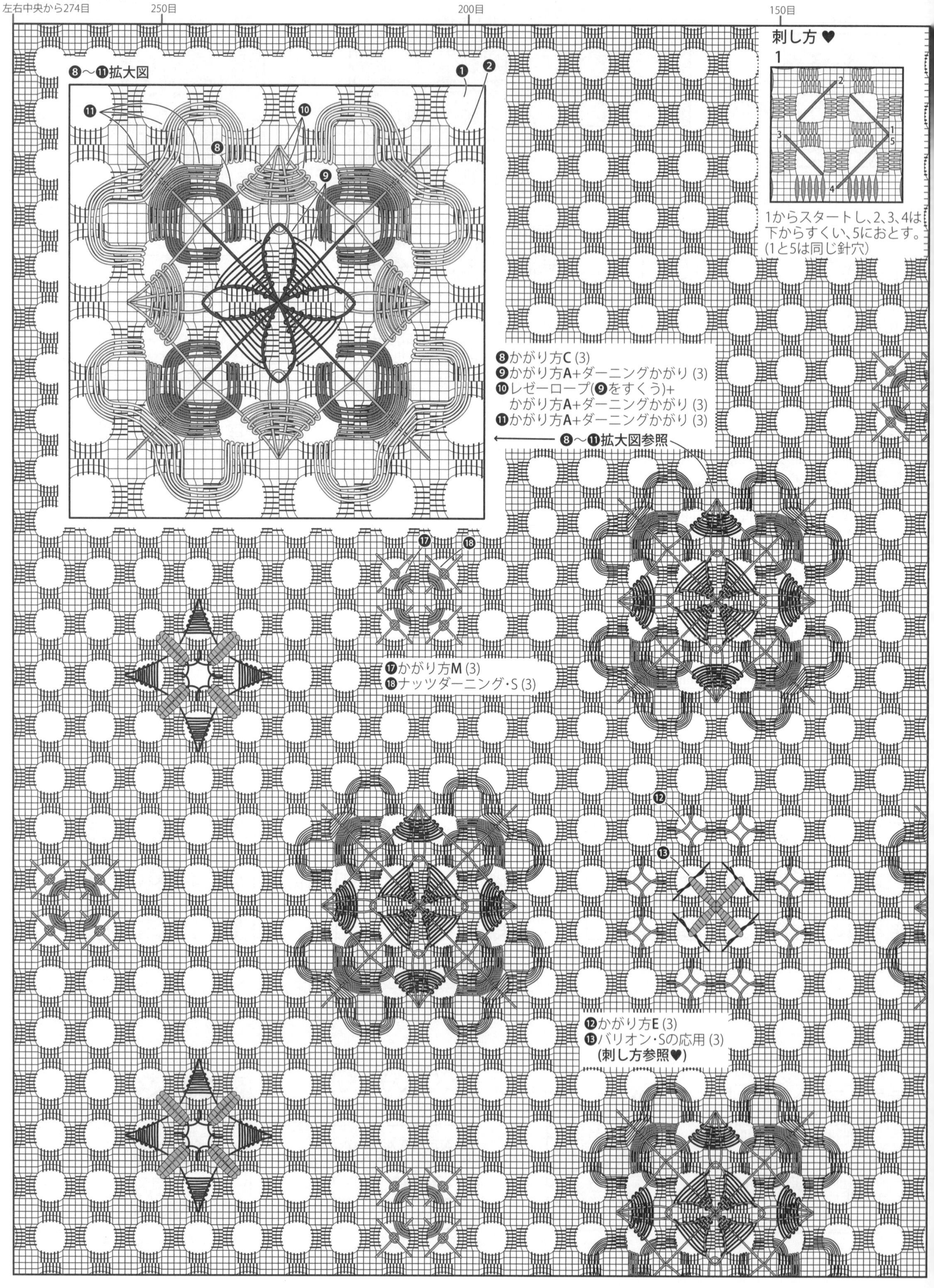

左右中央から274目
250目
200目
150目
❽～⓫拡大図
❶
❷
⓫
❿
❽
❾
刺し方♥
1
2
3
1
5
4
1からスタートし、2、3、4は下からすくい、5におとす。(1と5は同じ針穴)
❽かがり方**C** (3)
❾かがり方**A**+ダーニングかがり (3)
❿レゼーロープ(❾をすくう)+
かがり方**A**+ダーニングかがり (3)
⓫かがり方**A**+ダーニングかがり (3)
←❽～⓫拡大図参照
⓱
⓲
⓱かがり方**M** (3)
⓲ナッツダーニング・S (3)
⓬
⓭
⓬かがり方**E** (3)
⓭バリオン・Sの応用 (3)
(刺し方参照♥)

2

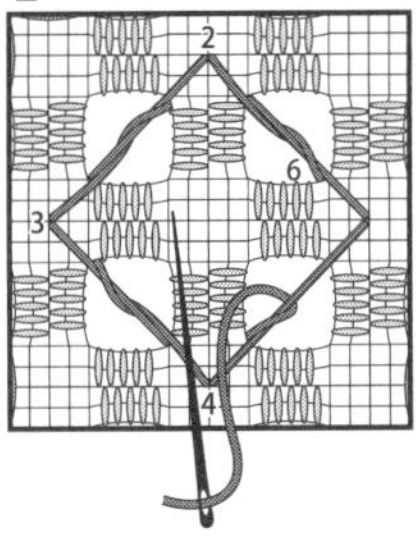

6から針を出し1回巻きしながら1周する。2、3、4は上から針をおとす。

3

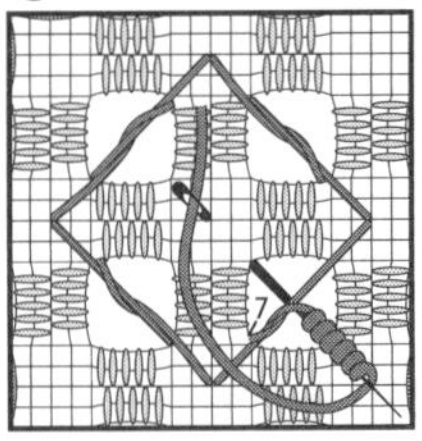

7から出て1回巻きして中心に針を入れ、渡した糸もすくって6回巻きバリオン・Sをして中心へおとす。

4

次からは渡した糸を1回すくい、もう一度中心に針を入れてバリオン・Sをする。

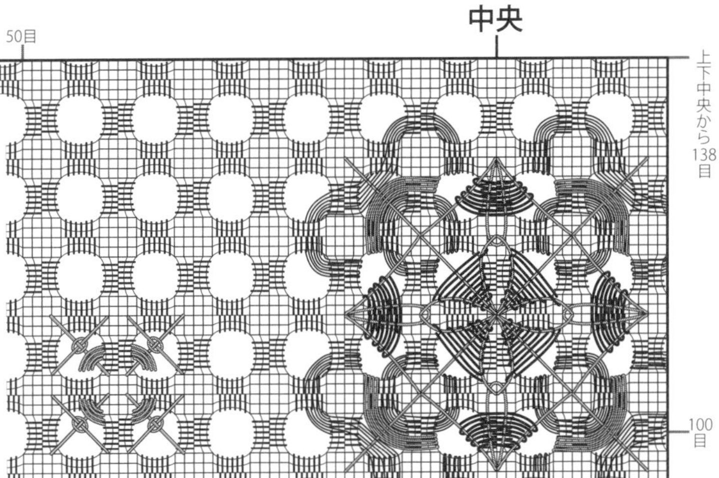

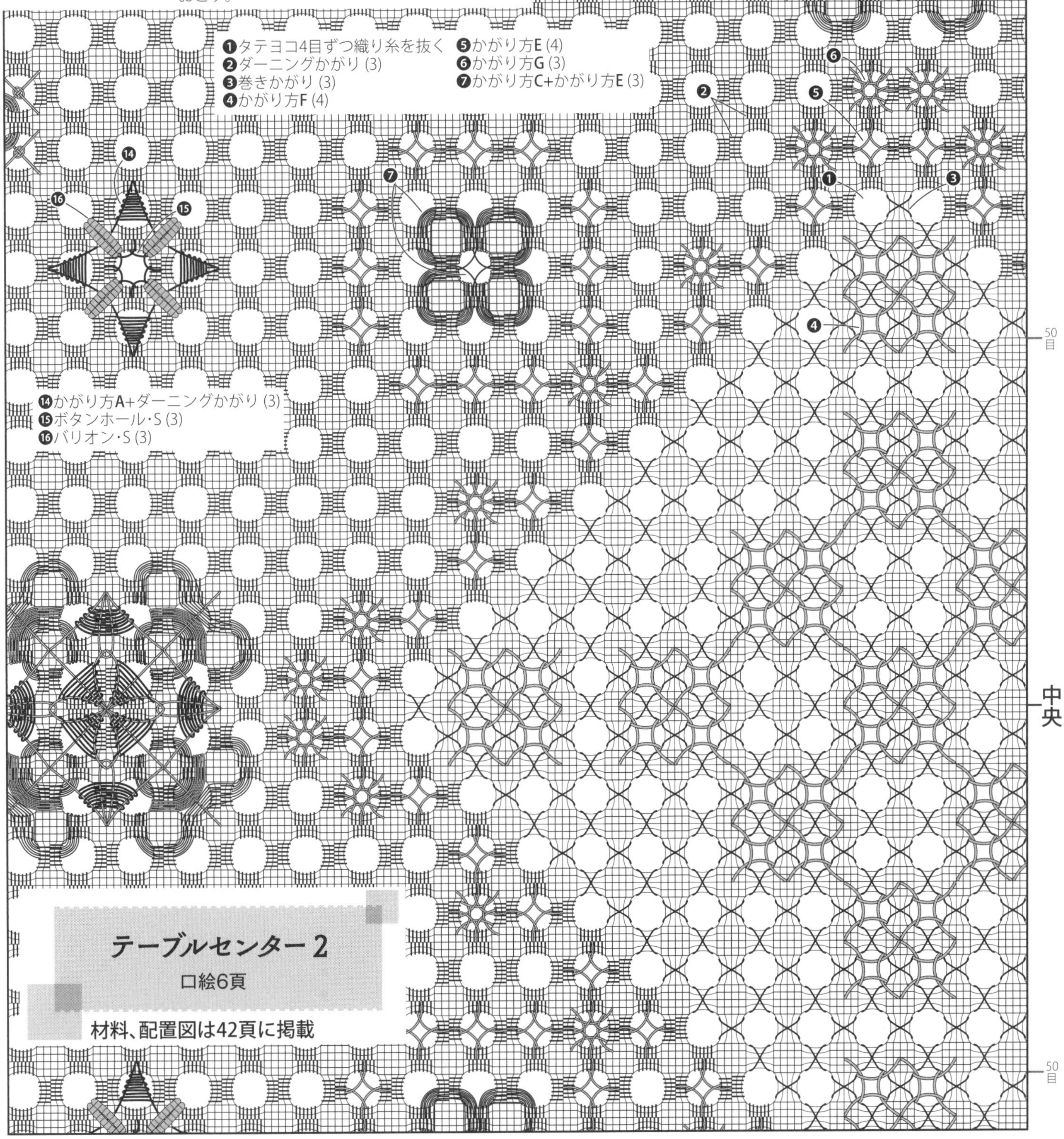

❶タテヨコ4目ずつ織り糸を抜く
❷ダーニングかがり (3)
❸巻きかがり (3)
❹かがり方**F** (4)
❺かがり方**E** (4)
❻かがり方**G** (3)
❼かがり方**C**+かがり方**E** (3)

⓮かがり方**A**+ダーニングかがり (3)
⓯ボタンホール・S (3)
⓰バリオン・S (3)

テーブルセンター 2

口絵6頁

材料、配置図は42頁に掲載

ドイリー 1
口絵12頁

●**材料**　コスモ300番麻クラッシー地(11ホワイト) ヨコ30×タテ30cm。
コスモ25番刺繍糸　グリーン116、316・317・2317・318、630・631・2631　グレー151・2151　黄299　赤紫480・481～485
ピンクローズ499・501～506。

●ボタンホール・Sは、指定以外、全て同色、同本数で下糸を入れます。
●刺し終えたら、糸を切らぬように▭の部分や周りの布をカットします。

葉★

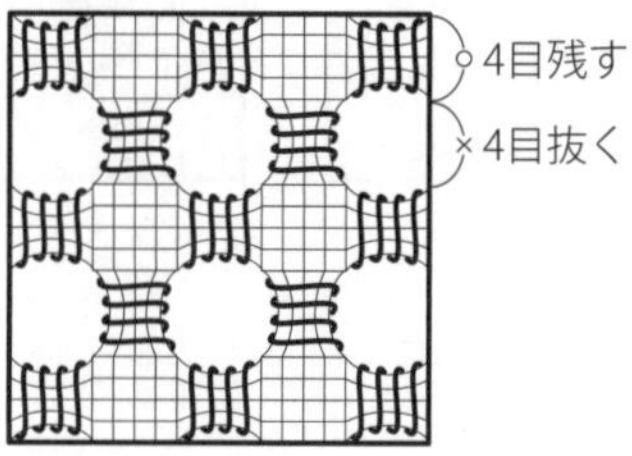

4目残す
4目抜く

①巻きかがり
318(2)

葉♡

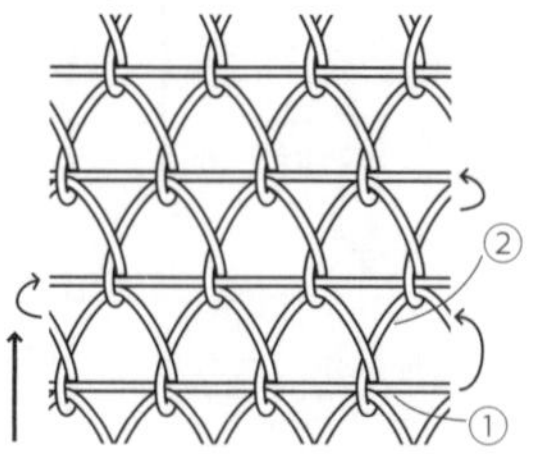

②
①

①左から右へ糸を渡す
②ボタンホール・S
(①と前段の糸をすくう)
下から順に①、②を交互にする

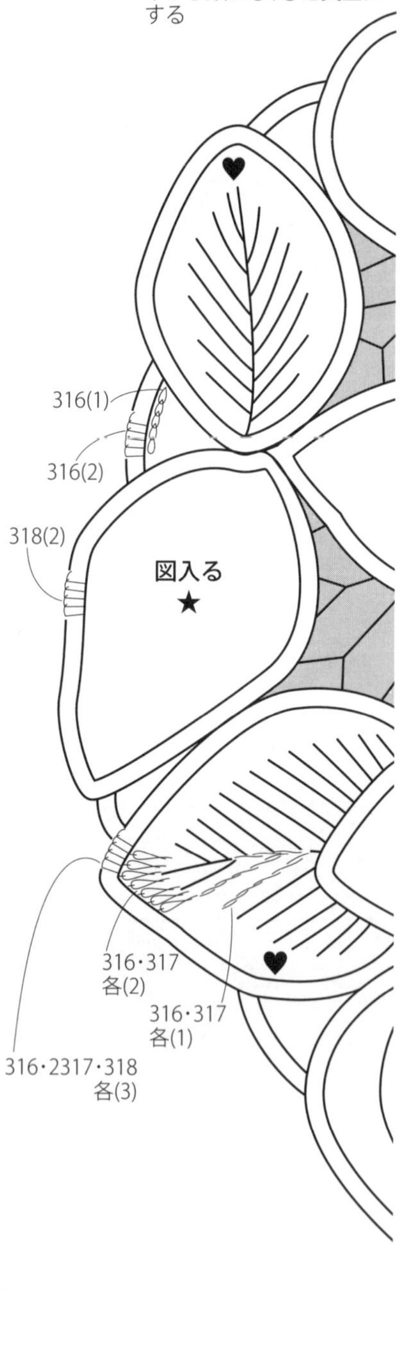

316(1)
316(2)
318(2)
図入る
★
316・317
各(2)
316・317
各(1)
316・2317・318
各(3)

テーブルセンター 2
口絵6頁

解説は34頁に掲載

●**材料**　ツヴァイガルト 3947オスロ(100白) [10cm平方：約87×87目]　ヨコ120×タテ65cm。
コスモ25番刺繍糸　白2500。

●紙面の都合上、図案の一部を掲載しています。配置図参照の上、図案を回転して完成させます。
●一部写真と違う刺し方になっていますが、刺し方を統一して解説しました。
●糸は、全て2500を使用します。
●ボタンホール・Sは、指定以外、全て同色、同本数で下糸を入れます。
●刺し終えたら、糸を切らぬように▭の部分や周りの布をカットします。

配置図　**単位：cm**

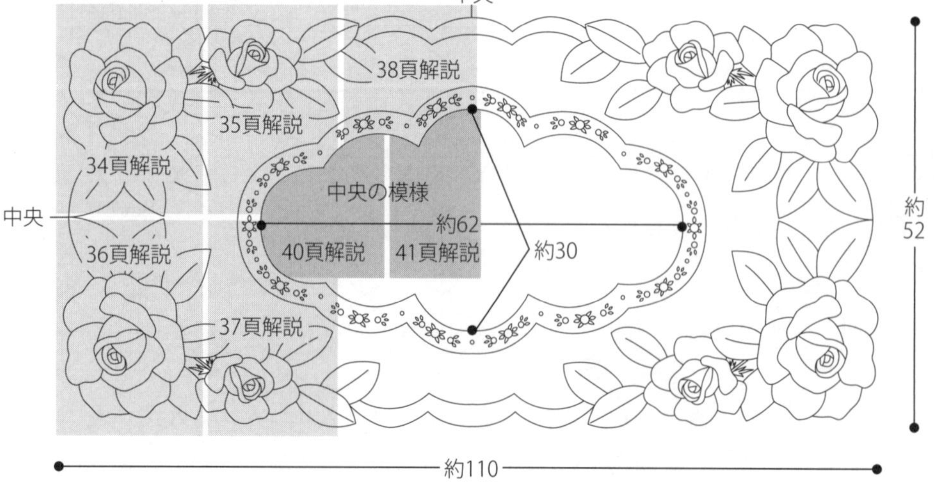

中央
38頁解説
35頁解説
34頁解説
中央
中央の模様
約62
40頁解説
41頁解説
約30
36頁解説
37頁解説
約52
約110

バラ1の花弁は、指定以外、下記の糸番号と解説中の刺し方を、適当に組み合わせて刺す。
502～505

刺し方 ☆

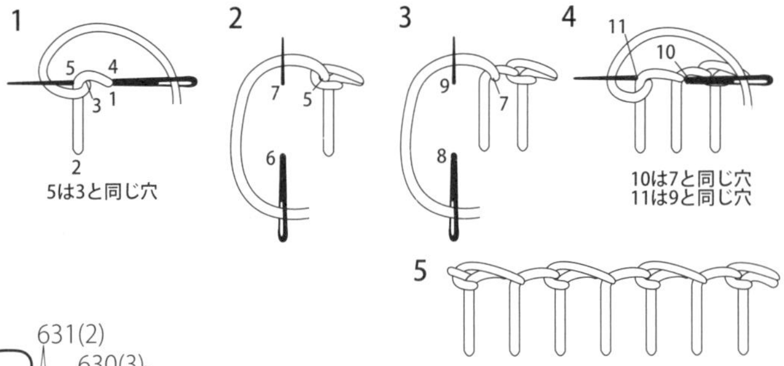

1
5
4
3
1
2
5は3と同じ穴
2
7
5
6
3
9
7
8
4
11
10
10は7と同じ穴
11は9と同じ穴
5

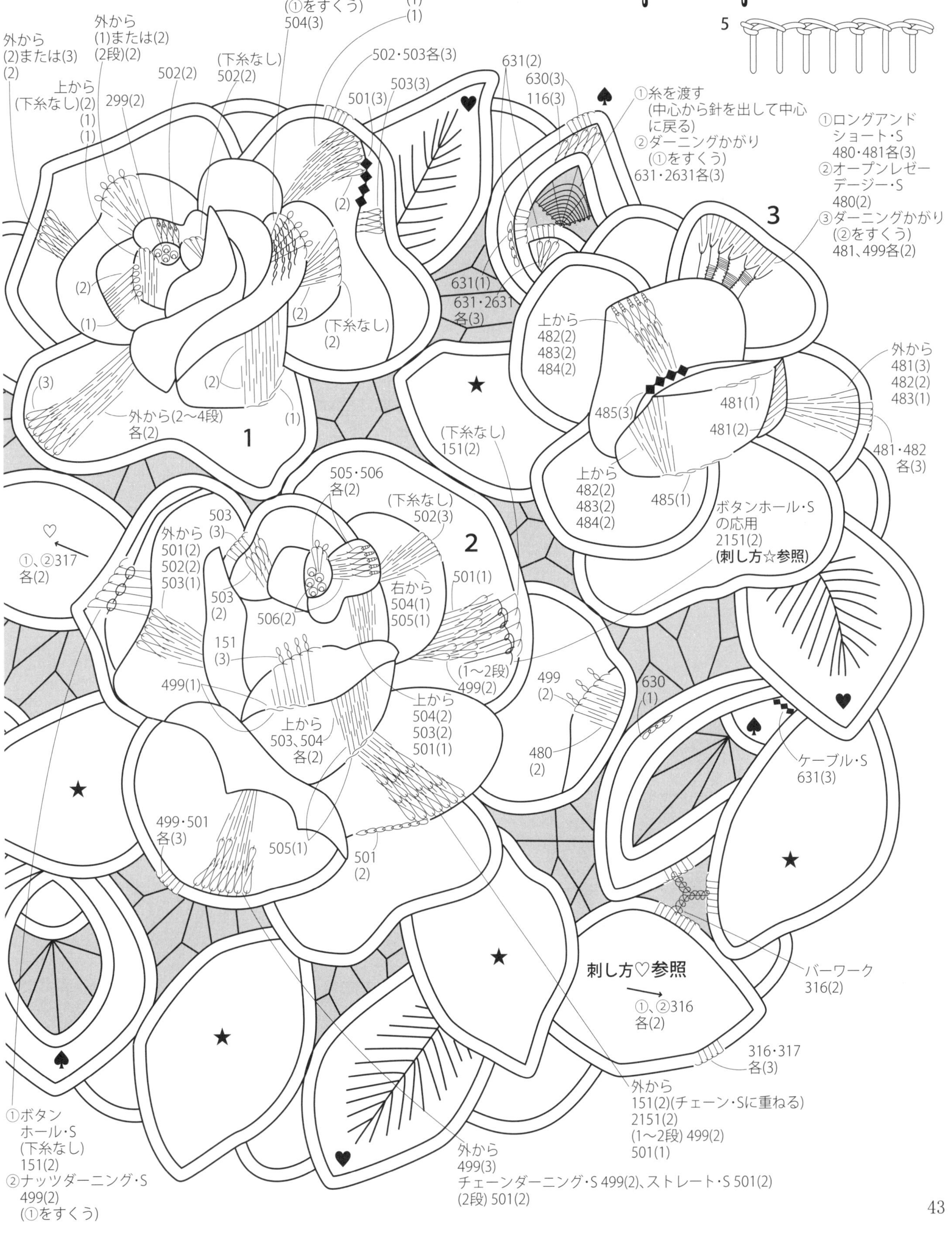

①ボタンホール・S
にチェーン1
503(2)
②アウトライン・S
(①をすくう)
504(3)
(1～4段)
外から
(2)
(2)
(1)
(1)
外から
(2)または(3)
(2)
外から
(1)または(2)
(2段)(2)
上から
(下糸なし)(2)
(1)
(1)
299(2)
502(2)
(下糸なし)
502(2)
502・503各(3)
503(3)
501(3)
(2)
(2)
(1)
(2)
(2)
(下糸なし)
(2)
(3)
(2)
外から(2～4段)
各(2)
(1)
1
631(2)
630(3)
116(3)
①糸を渡す
(中心から針を出して中心に戻る)
②ダーニングかがり
(①をすくう)
631・2631各(3)
631(1)
631・2631
各(3)
①ロングアンド
ショート・S
480・481各(3)
②オープンレゼー
デージー・S
480(2)
③ダーニングかがり
(②をすくう)
481、499各(2)
3
上から
482(2)
483(2)
484(2)
外から
481(3)
482(2)
483(1)
485(3)
481(1)
481(2)
481・482
各(3)
上から
482(2)
483(2)
484(2)
485(1)
(下糸なし)
151(2)
ボタンホール・S
の応用
2151(2)
(刺し方☆参照)
505・506
各(2)
(下糸なし)
502(3)
2
503
(3)
外から
501(2)
502(2)
503(1)
①、②317
各(2)
503
(2)
506(2)
右から
504(1)
505(1)
501(1)
151
(3)
(1～2段)
499(2)
499(1)
499
(2)
630
(1)
上から
504(2)
503(2)
501(1)
上から
503、504
各(2)
480
(2)
ケーブル・S
631(3)
499・501
各(3)
505(1)
501
(2)
刺し方♡参照
①、②316
各(2)
バーワーク
316(2)
316・317
各(3)
外から
151(2)(チェーン・Sに重ねる)
2151(2)
(1～2段) 499(2)
501(1)
①ボタン
ホール・S
(下糸なし)
151(2)
②ナッツダーニング・S
499(2)
(①をすくう)
外から
499(3)
チェーンダーニング・S 499(2)、ストレート・S 501(2)
(2段) 501(2)

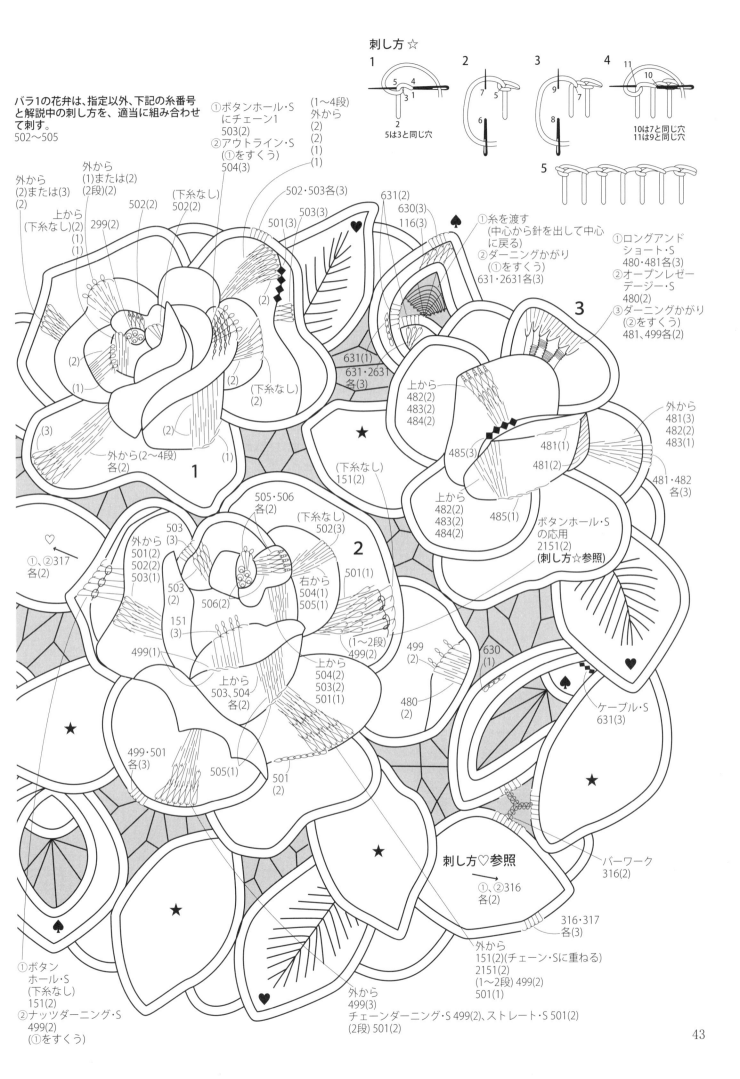

テーブルセンター 3

口絵8頁

●**材料**　コスモ100番麻オックスフォード地(21ベージュ)　89cm巾×50cm 。
コスモ25番刺繍糸　ピンク111　黄141〜143　茶185、2307、382、423・2424　ローズ221・222・2222・223・2223・224・2224　グリーン323・2323・324・325、333・334、533〜535・2535、630・631、683、922・923　灰褐色365・366　グレー473　赤紫481・483　ピンクローズ501　紫紺551〜553・555　黄褐色573　紫761・762　藍ねず982　白110、2500。

●紙面の都合上、図案の一部を掲載しています。配置図参照の上、図案を回転して、完成させます。

●ボタンホール・Sは、指定以外、全て同色、同本数で下糸を入れます。

●刺し終えたら、糸を切らぬように▭の部分や周りの布をカットします。

配置図　**単位：cm**

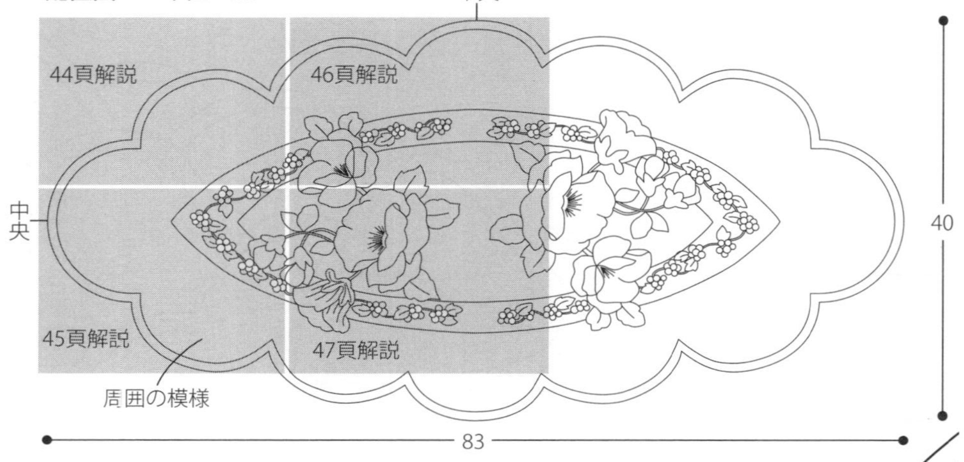
中央
中央
44頁解説
46頁解説
45頁解説
47頁解説
周囲の模様
40
83

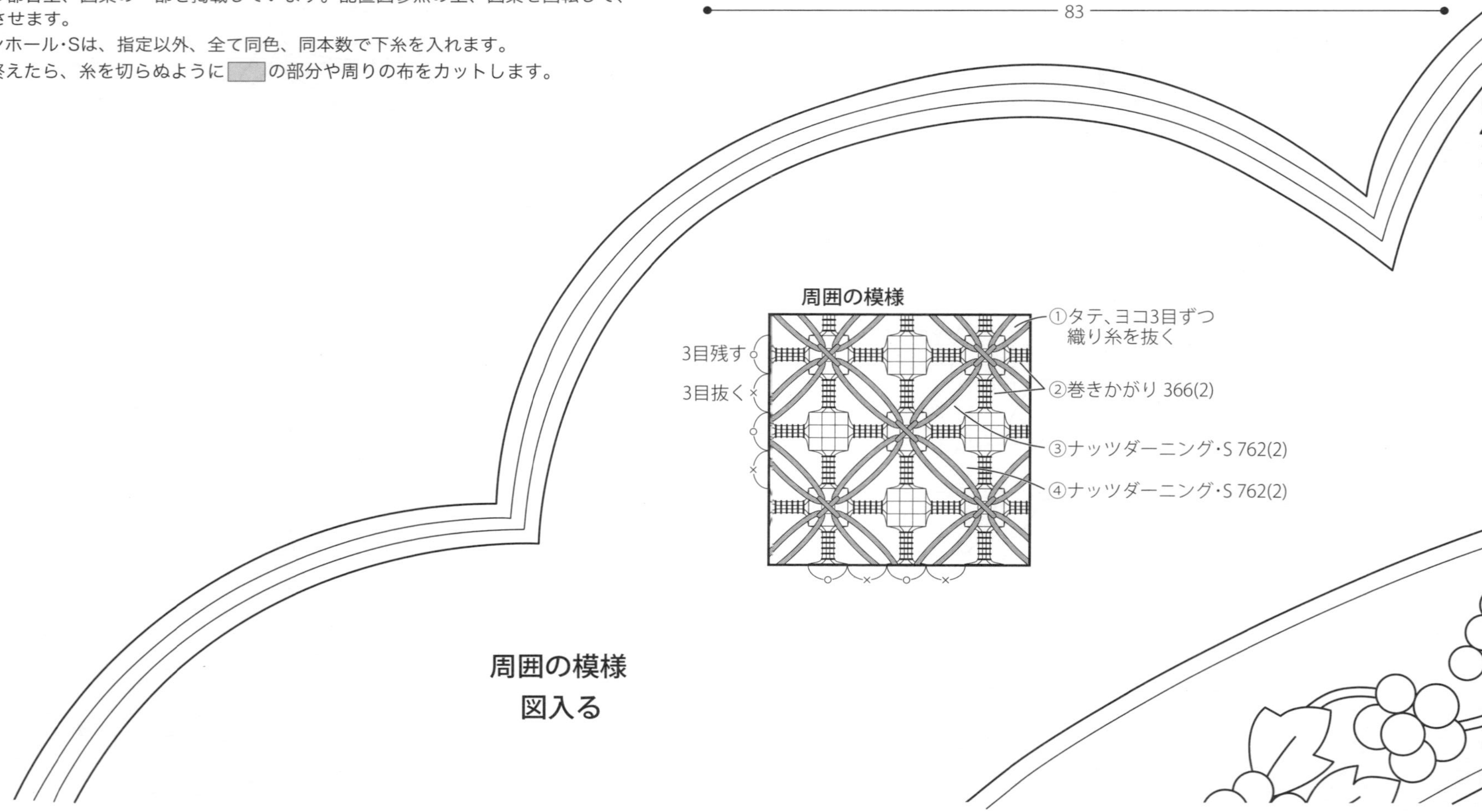
周囲の模様
3目残す
3目抜く
①タテ、ヨコ3目ずつ織り糸を抜く
②巻きかがり 366(2)
③ナッツダーニング・S 762(2)
④ナッツダーニング・S 762(2)
周囲の模様
図入る

◆46頁につづく

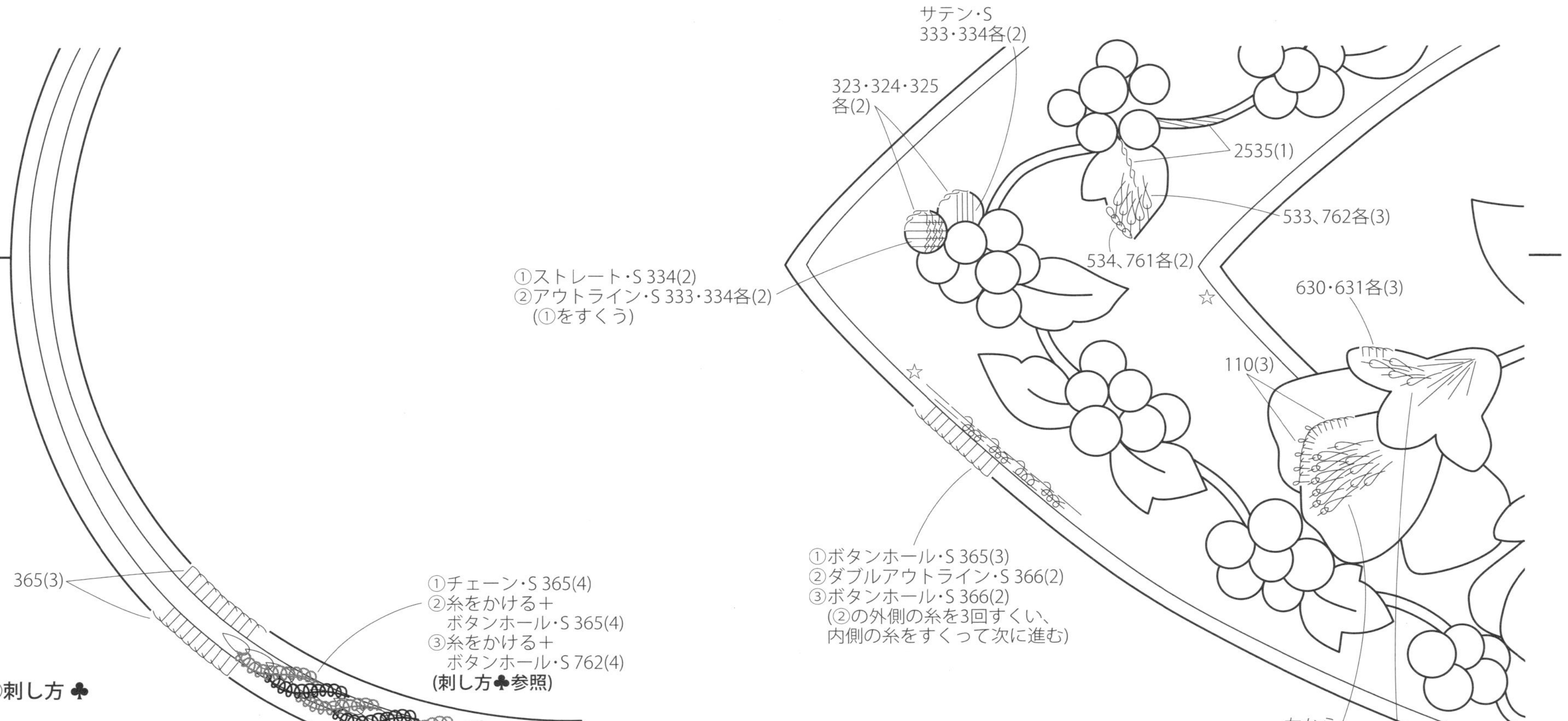
中央
サテン・S
333・334各(2)
323・324・325
各(2)
2535(1)
533、762各(3)
534、761各(2)
①ストレート・S 334(2)
②アウトライン・S 333・334各(2)
(①をすくう)
630・631各(3)
110(3)
①ボタンホール・S 365(3)
②ダブルアウトライン・S 366(2)
③ボタンホール・S 366(2)
(②の外側の糸を3回すくい、
内側の糸をすくって次に進む)
365(3)
①チェーン・S 365(4)
②糸をかける＋
ボタンホール・S 365(4)
③糸をかける＋
ボタンホール・S 762(4)
(刺し方♣参照)
左から
141(1)
323(1)
左から
630・631各(3)
2424(2)
423(1)

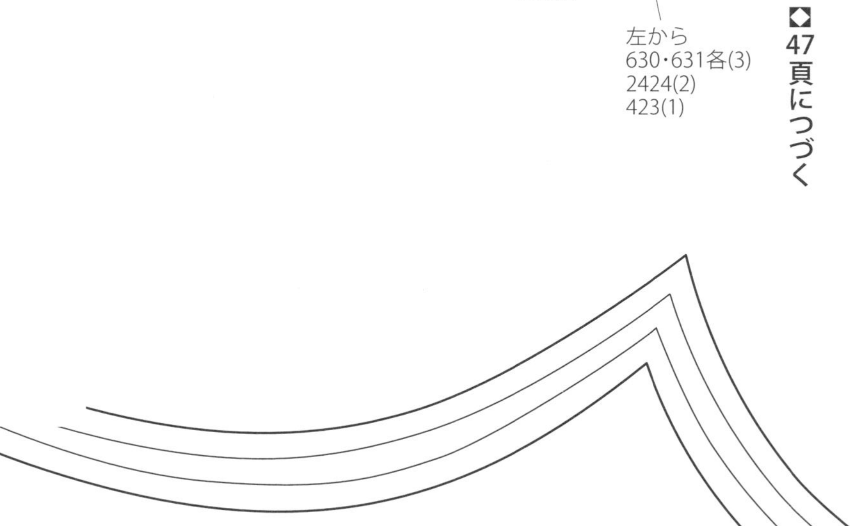

◘47頁につづく

②、③刺し方 ♣

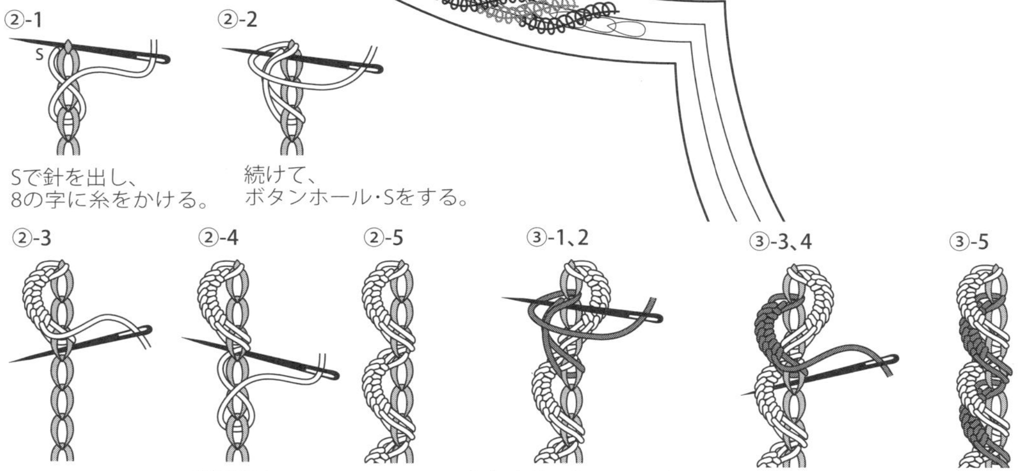
②-1
S
②-2
②-3
②-4
②-5
③-1、2
③-3、4
③-5

②-1 Sで針を出し、8の字に糸をかける。

②-2 続けて、ボタンホール・Sをする。

②-3～②-5 繰り返す。

③-1、2 糸を変え、チェーン・Sを1目分ずらして②-1、2と同様にする。

③-3、4 次に移る時は②に糸をくぐらせる。

テーブルセンター 3

口絵8頁

花弁♥

①糸を渡す 222、481各(3)
②ストレート・S 2223、483各(1)
(①に重ねる)
③バック・S 2223、483各(1)
(①に重ねる)

◆44頁のつづき

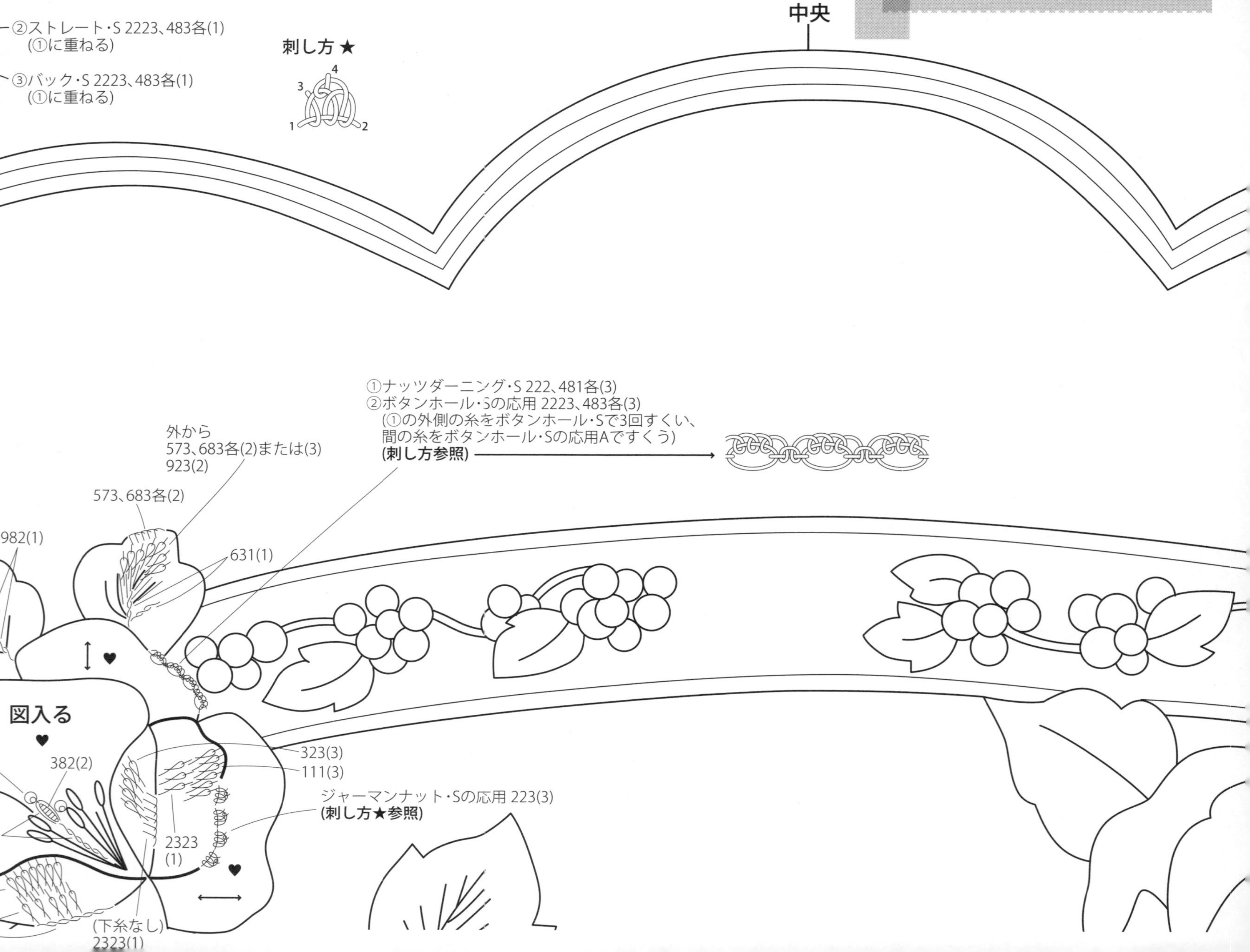

中央
刺し方★
1
2
3
4
①ナッツダーニング・S 222、481各(3)
②ボタンホール・Sの応用 2223、483各(3)
(①の外側の糸をボタンホール・Sで3回すくい、
間の糸をボタンホール・Sの応用Aですくう)
(刺し方参照)
外から
573、683各(2)または(3)
923(2)
573、683各(2)
631(1)
534・535各(2)
982(1)
外から
534・535各(3)
535・2535各(2)
図入る
142(3)
382(2)
323(2)
323(3)
111(3)
ジャーマンナット・Sの応用 223(3)
(刺し方★参照)
2323
(1)
111(3)
2323(1)
(下糸なし)
2323(1)

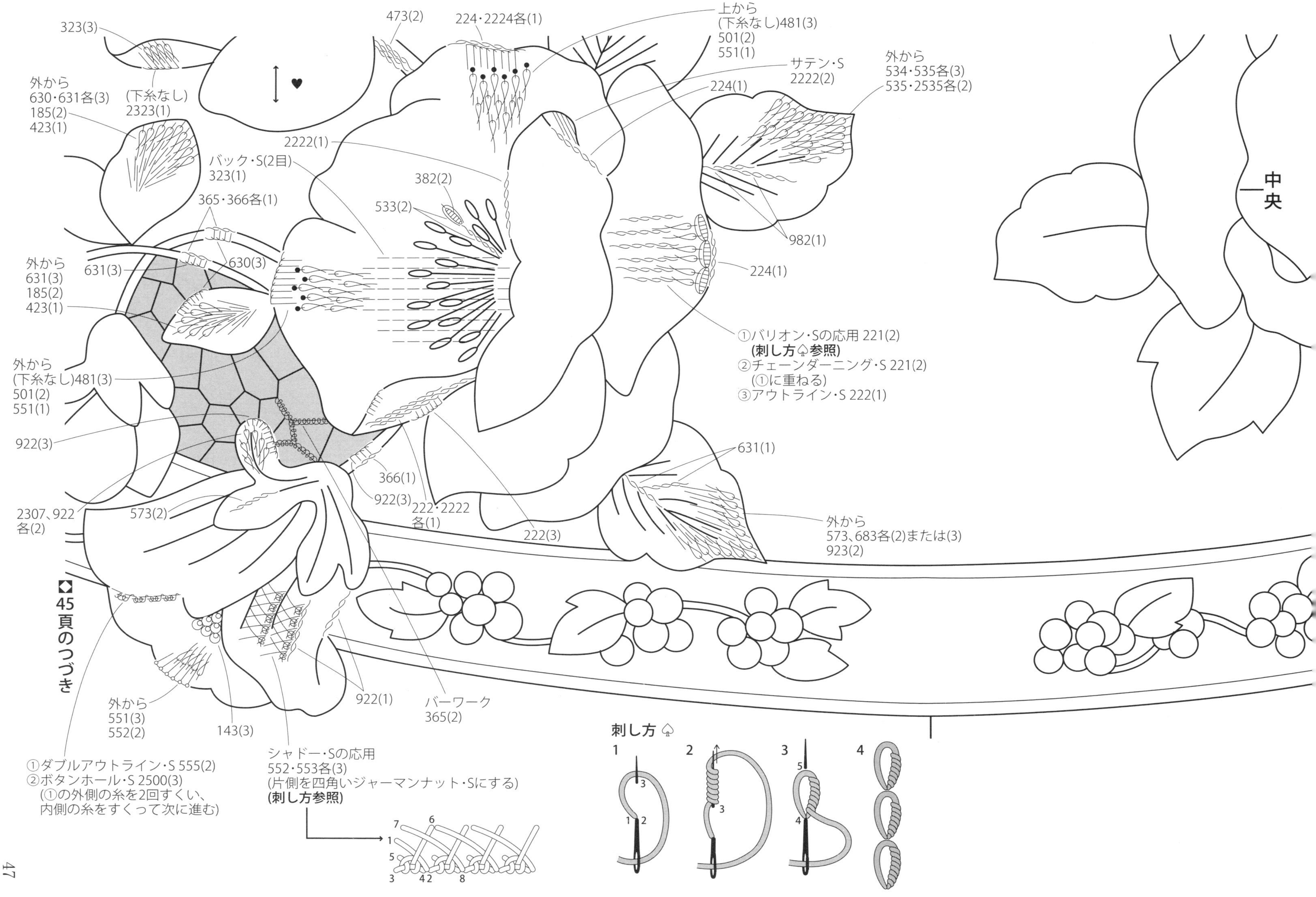

◆45頁のつづき
323(3)
外から
630・631各(3)
185(2)
423(1)
(下糸なし)
2323(1)
473(2)
224・2224各(1)
上から
(下糸なし)481(3)
501(2)
551(1)
サテン・S
2222(2)
224(1)
外から
534・535各(3)
535・2535各(2)
中央
2222(1)
バック・S(2目)
323(1)
382(2)
533(2)
982(1)
224(1)
365・366各(1)
外から
631(3)
185(2)
423(1)
631(3)
630(3)
①バリオン・Sの応用 221(2)
(刺し方♤参照)
②チェーンダーニング・S 221(2)
(①に重ねる)
③アウトライン・S 222(1)
外から
(下糸なし)481(3)
501(2)
551(1)
922(3)
366(1)
922(3)
631(1)
2307、922
各(2)
573(2)
222・2222
各(1)
222(3)
外から
573、683各(2)または(3)
923(2)
外から
551(3)
552(2)
143(3)
922(1)
バーワーク
365(2)
①ダブルアウトライン・S 555(2)
②ボタンホール・S 2500(3)
(①の外側の糸を2回すくい、
内側の糸をすくって次に進む)
シャドー・Sの応用
552・553各(3)
(片側を四角いジャーマンナット・Sにする)
(刺し方参照)
刺し方♤
1
2
3
4

テーブルセンター4

口絵10頁

配置図は53頁に掲載

花弁は、下記の糸番号と解説中の刺し方を適当に組み合わせて刺す。
151・2151、100、500、2500、SE8001、SE8002、F179

葉と茎は、下記の糸番号と解説中の刺し方を適当に組み合わせて刺す。
2151・152、F1451、F171、F173、F179

●**材料**　麻布(グレー)　ヨコ60×タテ60cm。
コスモ25番刺繍糸　グレー151・2151・152・153、890
白100、500、2500。
コスモシーズンズ刺繍糸(解説中はSEと表記)　8001、8002。
スレッドワークスオーバーダイドフロス(解説中はFと表記)
110、1451、171、173、179。

●刺し終えたら、糸を切らぬように□の部分や周りの布をカットします。

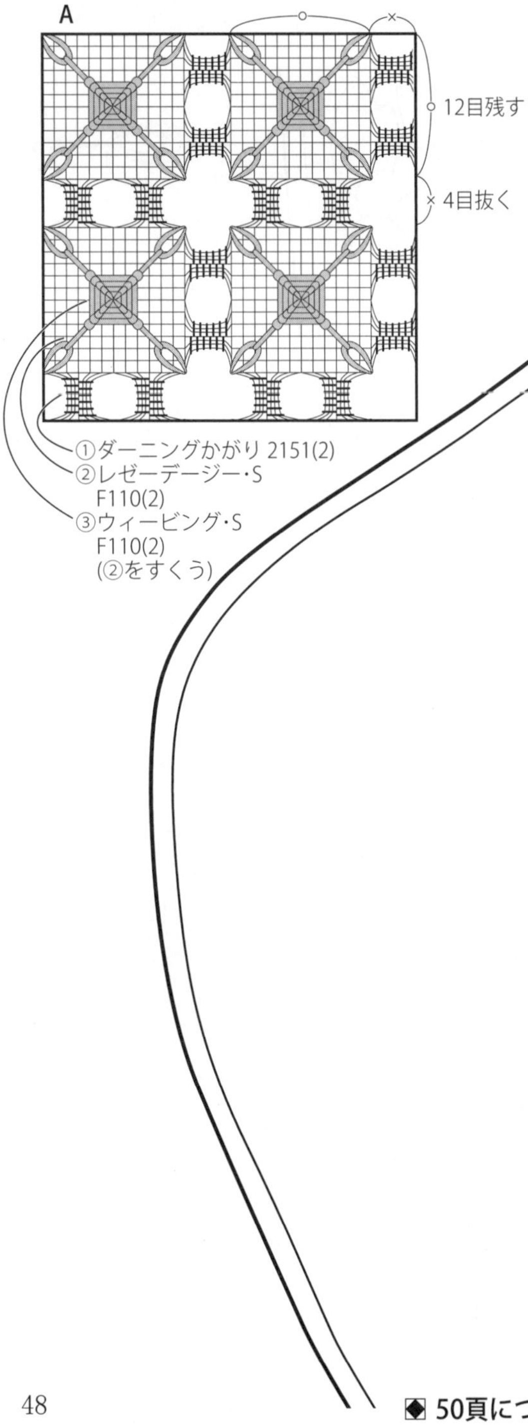

A
12目残す
4目抜く
①ダーニングかがり 2151(2)
②レゼーデージー・S
F110(2)
③ウィービング・S
F110(2)
(②をすくう)

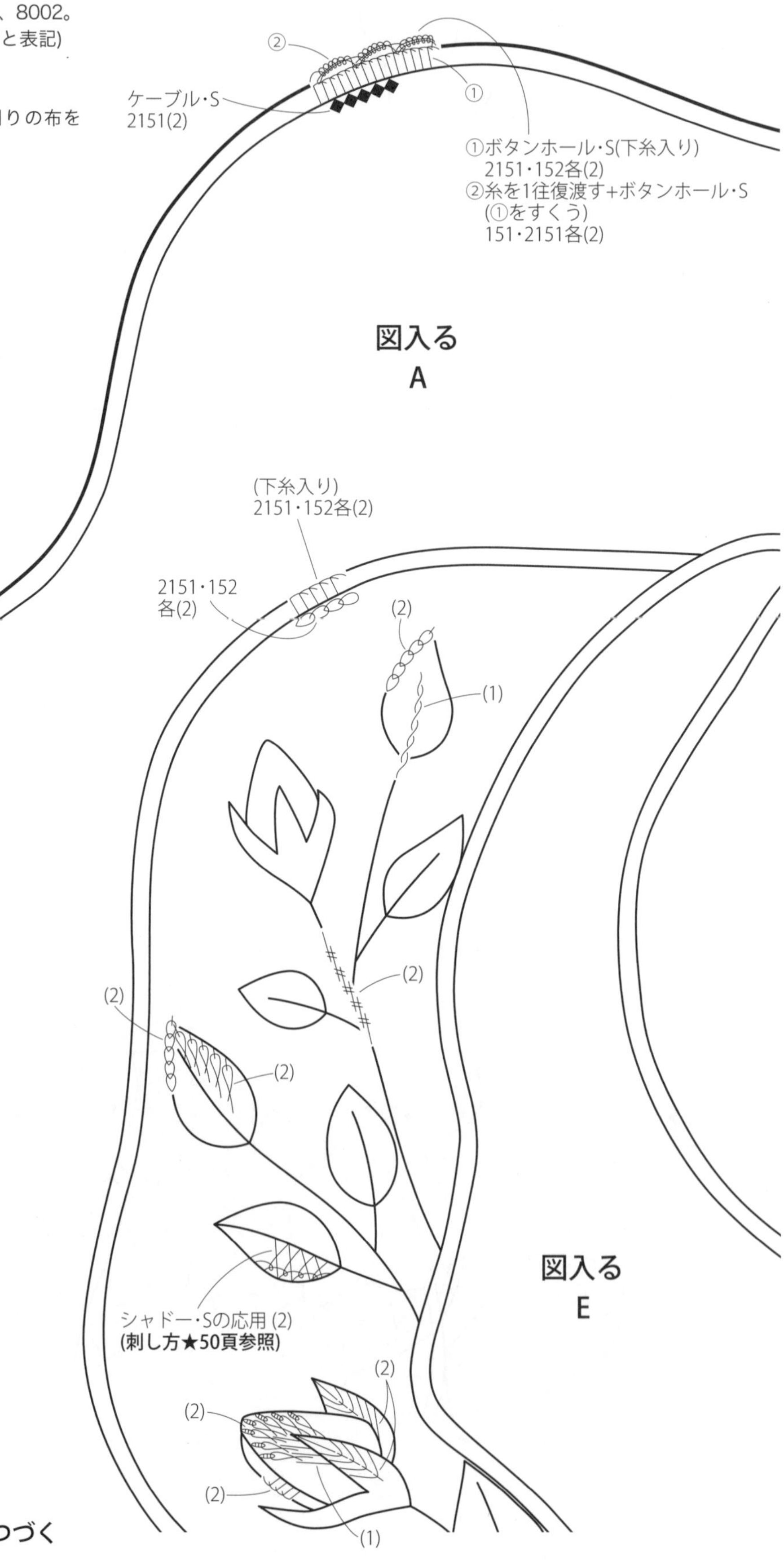

②
①
ケーブル・S
2151(2)
①ボタンホール・S(下糸入り)
2151・152各(2)
②糸を1往復渡す+ボタンホール・S
(①をすくう)
151・2151各(2)
図入る
A
(下糸入り)
2151・152各(2)
2151・152
各(2)
(2)
(1)
(2)
(2)
(2)
図入る
E
シャドー・Sの応用 (2)
(刺し方★50頁参照)
(2)
(2)
(2)
(1)

◆ 50頁につづく

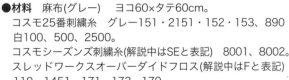

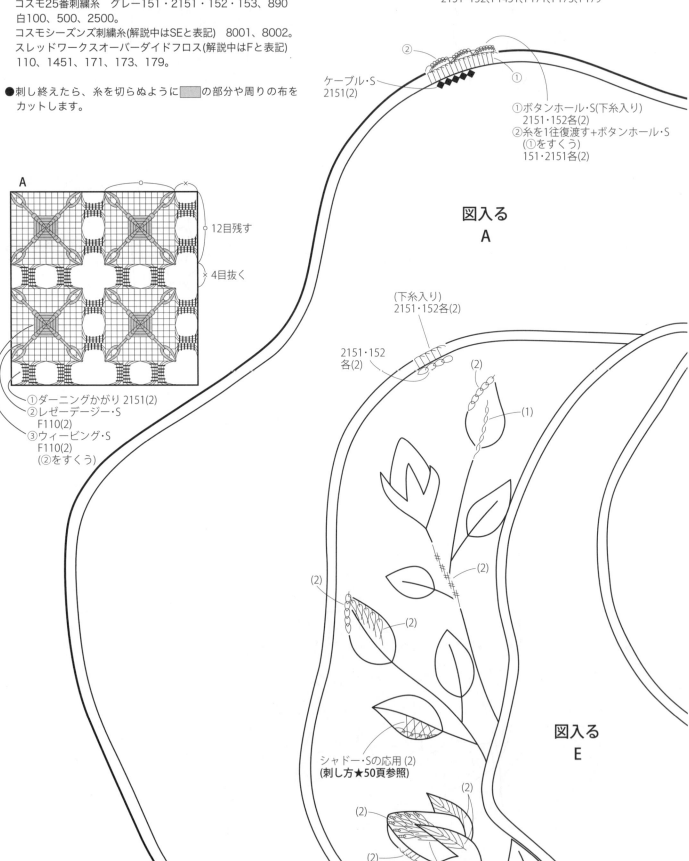

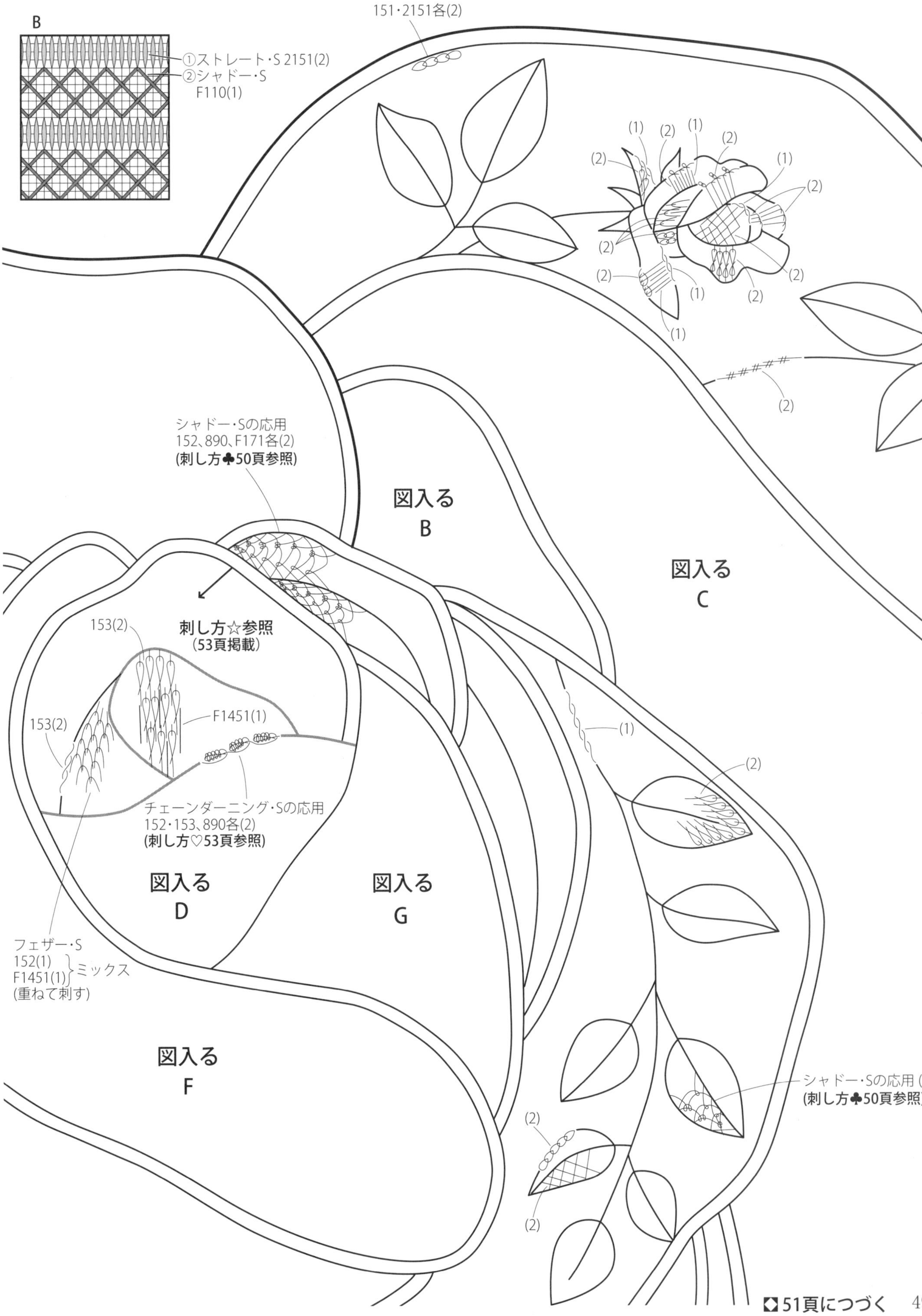
B
①ストレート・S 2151(2)
②シャドー・S
F110(1)
151・2151各(2)
(1)
(2)
(1)
(2)
(2)
(1)
(2)
(2)
(2)
(1)
(2)
(2)
(1)
(2)
シャドー・Sの応用
152、890、F171各(2)
(刺し方♣50頁参照)
図入る
B
図入る
C
刺し方☆参照
(53頁掲載)
153(2)
153(2)
F1451(1)
チェーンダーニング・Sの応用
152・153、890各(2)
(刺し方♡53頁参照)
(1)
(2)
図入る
D
図入る
G
フェザー・S
152(1)
F1451(1)
ミックス
(重ねて刺す)
図入る
F
シャドー・Sの応用 (2)
(刺し方♣50頁参照)
(2)
(2)

52頁につづく

51頁につづく

テーブルセンター 4

口絵10頁

配置図は53頁に掲載

◆ 48頁のつづき

ボタンホール・Sの応用A(2)
(重ねて刺す)
図入る
A
シャドー・Sの応用 (2)
(刺し方♣参照)
(下糸入り)(2)
バーワーク (2)
(3)
(1)
(2)
シャドー・Sの応用 (2)
(刺し方♤参照)
①チェーン・S (2)
②チェーンダーニング・S (2)
(①に重ねる)
③チェーンダーニング・S (1)
④ストレート・S (1)
(下糸入り)(2)
①シャドー・Sの応用 (2)
(刺し方★参照)
②バック・S (2)
(①に重ねる)

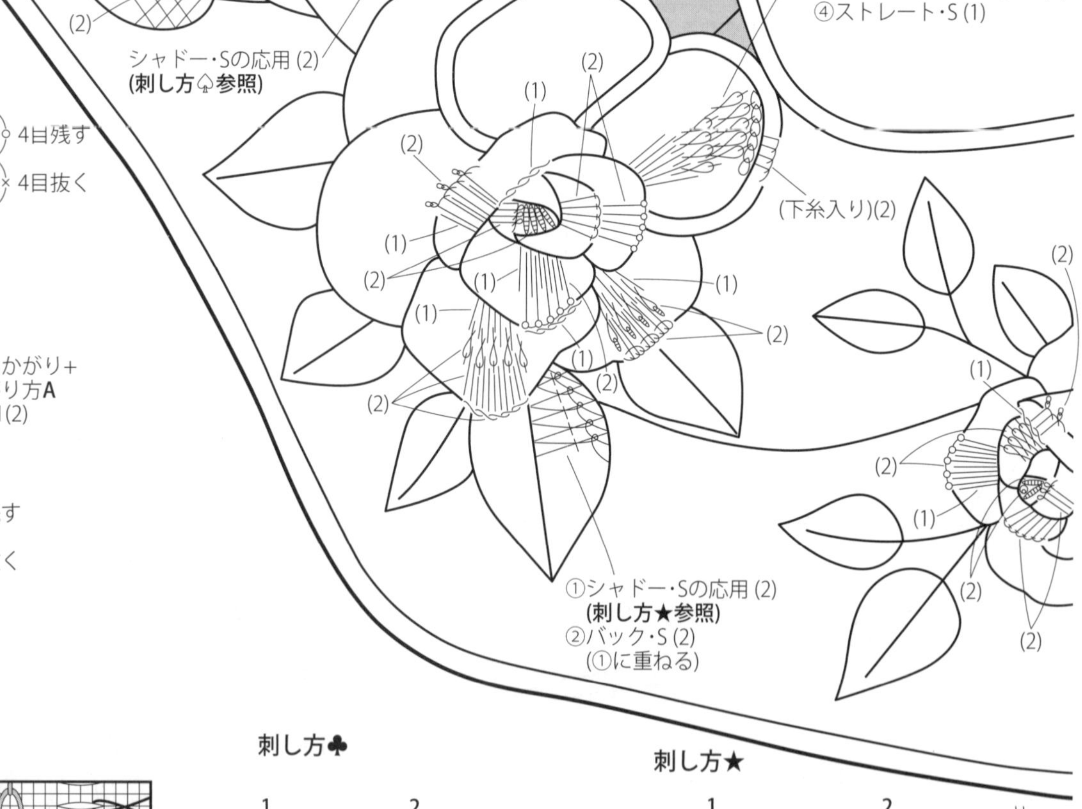

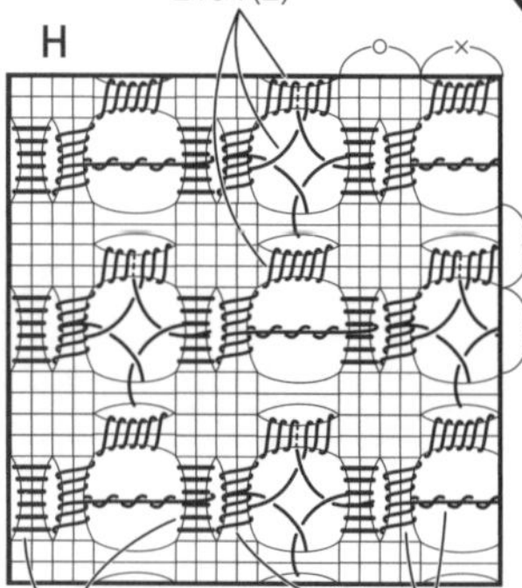

③巻きかがり+
かがり方E
2151(2)
H
4目残す
4目抜く
①巻きかがり
2151(2)
②巻きかがり+
かがり方A
2151(2)

I
4目残す
4目抜く

ナッツダーニング・S
2151(2)

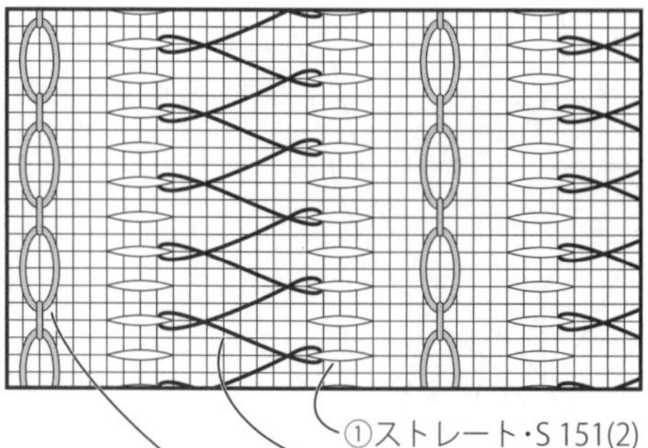

J
①ストレート・S 151(2)
②フェザー・S
F110(1)(①をすくう)
③ナッツダーニング・S 2151(2)

刺し方♣

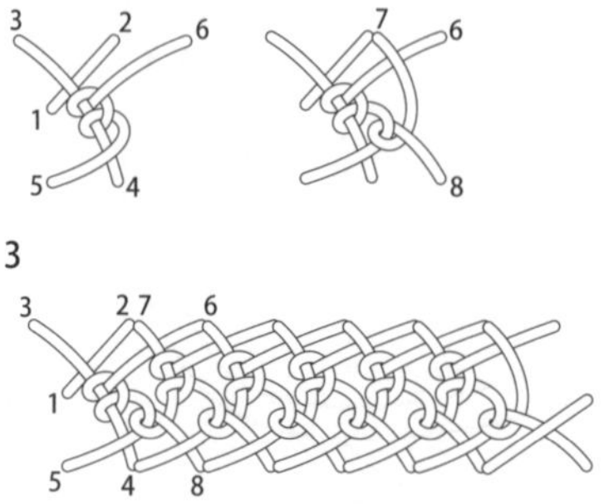

1
2
3

刺し方★

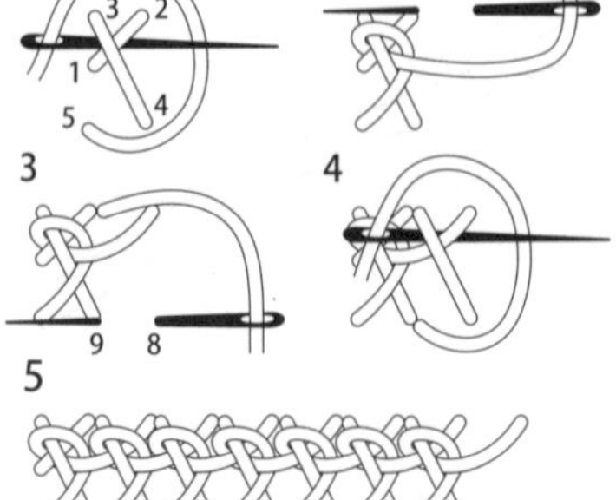

1
2
3
4
5

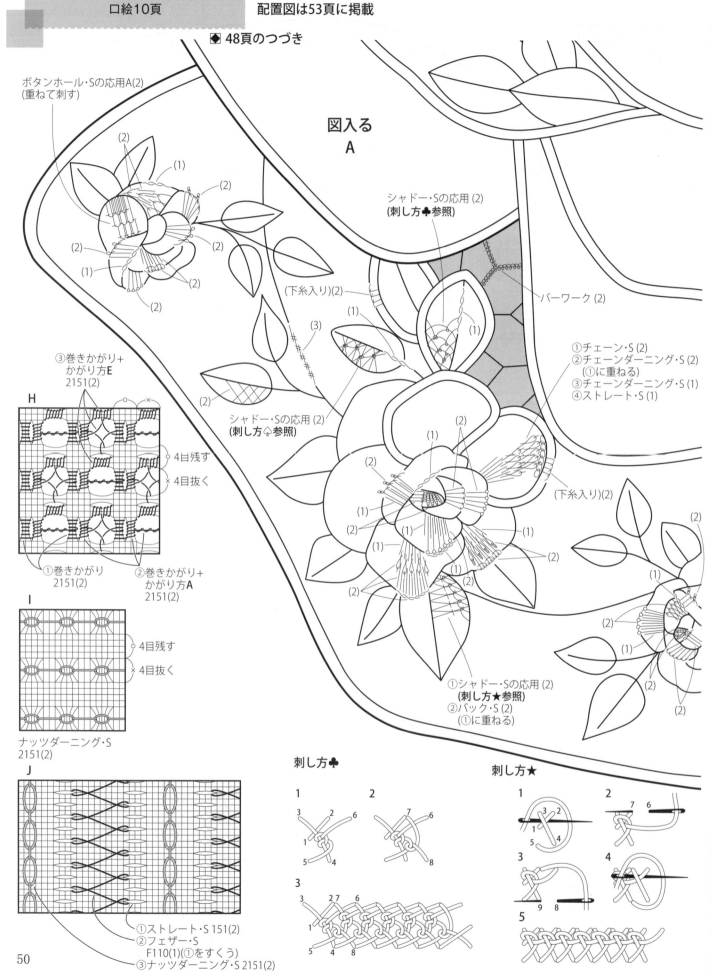

◘49頁のつづき

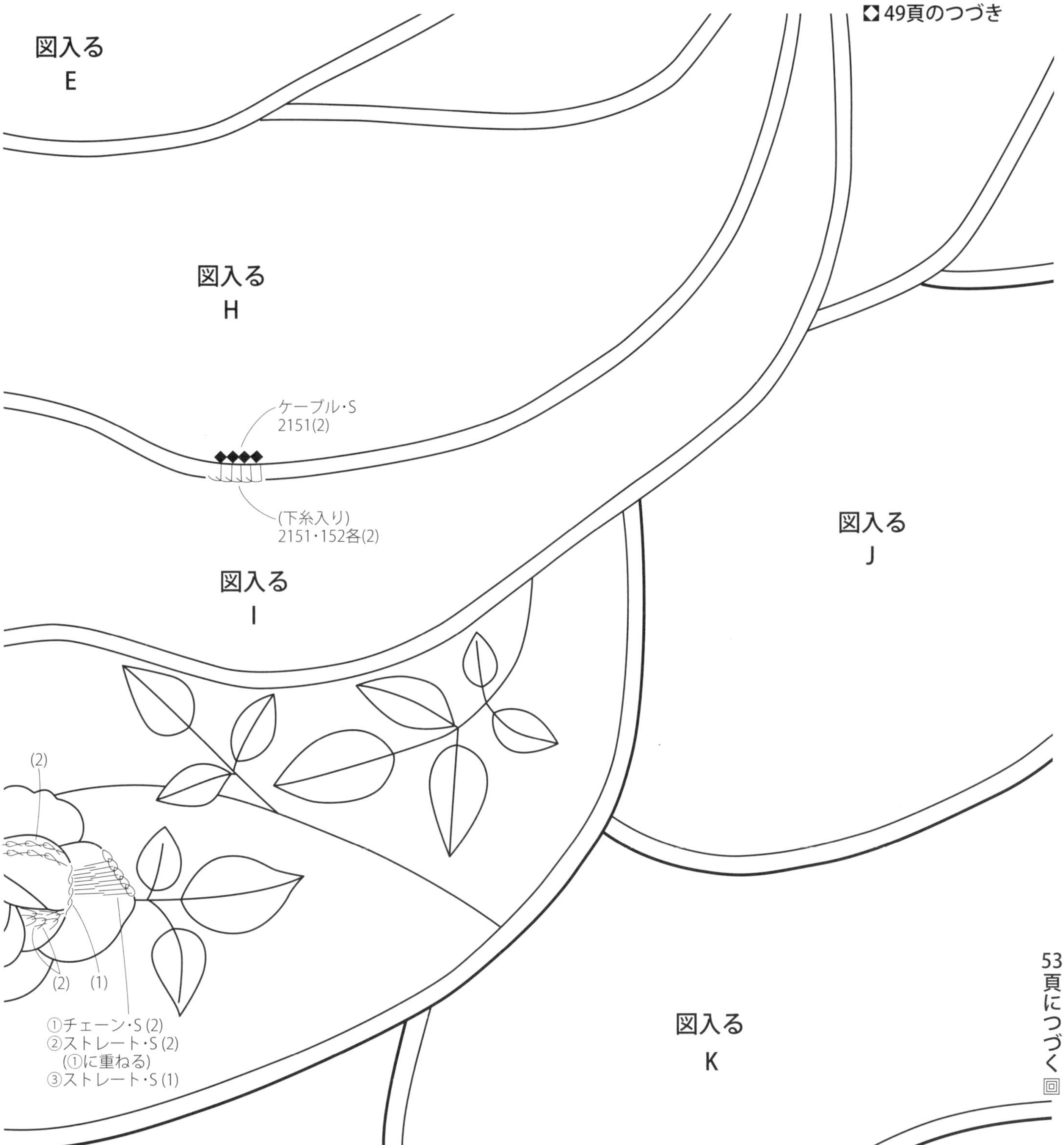
図入る
E
図入る
H
ケーブル・S
2151(2)
(下糸入り)
2151・152各(2)
図入る
I
図入る
J
(2)
(2)
(1)
①チェーン・S (2)
②ストレート・S (2)
(①に重ねる)
③ストレート・S (1)
図入る
K

53頁につづく◙

刺し方♤

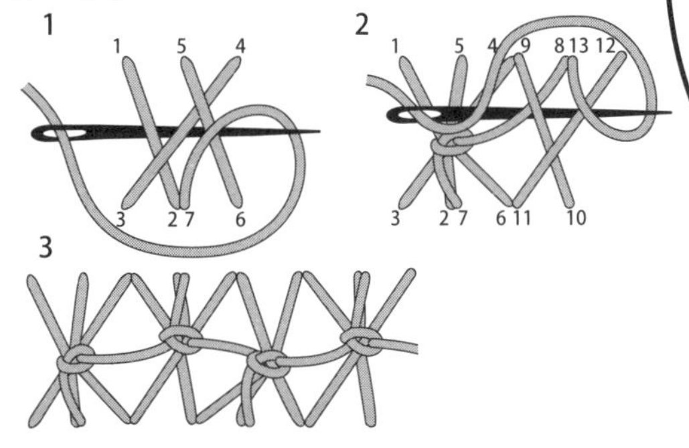
1
1 5 4
3 2 7 6
2
1 5 4 9 8 13 12
3 2 7 6 11 10
3

テーブルセンター 4

口絵10頁

49頁のつづき

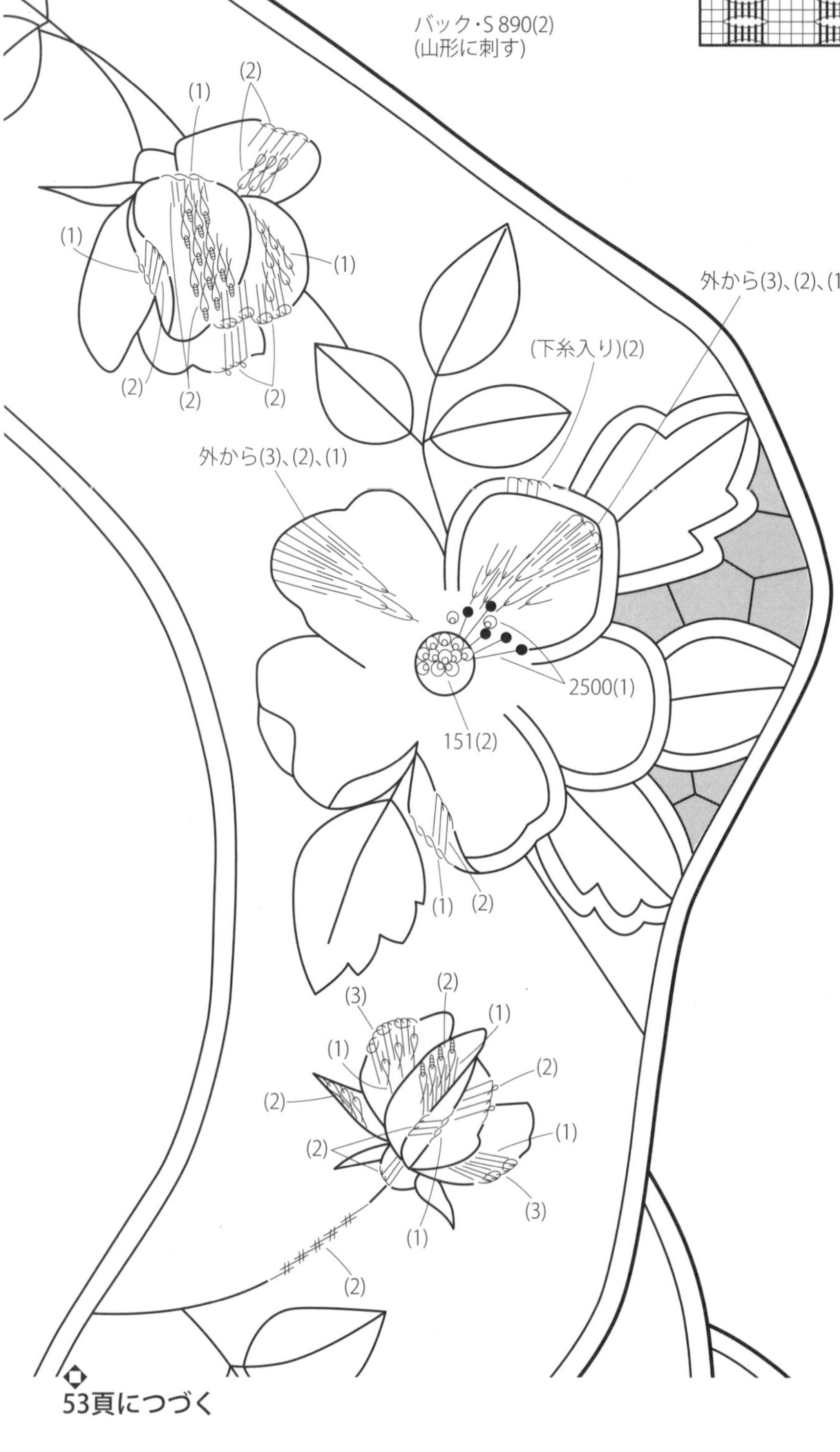

(1)
(2)
(1)
(1)
(2)
(2)
(2)
外から(3)、(2)、(1)
(下糸入り)(2)
外から(3)、(2)、(1)
2500(1)
151(2)
(1)
(2)
(2)
(3)
(1)
(1)
(2)
(2)
(1)
(2)
(3)
(1)
(2)

D

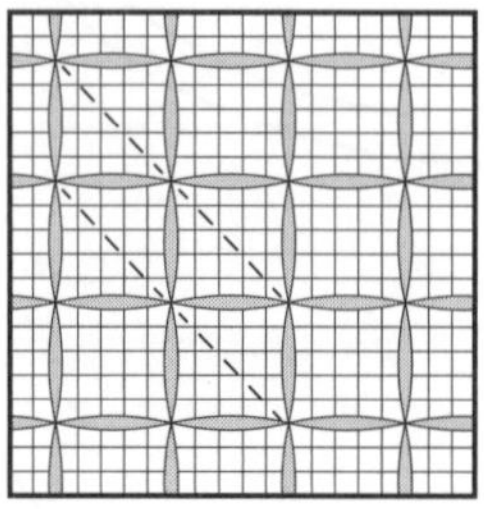

バック・S 890(2)
(山形に刺す)

C

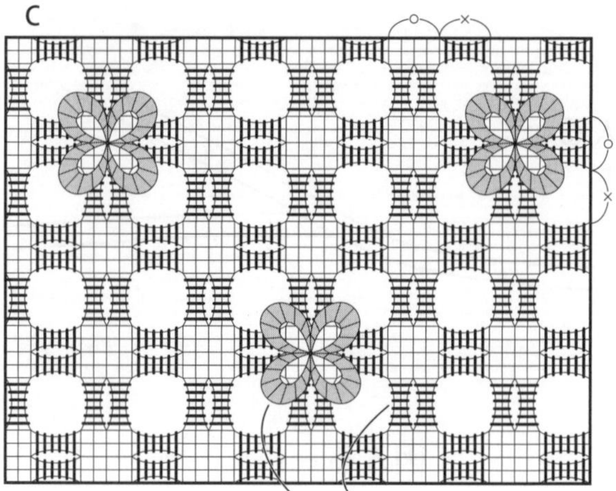

4目残す
4目抜く

①巻きかがり 2151(2)
②バリオンリング・S 2151(2)

E

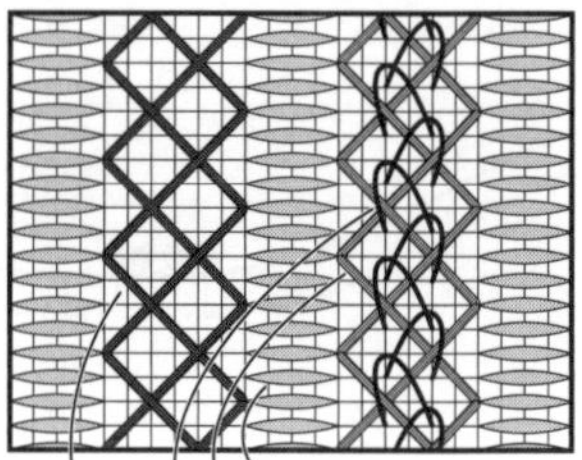

①ストレート・S 2151(2)
②シャドー・S 151(2)
③フェザー・S 151(2)
(②に重ねる)
④シャドー・S
F110(1)

F

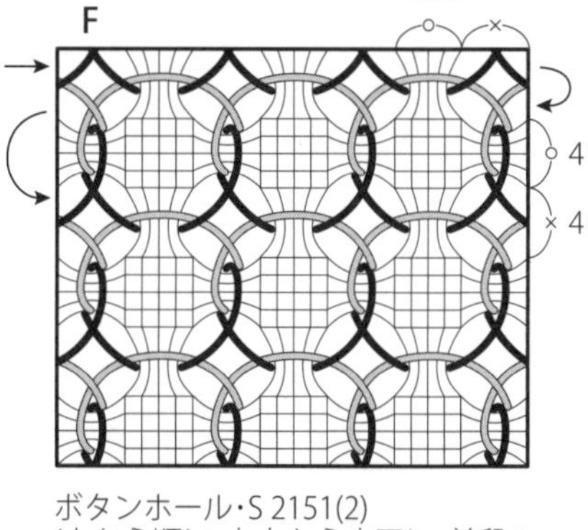

4目残す
4目抜く

ボタンホール・S 2151(2)
(上から順に、左右から交互に、前段の
糸と布糸をすくいながら続けて刺す)

G

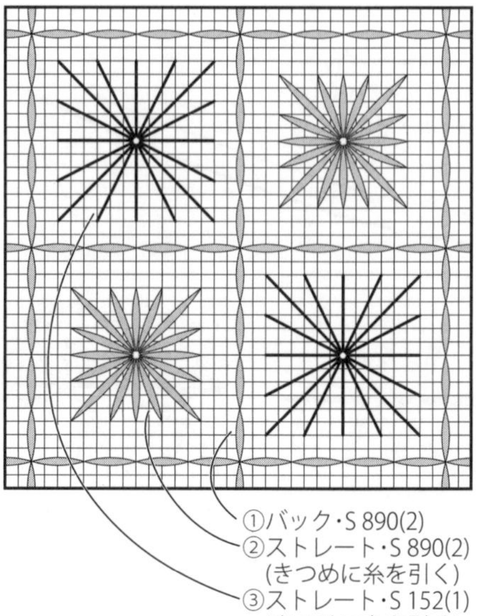

①バック・S 890(2)
②ストレート・S 890(2)
(きつめに糸を引く)
③ストレート・S 152(1)
(きつめに糸を引く)

53頁につづく

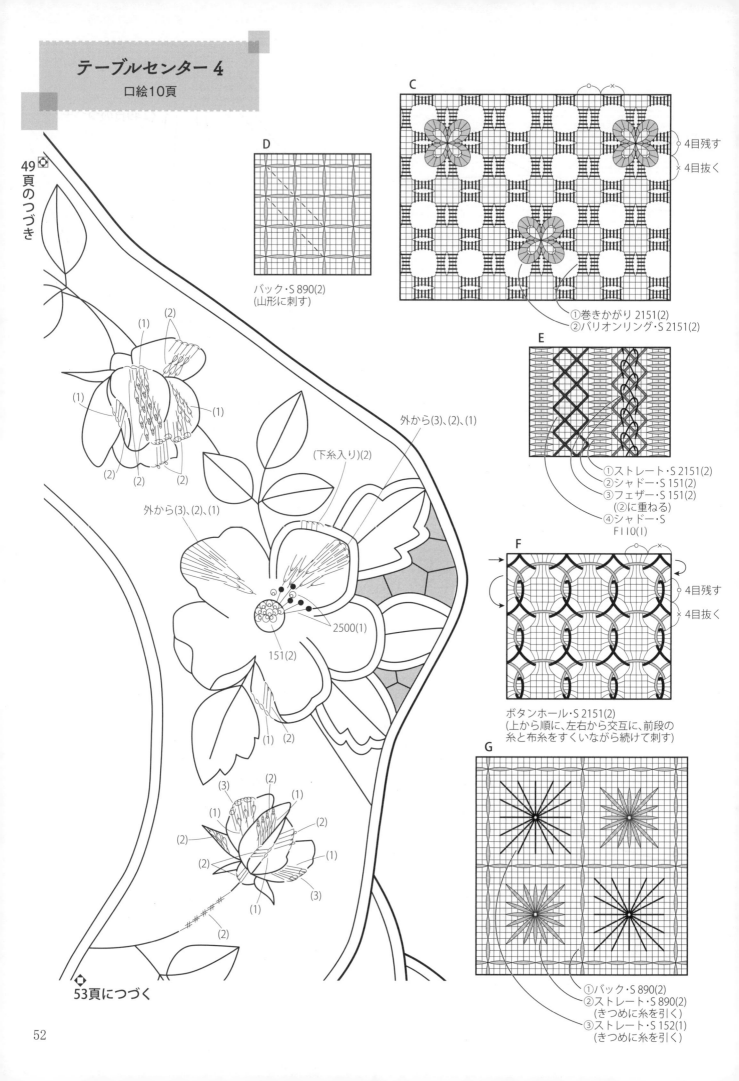

52頁のつづき

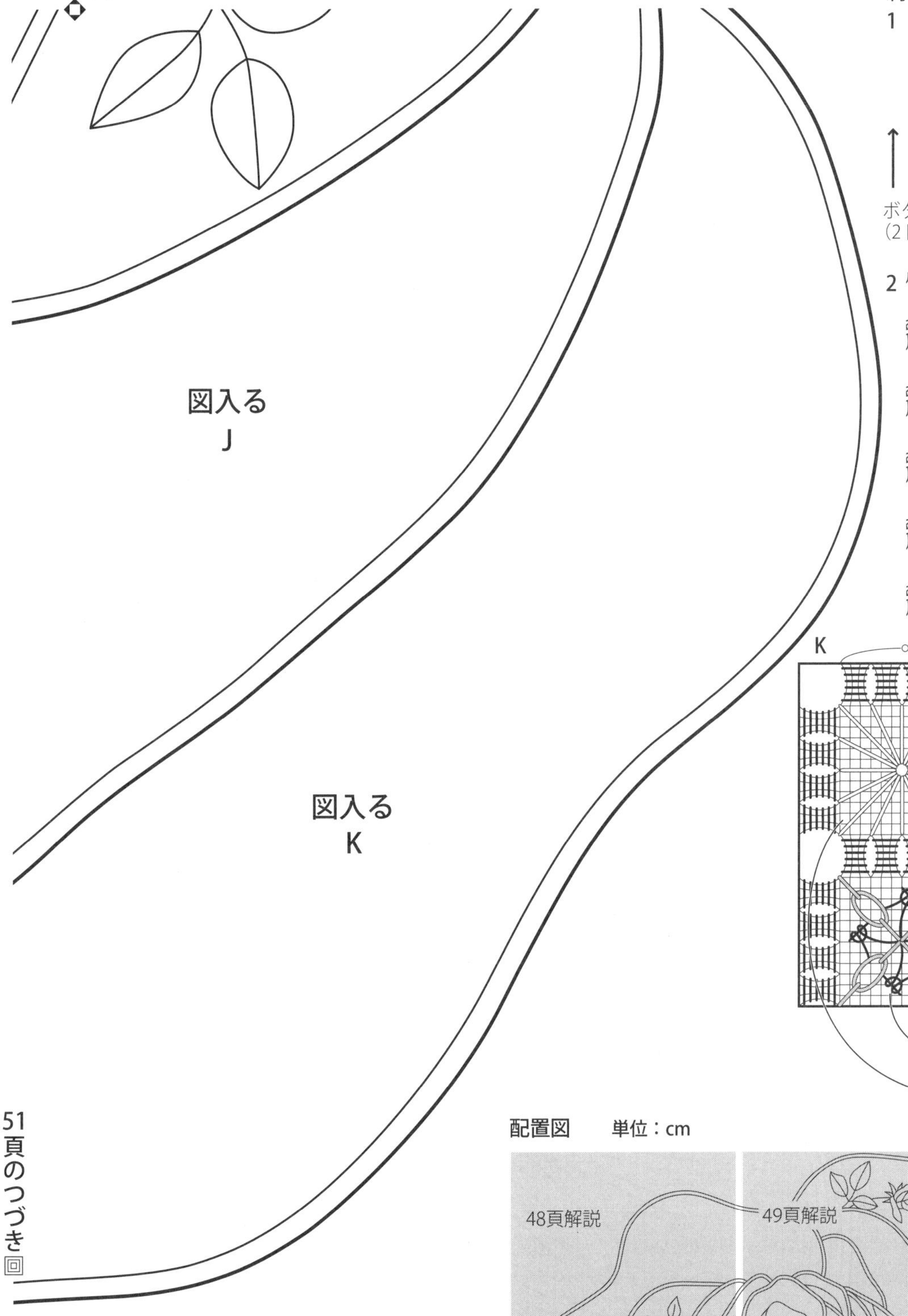
図入る
J
図入る
K

51頁のつづき

刺し方☆

1

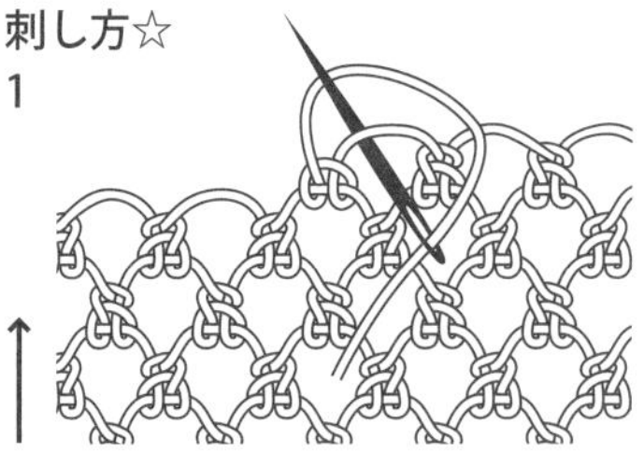

ボタンホール・S 152(2)
(2 回すくい、最初の糸に戻って 1 回すくう)

2

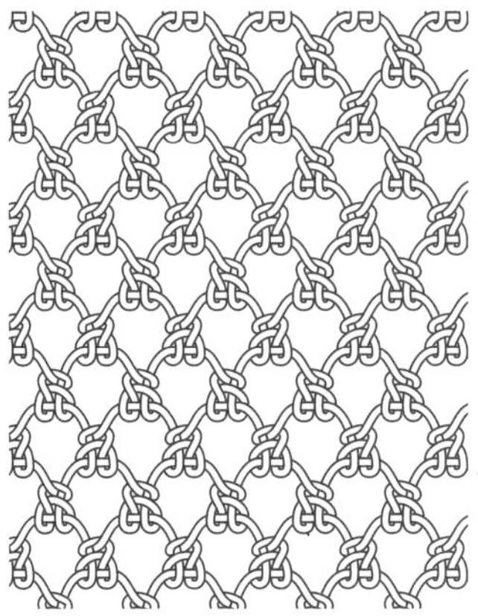

K

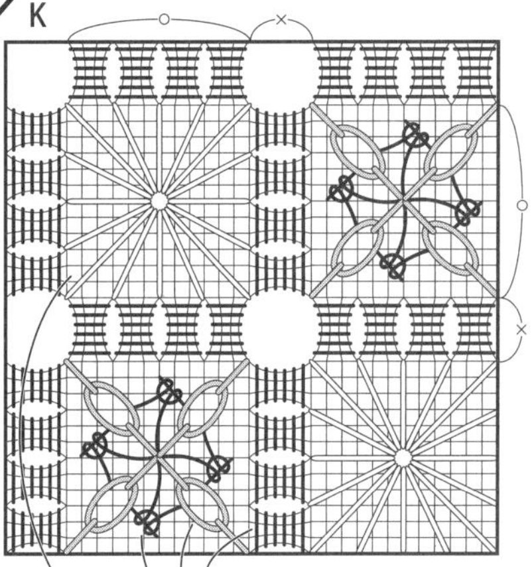
○
×
○ 12目残す
× 4目抜く
①巻きかがり 2151(2)
②ナッツダーニング・S、ケーブル・S
F110(2)
③ストレート・S (1)
F110(1)(きつめに糸を引く)

配置図　単位：cm

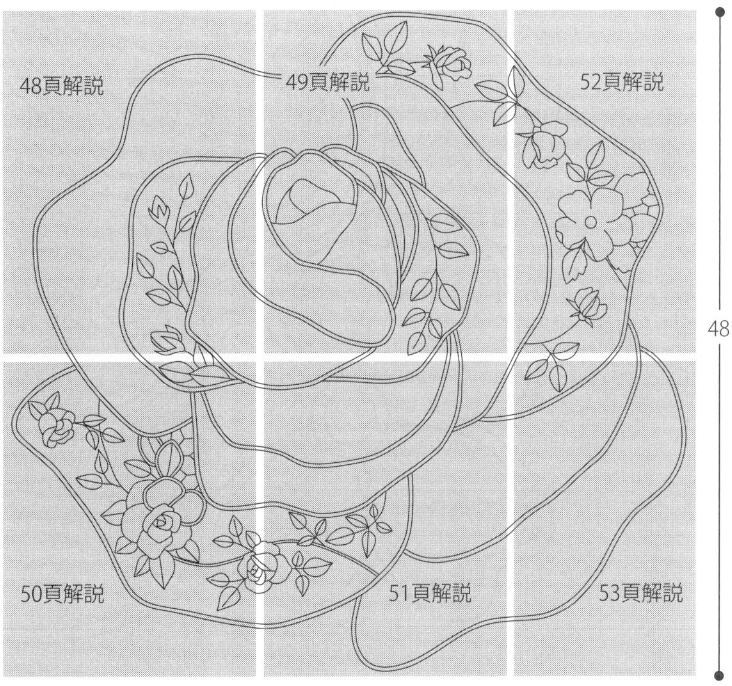
48頁解説
49頁解説
52頁解説
50頁解説
51頁解説
53頁解説
48
51

刺し方♡

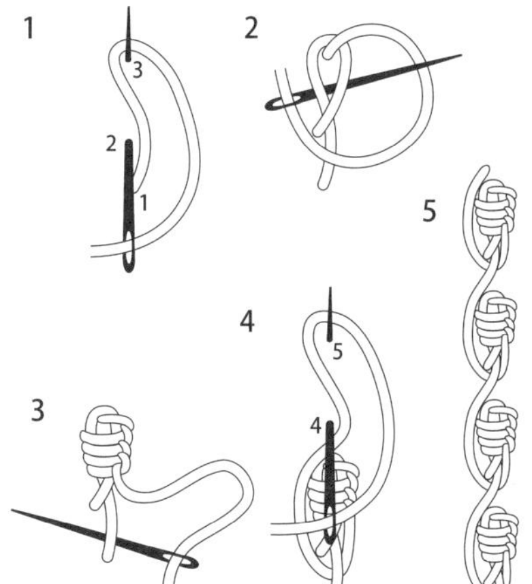
1
3
2
1
2
3
4
5
5
4

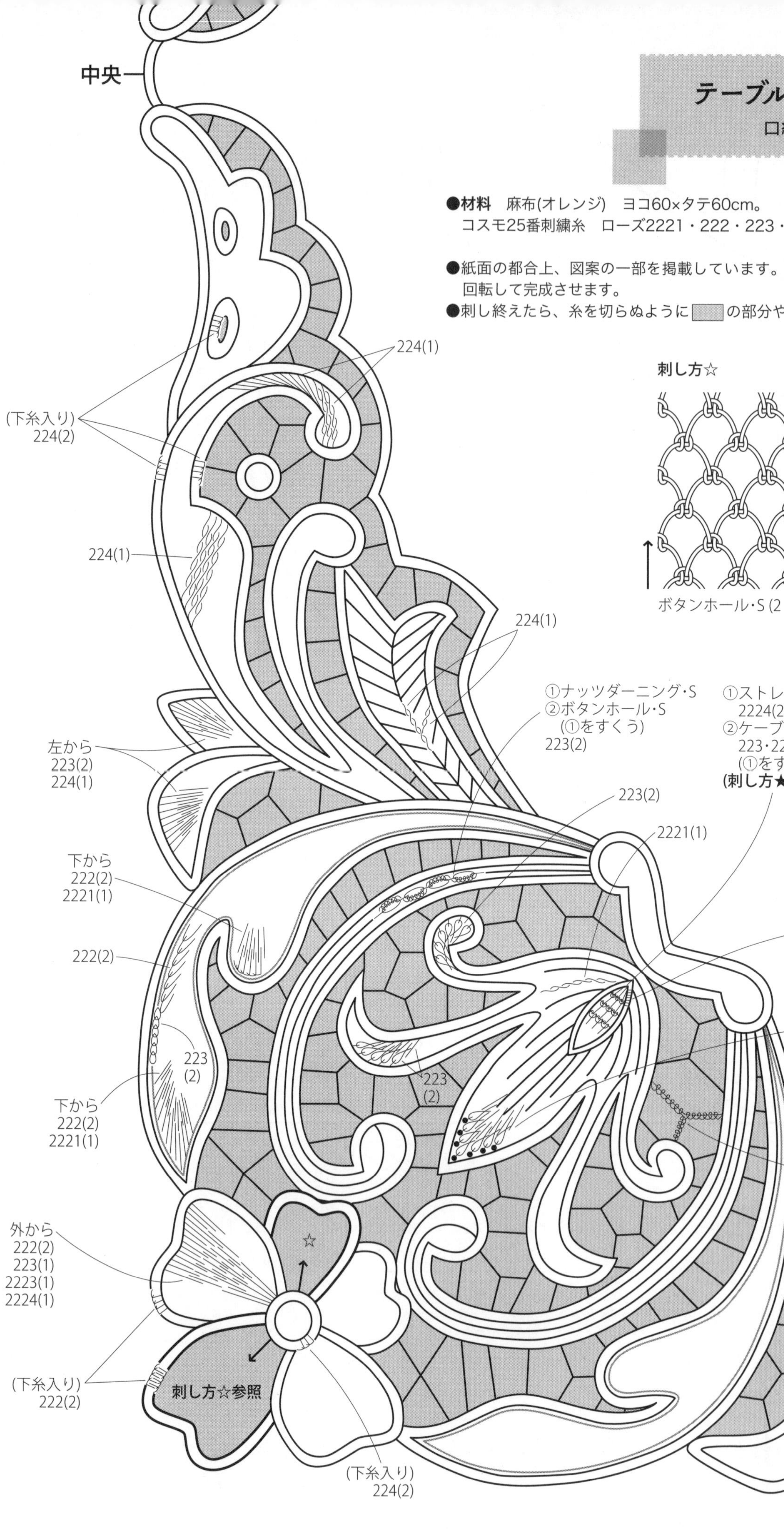
中央
224(1)
(下糸入り)
224(2)
224(1)
224(1)
①ナッツダーニング・S
②ボタンホール・S
(①をすくう)
223(2)
①ストレート・S
2224(2)
②ケーブル・Sのように糸をすくう
223・2224各(2)
(①をすくう)
(刺し方★参照)
左から
223(2)
224(1)
223(2)
2221(1)
下から
222(2)
2221(1)
ストレート・S
(下糸入り)
224(2)
222(2)
下から
223(2)
222(1)
223
(2)
223
(2)
下から
222(2)
2221(1)
バーワーク
224(2)
外から
222(2)
223(1)
2223(1)
2224(1)
☆
(下糸入り)
222(2)
刺し方☆参照
(下糸入り)
224(2)

テーブルセンター 5

口絵14頁

●**材料**　麻布(オレンジ)　ヨコ60×タテ60cm。
コスモ25番刺繍糸　ローズ2221・222・223・2223・224・2224。

●紙面の都合上、図案の一部を掲載しています。配置図参照の上、図案を回転して完成させます。
●刺し終えたら、糸を切らぬように▭の部分や周りの布をカットします。

刺し方☆

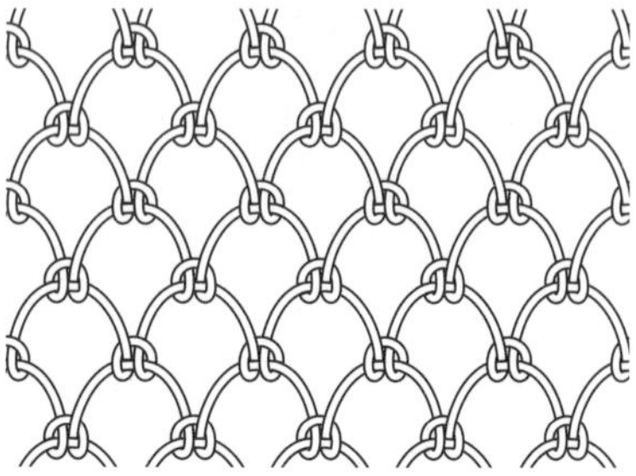

ボタンホール・S (2回) 223(1)

刺し方★

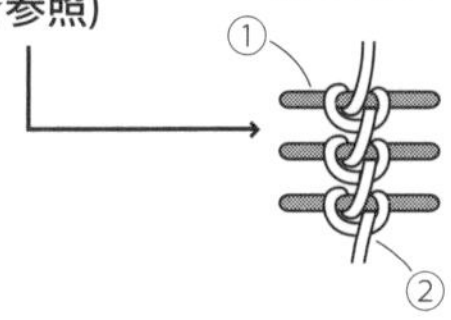
①
②

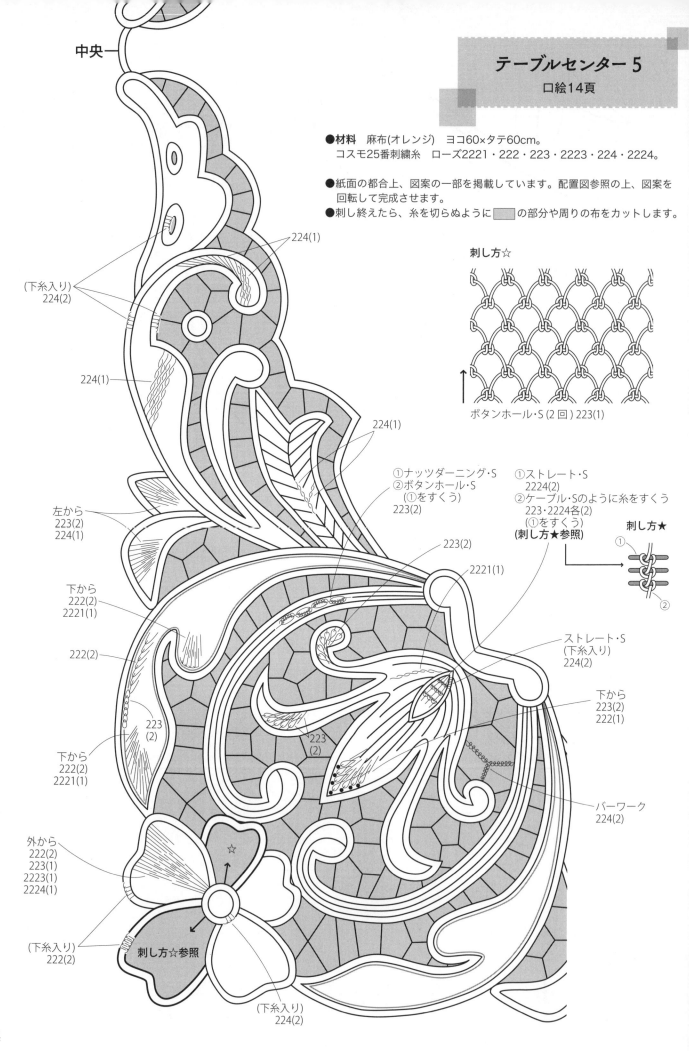

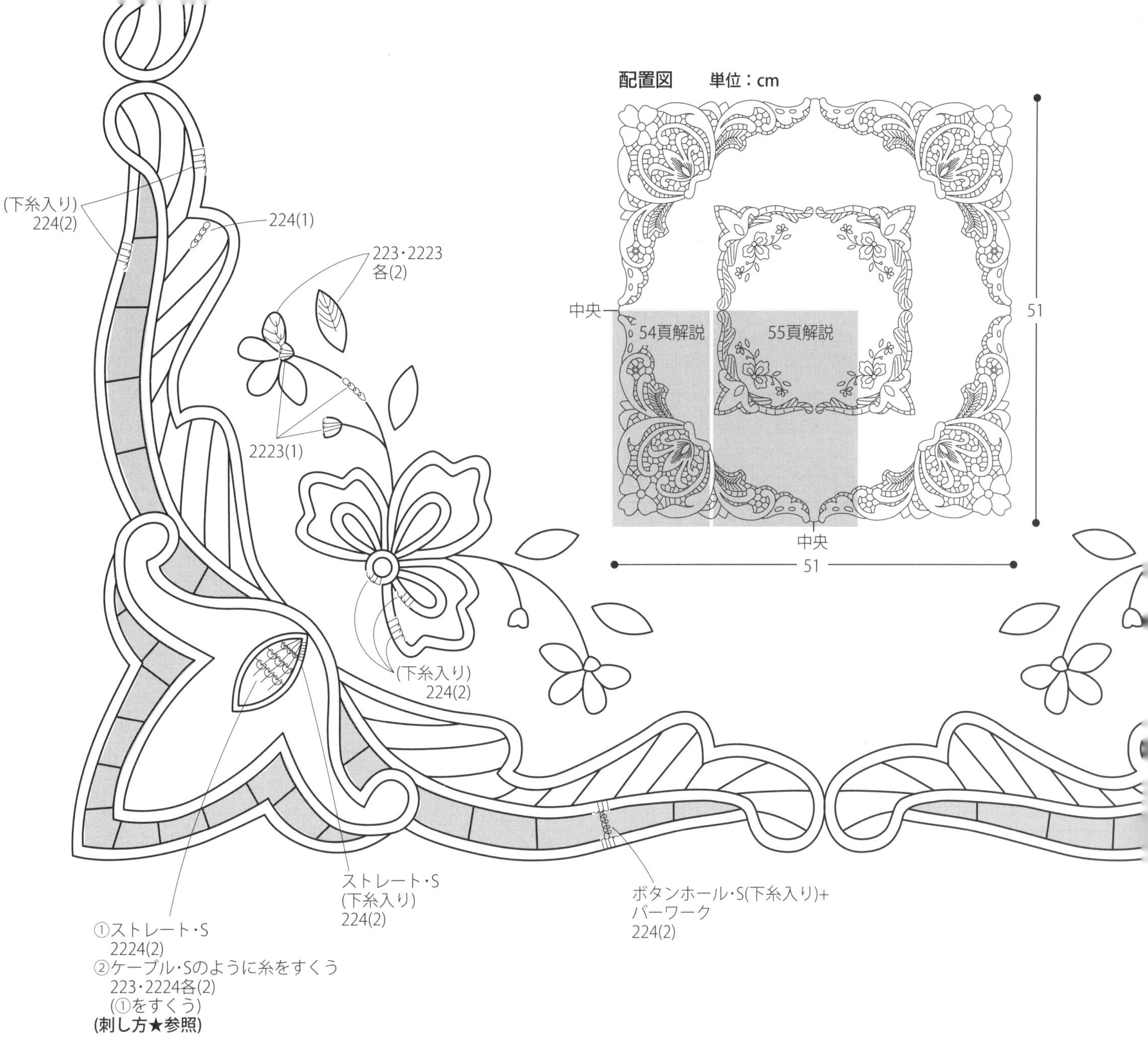

(下糸入り)
224(2)
224(1)
223・2223
各(2)
2223(1)
(下糸入り)
224(2)
ストレート・S
(下糸入り)
224(2)
ボタンホール・S(下糸入り)+
バーワーク
224(2)
①ストレート・S
2224(2)
②ケーブル・Sのように糸をすくう
223・2224各(2)
(①をすくう)
(刺し方★参照)
配置図　単位：cm
中央
54頁解説
55頁解説
51
中央
51

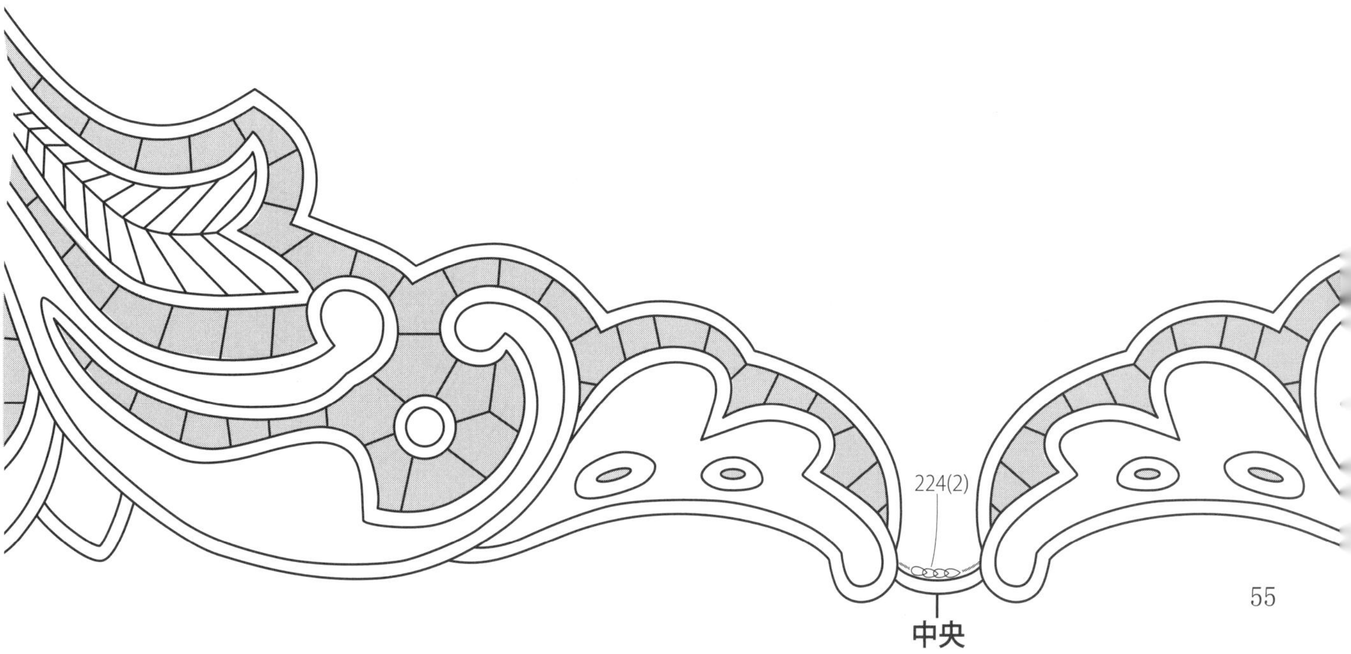

224(2)
中央

ドイリー2

口絵13頁

●**材料**　コスモ100番麻オックスフォード地(21ベージュ)　ヨコ50×タテ55cm。
コスモ25番刺繍糸　グリーン116・117・2117・118、333〜335、533・534・2353・535、820・821・825　ローズ221・2222　灰褐色364〜366、713・714　グレー473、トルコブルー562〜565　ブルーグレー730〜732。

●紙面の都合上、図案の一部を掲載しています。配置図参照の上、図案を回転して完成させます。
●刺し終えたら、糸を切らぬように▭の部分や周りの布をカットします。

配置図　単位：cm

中央
56頁 掲載
中央
57頁 掲載
58頁 掲載
約45
約40

指定以外全て364で刺す。

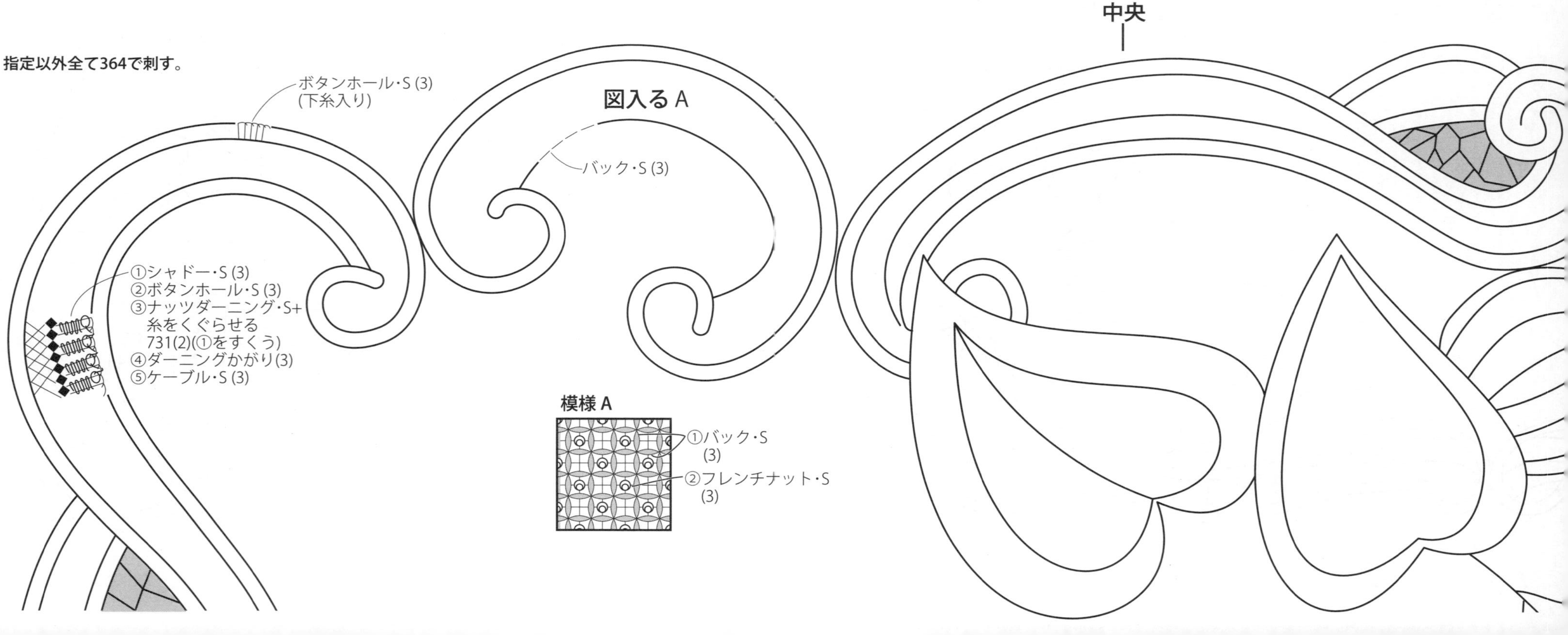
中央
ボタンホール・S (3)
(下糸入り)
図入る A
バック・S (3)
①シャドー・S (3)
②ボタンホール・S (3)
③ナッツダーニング・S+
糸をくぐらせる
731(2)(①をすくう)
④ダーニングかがり(3)
⑤ケーブル・S (3)
模様 A
①バック・S
(3)
②フレンチナット・S
(3)

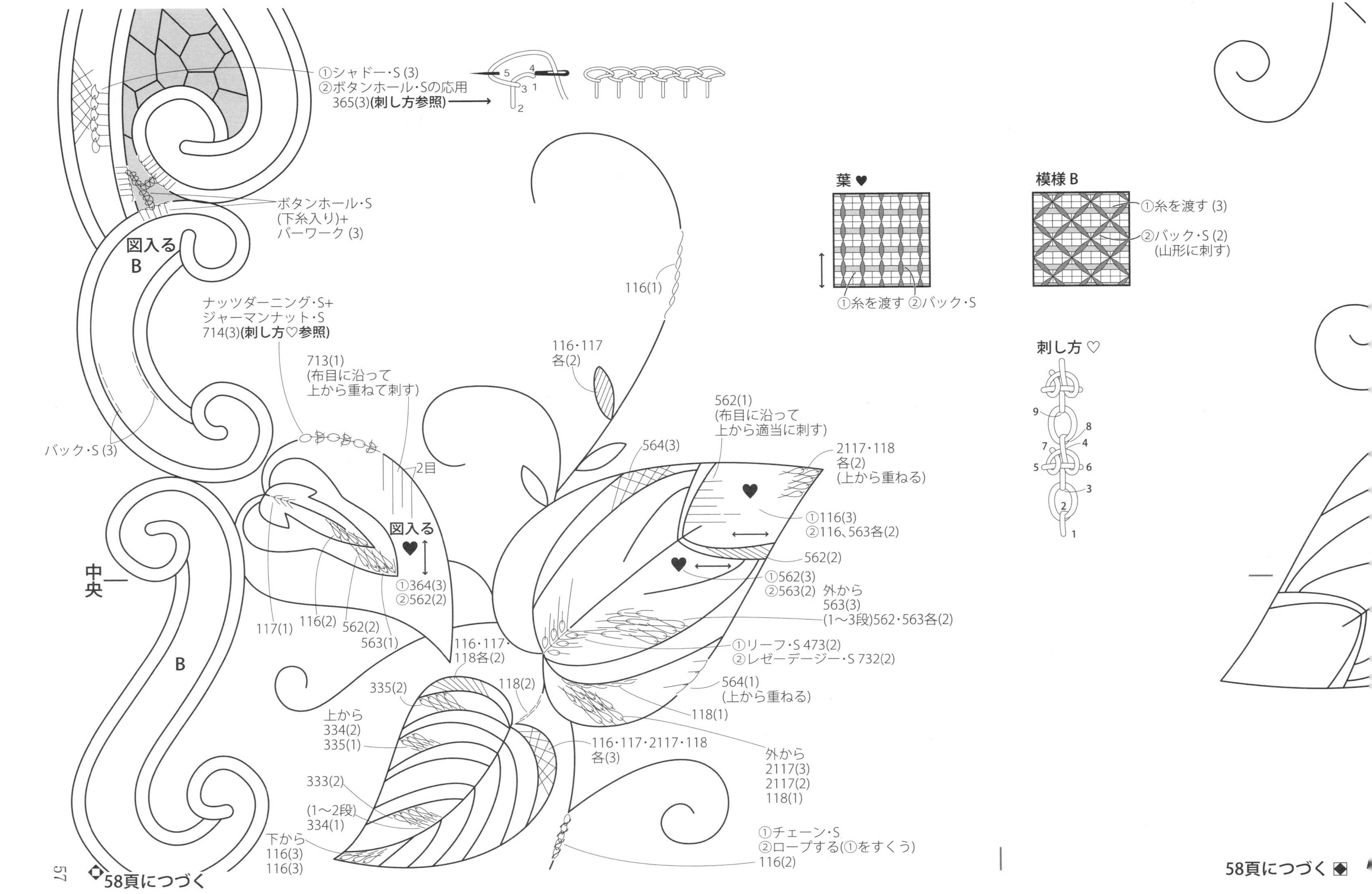

①シャドー・S (3)
②ボタンホール・Sの応用
365(3)(刺し方参照)
5
4
3
1
2
ボタンホール・S
(下糸入り)+
バーワーク (3)
図入る
B
ナッツダーニング・S+
ジャーマンナット・S
714(3)(刺し方♡参照)
713(1)
(布目に沿って
上から重ねて刺す)
バック・S (3)
2目
図入る
①364(3)
②562(2)
中央
117(1)
116(2)
562(2)
563(1)
B
116(1)
116・117
各(2)
116・117・
118各(2)
335(2)
118(2)
上から
334(2)
335(1)
333(2)
(1〜2段)
334(1)
下から
116(3)
116(3)
564(3)
562(1)
(布目に沿って
上から適当に刺す)
2117・118
各(2)
(上から重ねる)
①116(3)
②116、563各(2)
562(2)
①562(3)
②563(2)
外から
563(3)
(1〜3段)562・563各(2)
①リーフ・S 473(2)
②レゼーデージー・S 732(2)
564(1)
(上から重ねる)
118(1)
116・117・2117・118
各(3)
外から
2117(3)
2117(2)
118(1)
①チェーン・S
②ロープする(①をすくう)
116(2)
葉 ♥
①糸を渡す ②バック・S
模様 B
①糸を渡す (3)
②バック・S (2)
(山形に刺す)
刺し方 ♡
9
8
7
4
5
6
3
2
1

◇58頁につづく

58頁につづく◆

◆57頁のつづき

ドイリー2

口絵13頁

指定以外全て364で刺す。

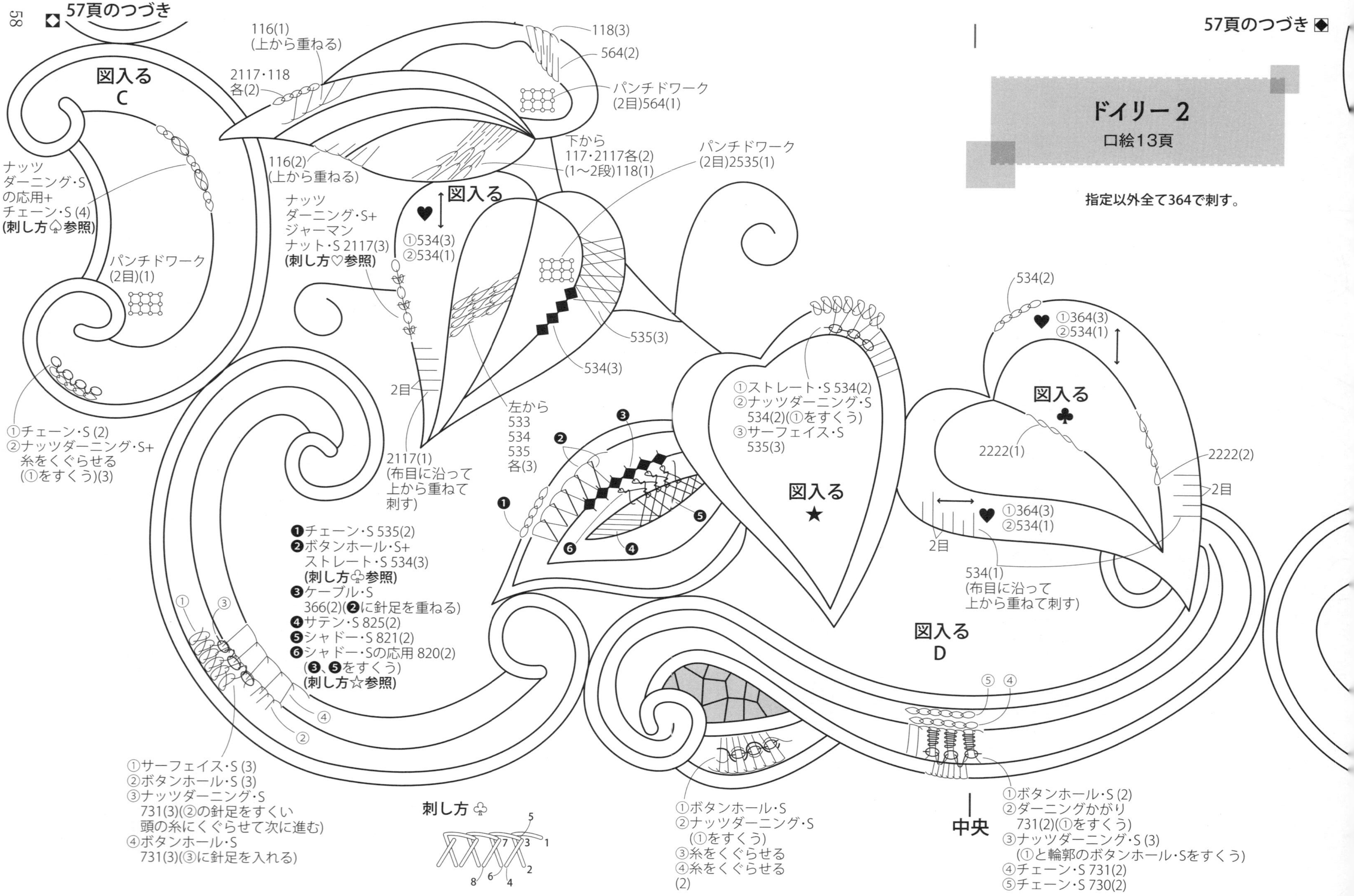

57頁のつづき◆

刺し方 ♤

1　2　3　4

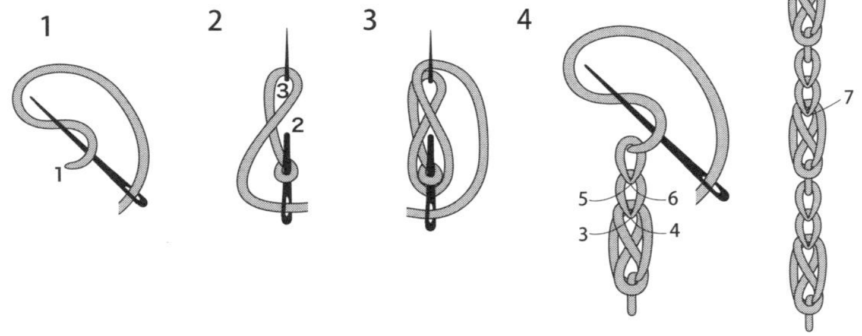

1
2
3
4
5
6
7

葉 ★

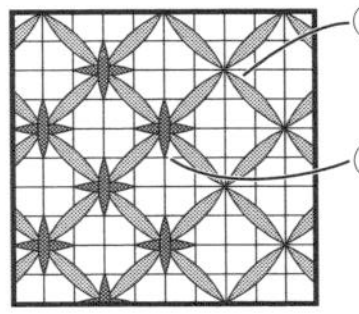

①バック・S
333(1)
(山形に刺す)
②クロス・S
335(2)
(写真参照の上、
内側に刺す)

葉 ♣

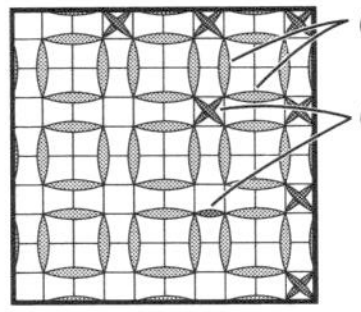

①ストレート・S
221(1)
②クロス・S、
ストレート・S
2222(1)
(写真参照の上、
外側に刺す)

刺し方 ☆

1　2　3　4

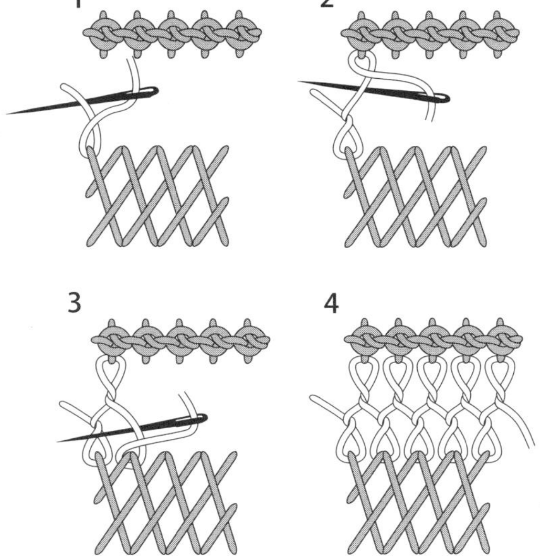

模様 C

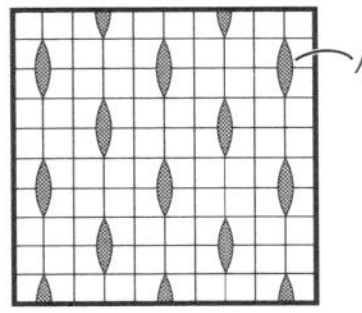

バック・S (3)

模様 D

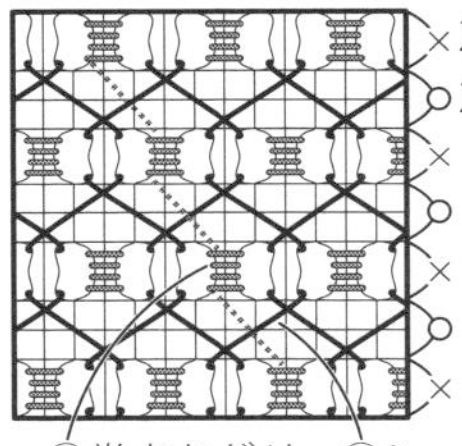

×2目抜く
○2目残す
①巻きかがり
(2)
②シャドー・S
(1)

テーブルセンター 6

口絵16頁

解説は60頁に掲載

●**材料**　コングレス地(ベージュ)　[10cm平方：約70×70目]　ヨコ85×タテ60cm、裏布用フェルト(茶)　同寸。
コスモ25番刺繍糸　ローズ221　グレー475　黄褐色575　金茶2702　灰褐色714・716　グリーン924・925。

●紙面の都合上、図案の一部を掲載しています。配置図参照の上、図案を回転して完成させます。
●刺す順番は、ベースの模様、A、B、C、Dの順に刺します。
●糸は、指定以外全て714を使用します。
●刺し終えたら、糸を切らぬように周りの布をカットします。
●完成したら、作品の形に合わせてフェルトをカットし、裏側に重ね、適当な糸で縫い付けます。
●コスモの布で代用する場合は、色味が異なりますが、9100番コングレス70(55ストーン)をおすすめします。

配置図　**単位：cm**

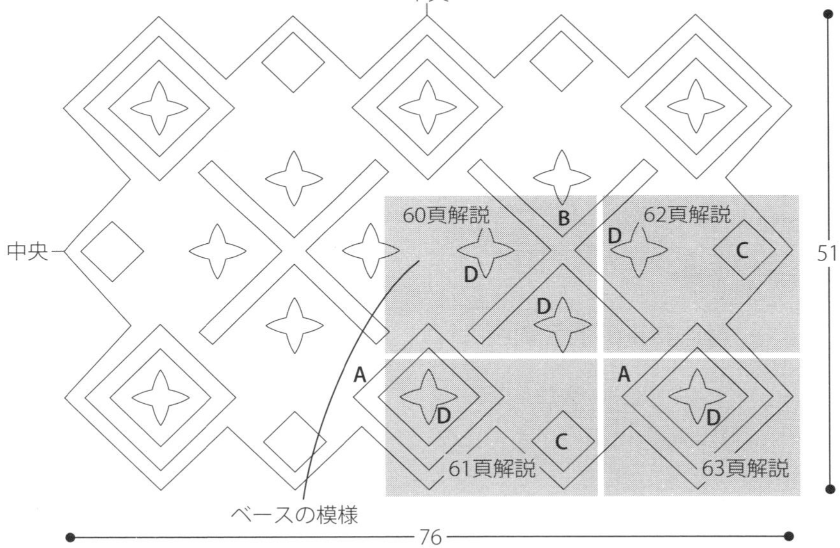

中央
中央
51
76
60頁解説
62頁解説
61頁解説
63頁解説
A
B
C
D
ベースの模様

テーブルセンター 6

口絵16頁

材料、配置図は59頁に掲載

62頁につづく

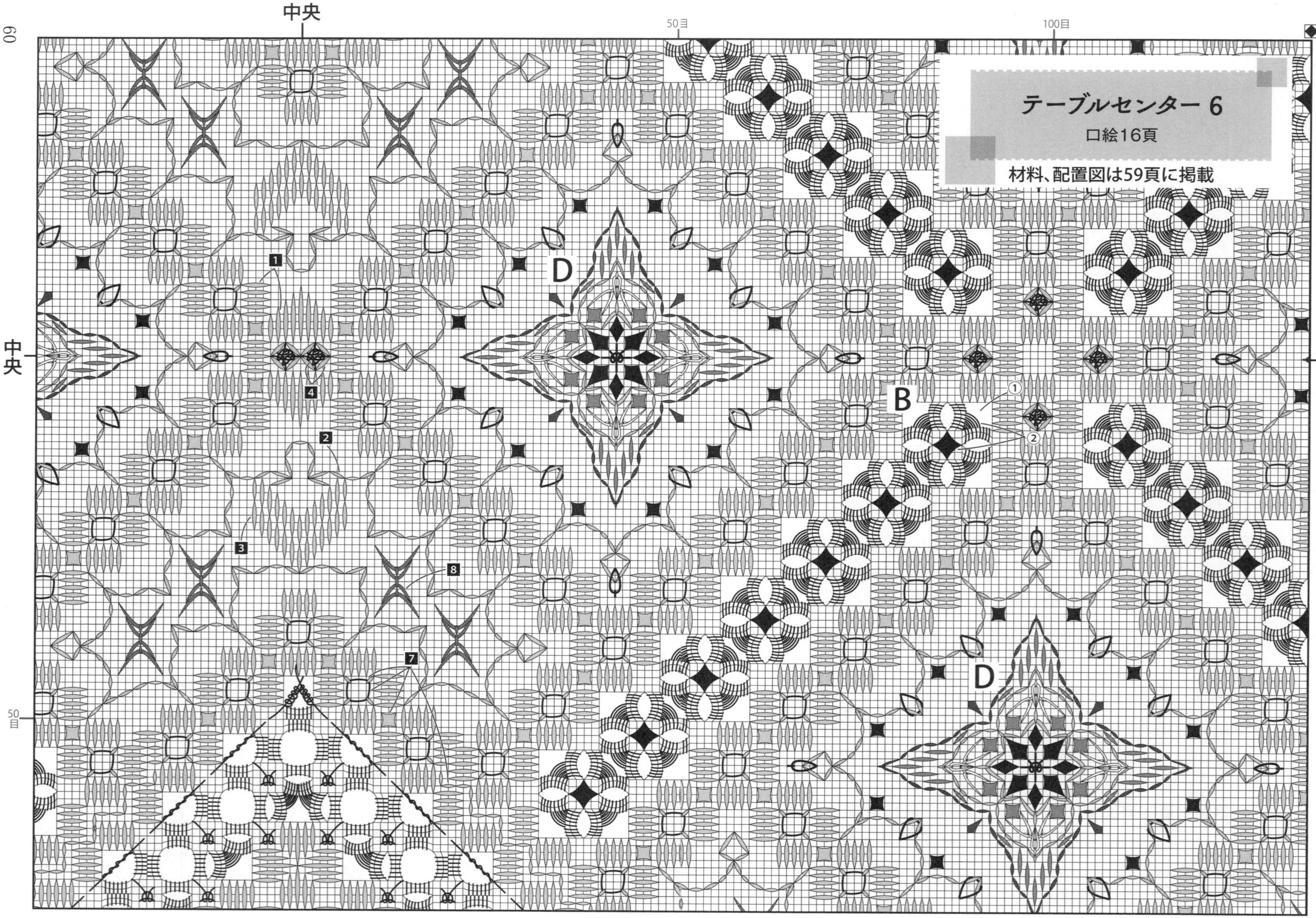

B ①タテヨコ4目ずつ織り糸を抜く
②かがり方J、四角いジャーマンナット・S (4)

◆63頁につづく

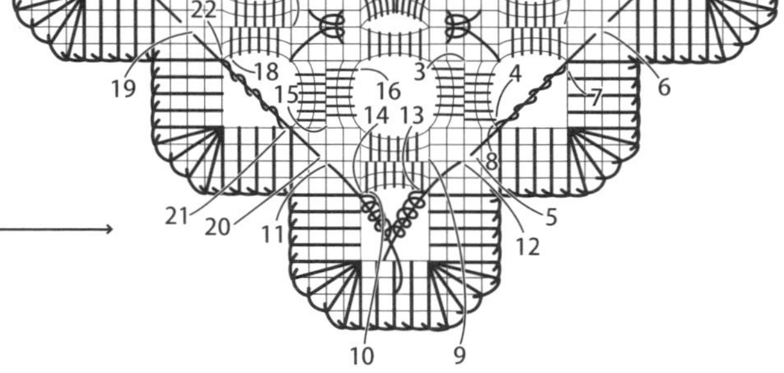

指定以外全て714で刺す。

A ❶タテヨコ4目ずつ織り糸を抜く
❷ダーニングかがり、かがり方A、ボタンホール・Sのように糸をかける+ボタンホール・S (4)
(刺し方参照)
❸かがり方J、四角いジャーマンナット・S (4)
❹巻きかがり、四角いジャーマンナット・S (4)

ベースの模様

1 ストレート・S (4)
2 バック・S (4)
3 ストレート・S (4)
4 四角いジャーマンナット・Sの応用 **(刺し方参照)**+バック・S (4)
5 ケーブル・S+バック・S (4)
6 ボタンホール・S (4)
7 ストレート・S+糸をくぐらせる、四角いジャーマンナット・S、バック・S (4)
8 オープンレゼーデージーS 716(3)

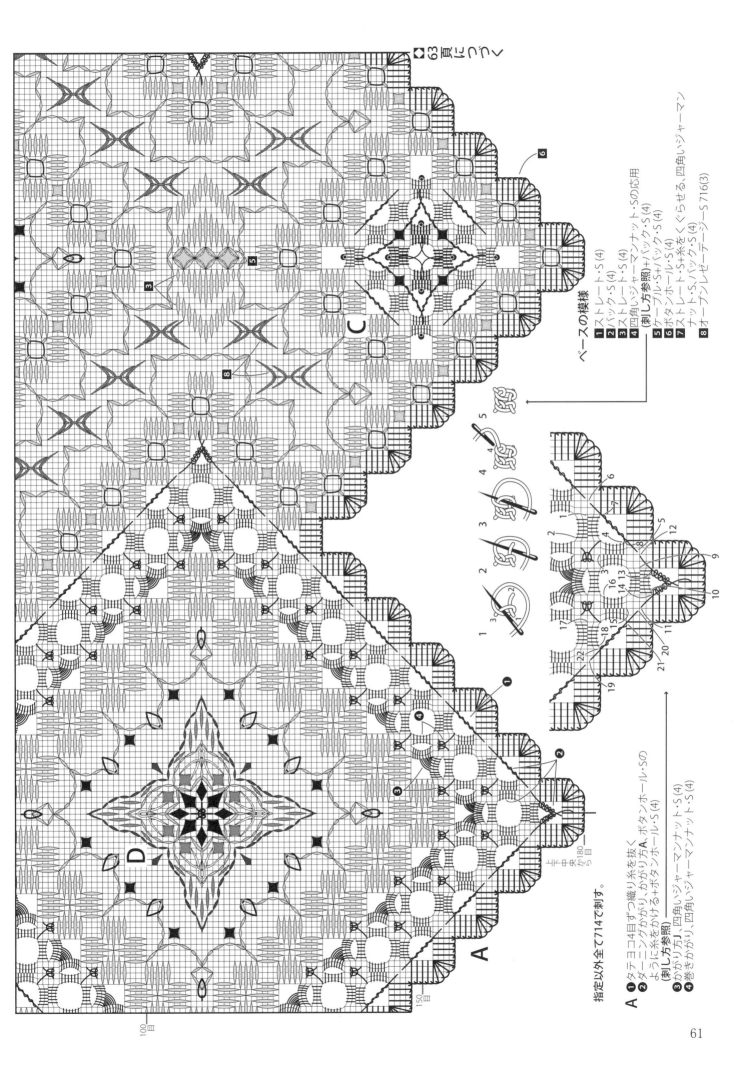

◆60頁のつづき

テーブルセンター 6

口絵16頁

材料、配置図は59頁に掲載

150目
200目
250目
左右中央から
266目
中央
50
目
C
D
B
❶
❷
❸
❹
❺
❻
1
2
3
5
6
7
8

C ❶タテヨコ4目ずつ織り糸を抜く
❷ダーニングかがり、かがり方**N**
(四隅の片側のみピコットをつける) (4)
❸かがり方**N**(片側のみピコットをつける)+
かがり方**E** (4)
❹かがり方**A** (4)
(糸を1往復渡してかがり、次に移る)
(刺し方参照)
❺ボタンホール・Sのように糸をかける+
四角いジャーマンナット・S (4)
❻巻きかがり(4)
(❺をすくう)

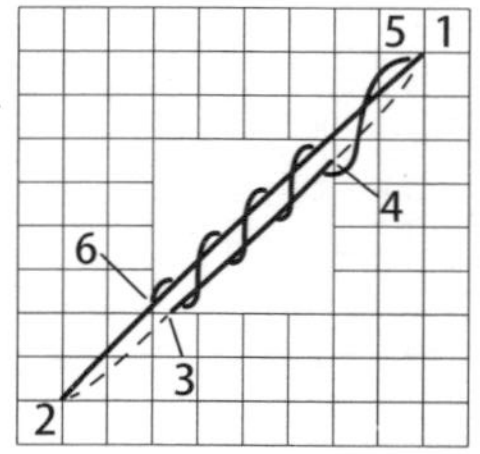
5
1
4
6
3
2

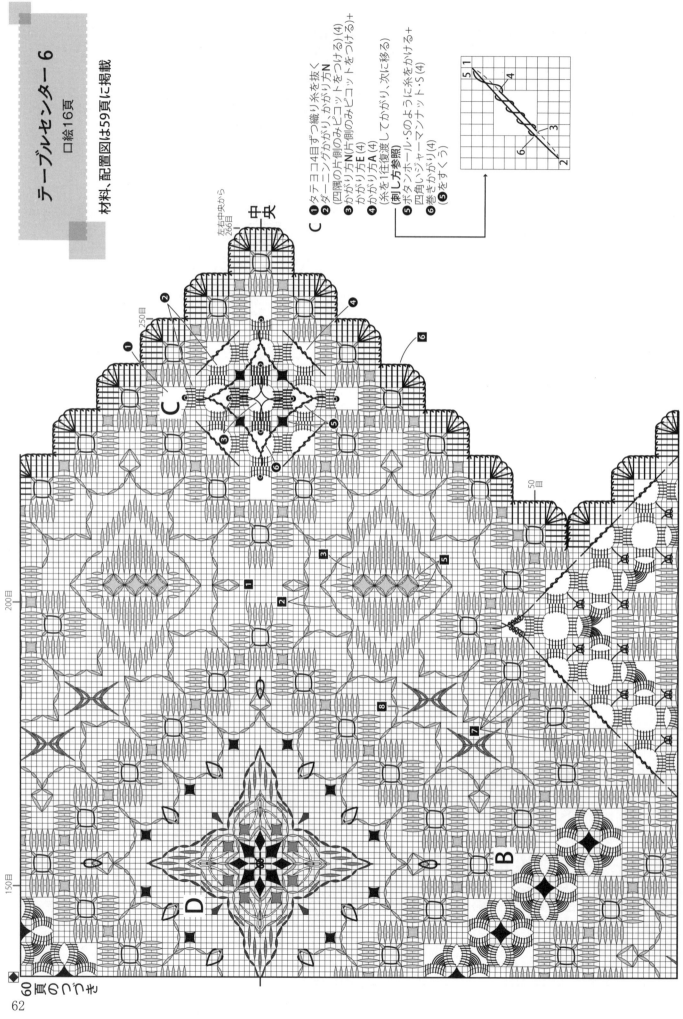

61頁のつづき

D ❶バック・S (4)
❷四角いジャーマンナットダーニング・S 575(3)
❸四角いジャーマンナット・S 925 (3)
❹オープンレゼーデージー・S (4)
❺バック・S、オープンレゼーデージー・S (4)
❻四角いジャーマンナット・S、オープンレゼーデージー・S、レゼーデージー・S 221(4)
❼ストレート・S 924(3)
❽バック・S、オープンレゼーデージー・S、ケーブル・S 475(3)
❾四角いジャーマンナット・S、レゼーロープ(❶をすくう)、レゼーデージー・S(❶に重ねる) 2702(3)

●**材料**　ツヴァイガルト3770ダボサ(507ブルー)　[10cm平方：約70×70目]　ヨコ55×タテ45cm。
コスモ25番刺繍糸　ブルー166・168、2212、521～523・525・526　浅葱2253・254　白2500。

●紙面の都合上、図案の一部を掲載しています。配置図参照の上、図案を回転、反転して完成させます。
●刺す順序は、中央と周りの模様を刺してから、花と葉の図案を配置して刺します。
●刺し終えたら、糸を切らぬように周りの布をカットします。

配置図　　単位：cm

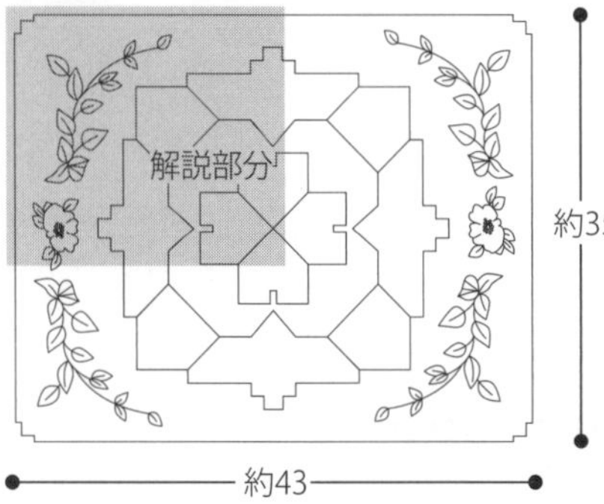
解説部分
約35
約43

ドイリー3

口絵18頁

花と葉の図案
入る
中央の模様
❶ストレート・S 白(4)
❷タテ、ヨコ4目ずつ織り糸を抜く
❸ダーニングかがり 白(3)
❹レゼーデージー・S+
糸をくぐらせる 白(2)
❺ダーニングかがり 2212(4)
❻ダーニングかがり 523(4)
❼ダブルクロス・S 白(4)
❽レゼーデージー・S 523(3)
❾四角いジャーマンナット・S
2212(3)
❿かがり方C 523(4)
⓫かがり方A+
ダーニングかがり2212(4)
⓬かがり方G 2212(3)
⓭ダーニングかがり2212(4)
⓮かがり方G 2212(3)
⓯かがり方M+クロス・S 2212(4)
⓰バック・S 白(4)
左右中央から162目

花と葉の図案

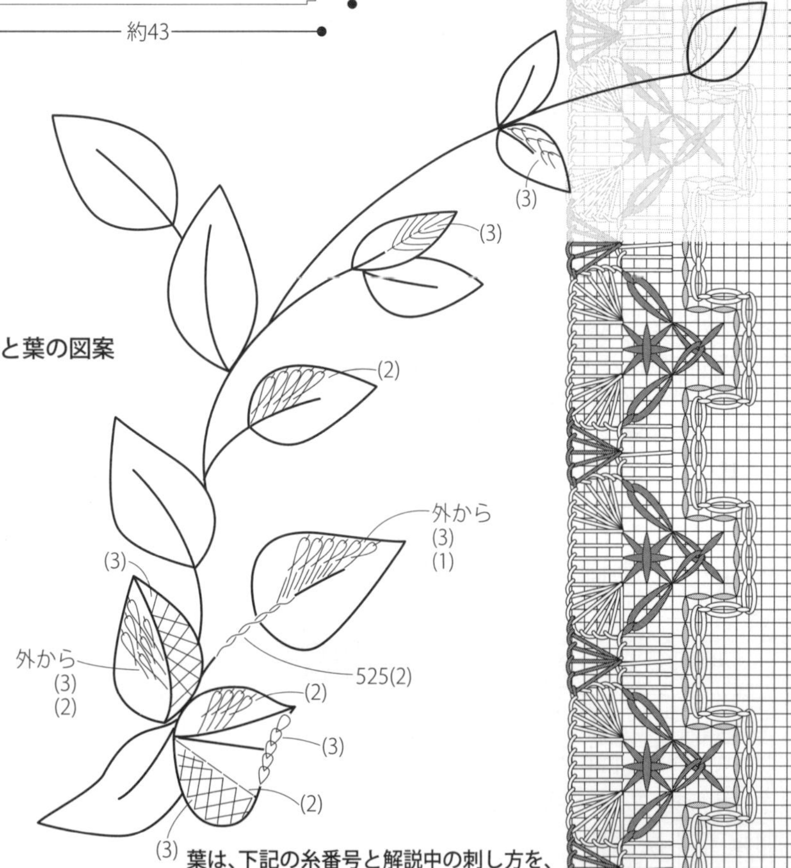
(3)
(3)
(2)
外から
(3)
(1)
(3)
外から
(3)
(2)
525(2)
(2)
(3)
(2)
(3)

葉は、下記の糸番号と解説中の刺し方を、適当に組み合わせて刺す。
2212、521～523・525、白

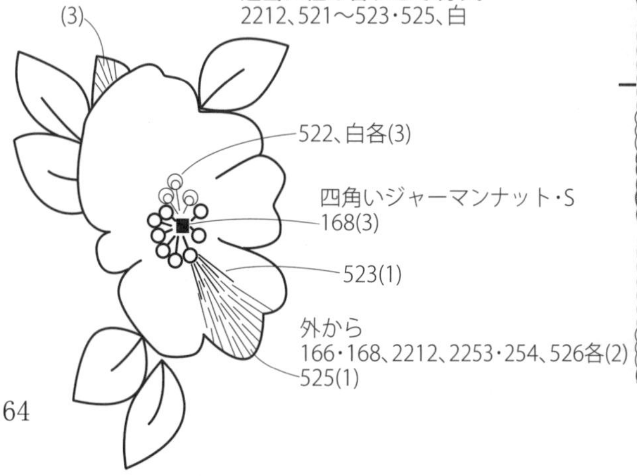
(3)
522、白各(3)
四角いジャーマンナット・S
168(3)
523(1)
外から
166・168、2212、2253・254、526各(2)
525(1)

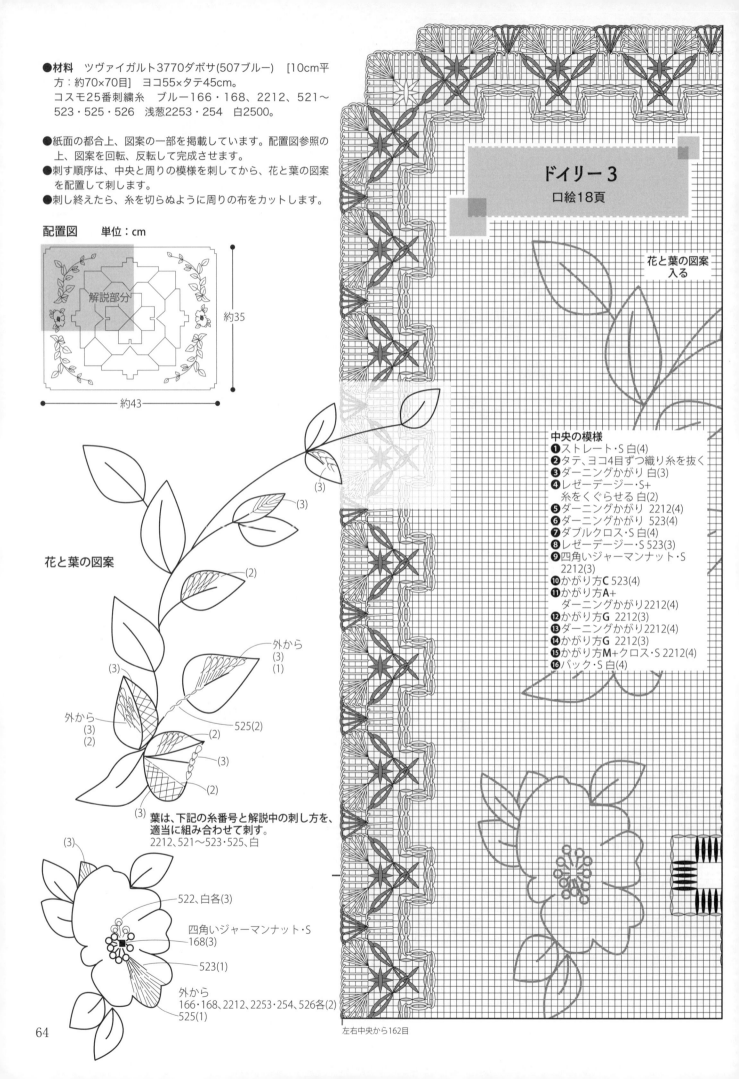

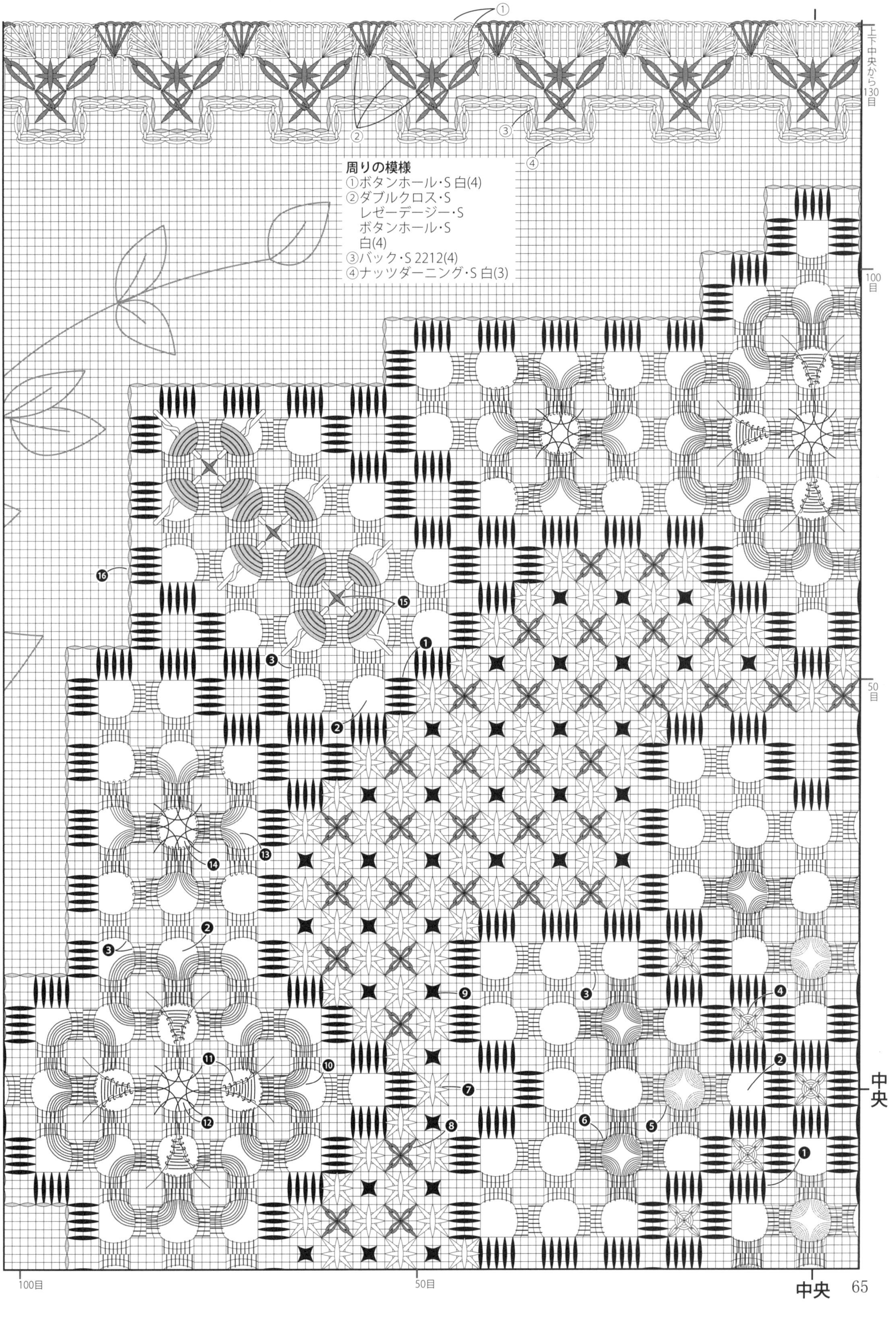

周りの模様
①ボタンホール･S 白(4)
②ダブルクロス･S
レゼーデージー･S
ボタンホール･S
白(4)
③バック･S 2212(4)
④ナッツダーニング･S 白(3)
上下中央から130目
100目
50目
中央
100目
50目
中央

ドイリー 4

口絵18頁

●**材料**　ツヴァイガルト3770ダボサ(507ブルー) [10cm平方：約70×70目]　ヨコ45×タテ45cm、オーガンジー(白)　10×10cm、キルターズシークレット　10×10cm。
コスモ25番刺繍糸　グレー151　青紫172　ブルー2212、523　白100、2500。

●紙面の都合上、図案の一部を掲載しています。配置図参照の上、図案を回転して完成させます。
●刺し終えたら、糸を切らぬように周りの布をカットします。

配置図　　**単位：cm**

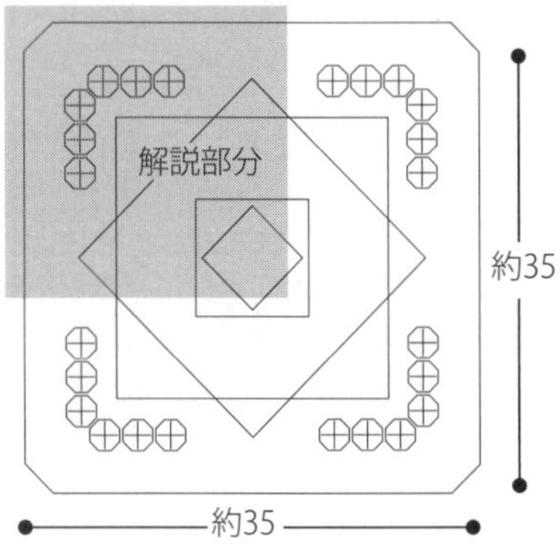

解説部分
約35
約35

花パーツ

●使用布●
オーガンジー(白)
キルターズシークレット

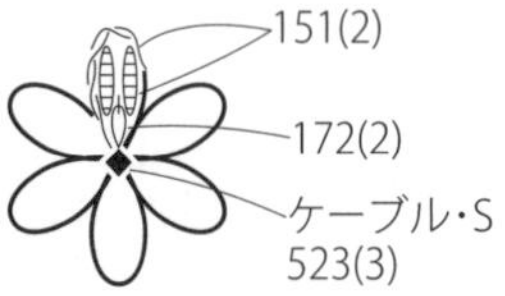

151(2)
172(2)
ケーブル・S
523(3)

作り方

❶キルターズシークレットに図案を写す(4ヶ)。
❷❶をオーガンジーに重ねて仮止めし、動かないようにする。
❸刺しゅうする。
❹刺し終えたらキルターズシークレットを溶かし、乾かす。乾いたら周りのオーガンジーを、糸を切らないようにカットする。
❺刺しゅう布の指定の位置に❹を重ね、それぞれ同色系の糸で縫い付ける。

刺し方♠

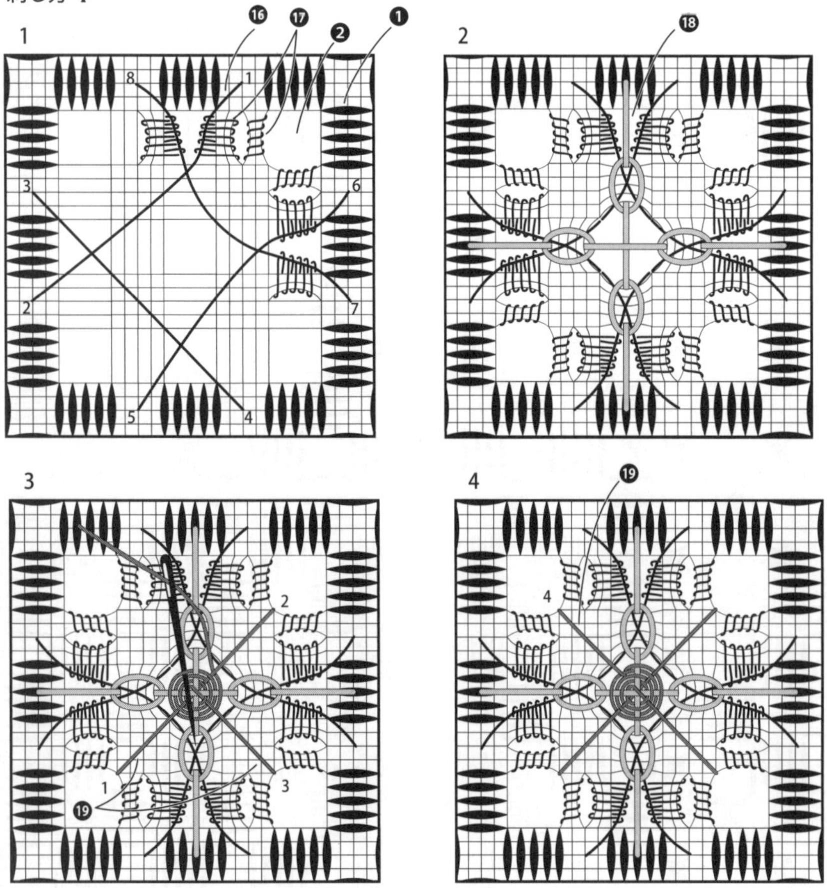

1
⓰
⓱
❷
❶
2
⓲
3
4
⓳

⓳1-2に糸を渡し、3に出して中心まで進み、⓲と渡した糸を交互に4周すくい、一番外側の糸に針をくぐらせて4に渡して止める

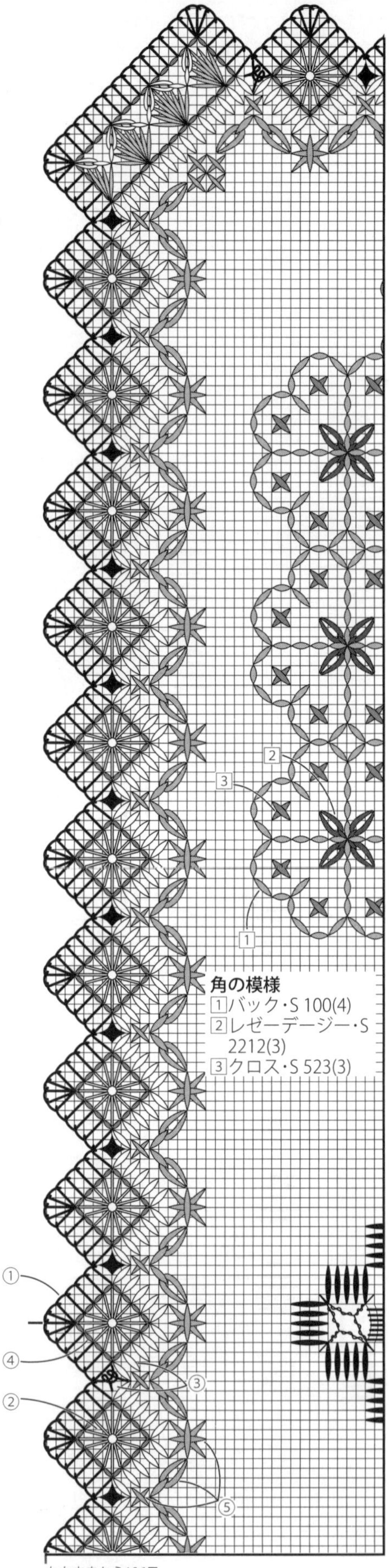

角の模様
1バック・S 100(4)
2レゼーデージー・S 2212(3)
3クロス・S 523(3)

左右中央から136目

周りの模様

①ボタンホール・S
②ストレート・S 100(4)
(きつめに糸を引く)
③ストレート・S、
ケーブル・S
④バック・S
⑤クロス・S、
レゼーデージー・S、
ダブルクロス・S

周りの模様は、指定以外、全て100(5)で刺す。

❶ストレート・S 100(4)
❷タテ、ヨコ4目ずつ織り糸を抜く
❸ダーニングかがり 523(3)
❹ダーニングかがり+かがり方**G** 2500(3)
❺かがり方**A**+ダーニングかがり 523(4)
❻かがり方**C** 2500(3)
❼パンチドワーク(2目) 523(1)
❽ダブルクロス・S 100(4)
❾レゼーデージー・S 523(3)
❿ケーブル・S 2212(3)
⓫ストレート・S 100(3)
(きつめに糸を引く)
⓬レゼーデージー・S 100(3)
⓭かがり方**A**+ダーニングかがり
523、100各(4)
⓮ダーニングかがり 2500(3)
⓯かがり方**D** 2500(3)
⓰糸を渡す 100(4)
⓱ダーニングかがり+巻きかがり 100(4)
⓲ナッツダーニング・S 2500(4)
⓳糸を渡す+交互に糸をくぐらせる 2500(4)
刺し方♠参照

材料、出来上がり図は
70頁に掲載

アクリル額 2

口絵22頁

クジャクは、指定以外、下記の糸番号と解説上の刺し方を適当に組み合わせて刺す。
214・2214・218、254、2563・566、663、842〜845、900 各(1)〜(3)

クジャク以外の部分は、指定以外、全て2500(2)で刺す。

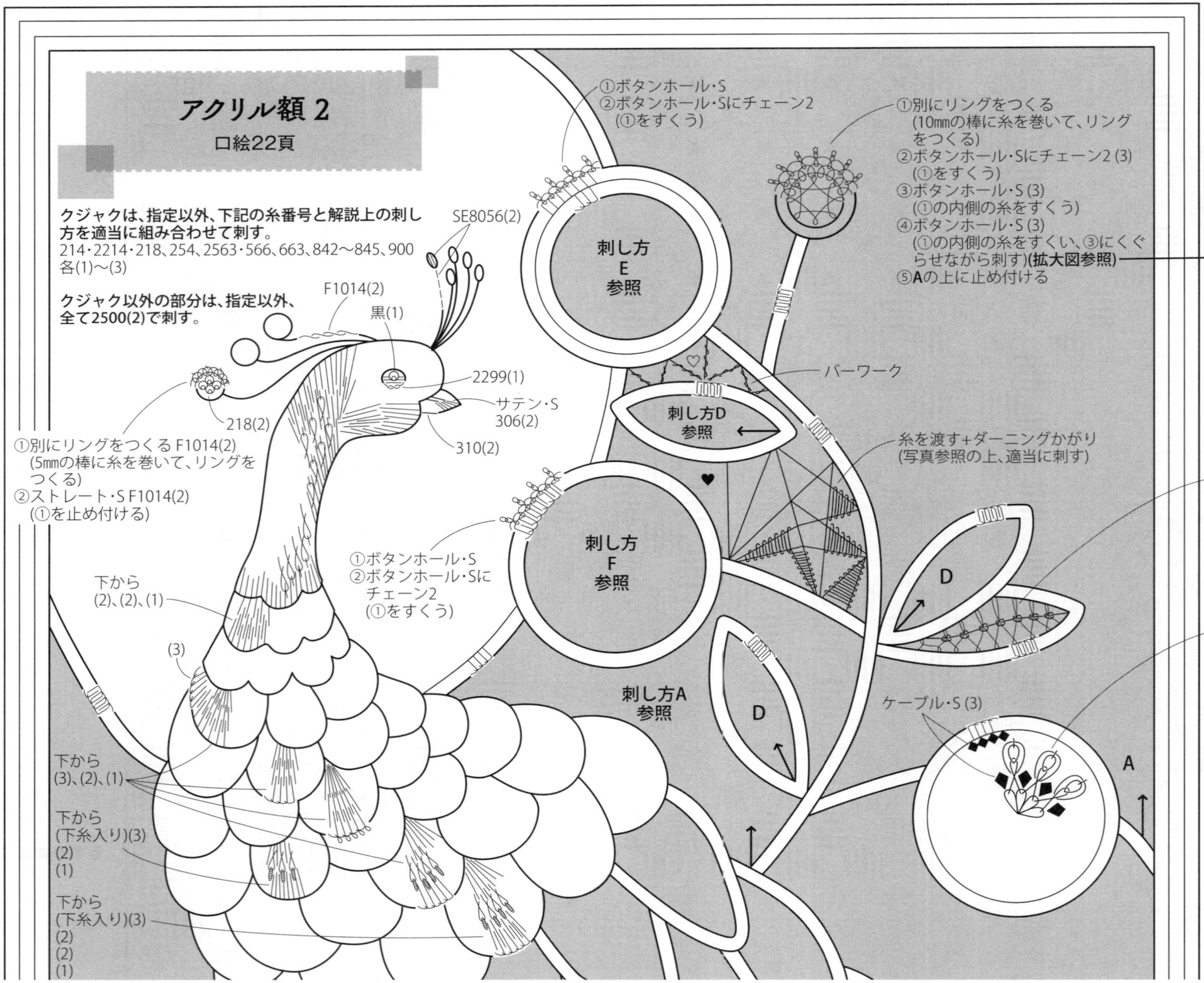
①ボタンホール・S
②ボタンホール・Sにチェーン2
(①をすくう)
①別にリングをつくる
(10㎜の棒に糸を巻いて、リングをつくる)
②ボタンホール・Sにチェーン2 (3)
(①をすくう)
③ボタンホール・S (3)
(①の内側の糸をすくう)
④ボタンホール・S (3)
(①の内側の糸をすくい、③にくぐらせながら刺す)(拡大図参照)
⑤Aの上に止め付ける
SE8056(2)
F1014(2)
黒(1)
2299(1)
サテン・S
306(2)
310(2)
218(2)
①別にリングをつくる F1014(2)
(5㎜の棒に糸を巻いて、リングをつくる)
②ストレート・S F1014(2)
(①を止め付ける)
刺し方
E
参照
バーワーク
刺し方D
参照
糸を渡す+ダーニングかがり
(写真参照の上、適当に刺す)
①フェザー・S
(ボタンホール・Sの頭の糸をすくう)
②チェーンダーニング・S
(①をすくう)
刺し方
F
参照
①ボタンホール・S
②ボタンホール・Sにチェーン2
(①をすくう)
D
D
下から
(2)、(2)、(1)
(3)
刺し方A
参照
ケーブル・S (3)
A
①レゼーデージー・S (3)
②レゼーロープ (3)
(①をすくい、針足をクロスさせる)
③レゼーロープ (3)(①をすくう)
④レゼーロープ (3)(②をすくう)
拡大図参照
下から
(3)、(2)、(1)
下から
(下糸入り)(3)
(2)
(1)
下から
(下糸入り)(3)
(2)
(2)
(1)

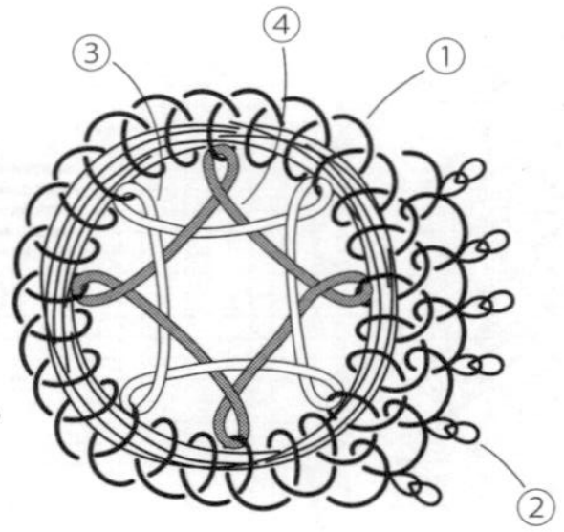
③
④
①
②

③
①
②
④

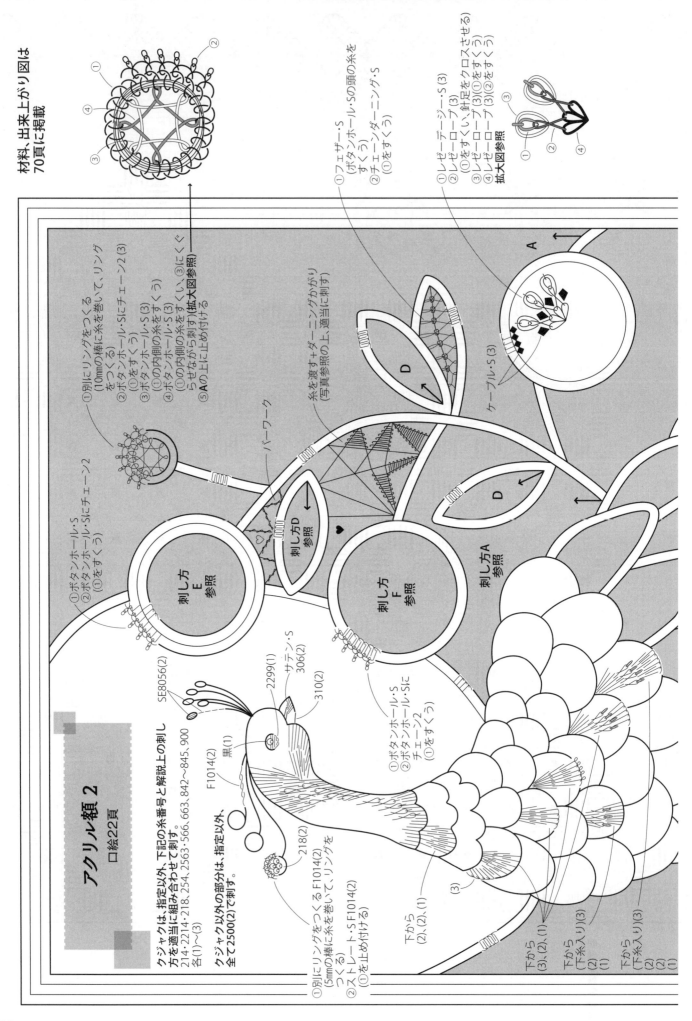

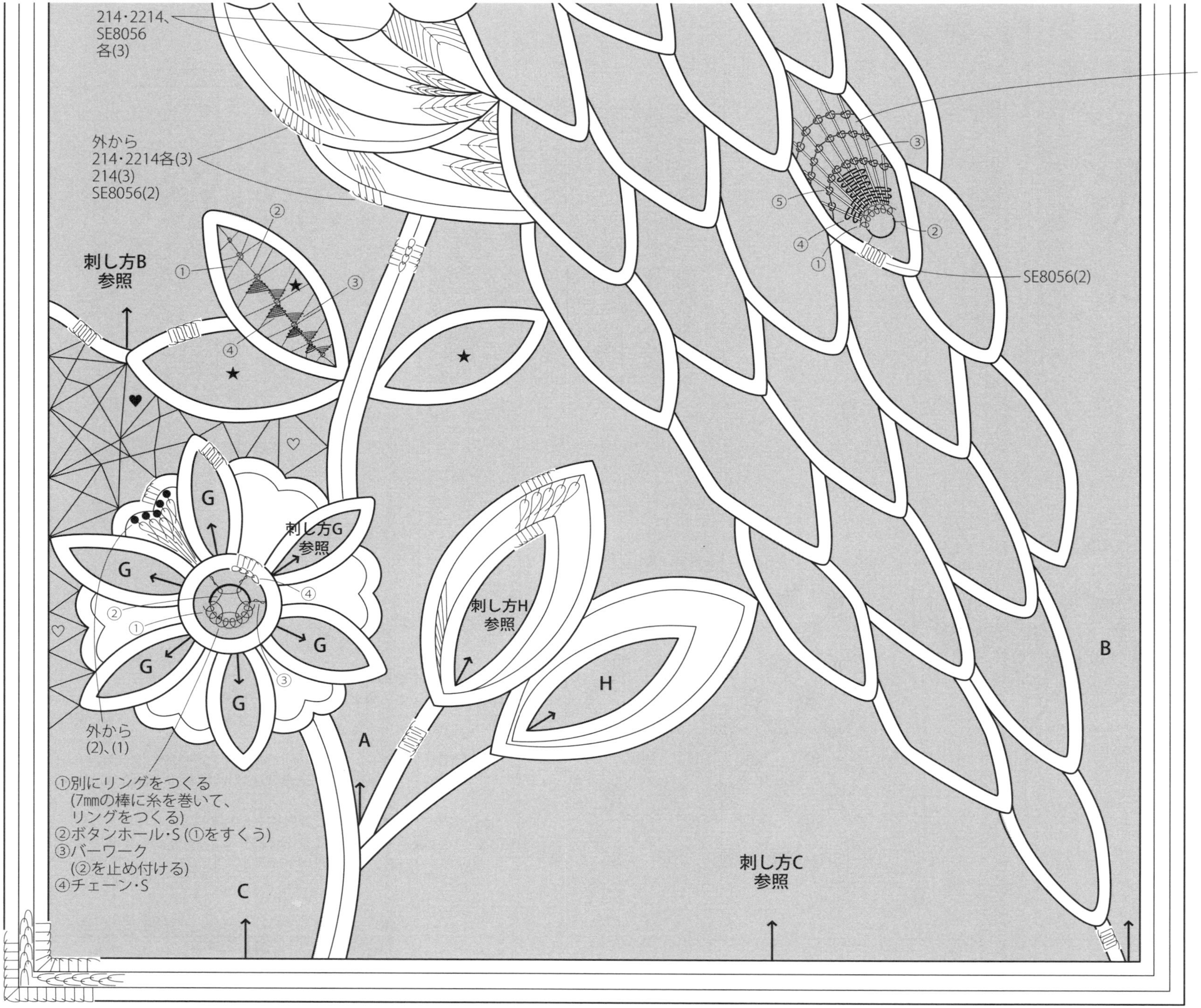
214・2214、
SE8056
各(3)
外から
214・2214各(3)
214(3)
SE8056(2)
刺し方B
参照
① ② ③ ④
★
G
刺し方G
参照
外から
(2)、(1)
①別にリングをつくる
(7mmの棒に糸を巻いて、
リングをつくる)
②ボタンホール・S (①をすくう)
③バーワーク
(②を止め付ける)
④チェーン・S
C
A
刺し方H
参照
H
刺し方C
参照
B
SE8056(2)

①別にリングをつくる SE8056(2)
(5mmの棒に糸を巻いて、リングをつくる)
②①をボタンホール・Sの頭に止め付ける SE8056(2)
③糸を渡す SE8056(3)
④ダーニングかがり SE8056(2)(③をすくう)
⑤チェーンダーニング・S SE8056(2)(③をすくう)

★ 刺し方

①糸を渡す
②チェーンダーニング・S
(①をすくう)
③ダーニングかがり
(②をすくう)
④ダーニングかがり
(②をすくう)

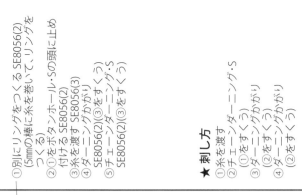

アクリル額 2

口絵22頁

●**材料**　麻地(薄ブルー)　ヨコ30×タテ45cm [額外寸：28.5×43cm]。
コスモ25番刺繍糸　ブルー214・2214・218、663　浅葱254　黄2299
茶306・310　トルコブルー2563・566　ブルーグリーン842〜845、900
白2500　黒600。
コスモシーズンズ刺繍糸(解説中はSEと表記)　SE8056
スレッドワークスオーバーダイドフロス(解説中はFと表記)　1014。

●糸は、指定以外全て2500(2)を使用します。
●布をカットする部分のボタンホール・Sは、全て同本数で下糸を入れます。
●刺し終えたら、糸を切らぬように　　の部分や周りの布をカットします。
●加工は専門店に依頼します。

出来上がり図　　**単位：cm**

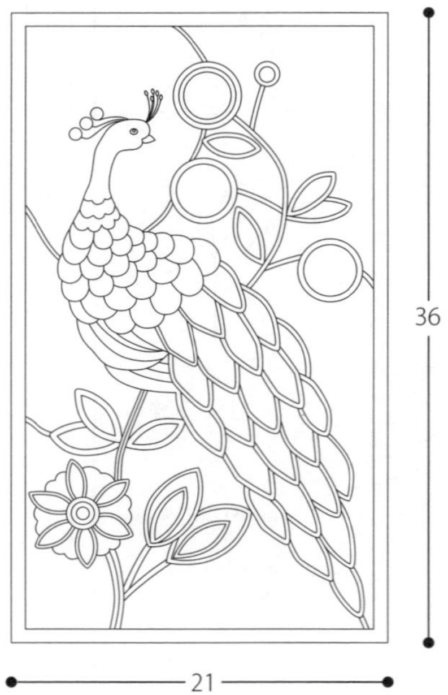

A

ボタンホール・S (2 回)

B

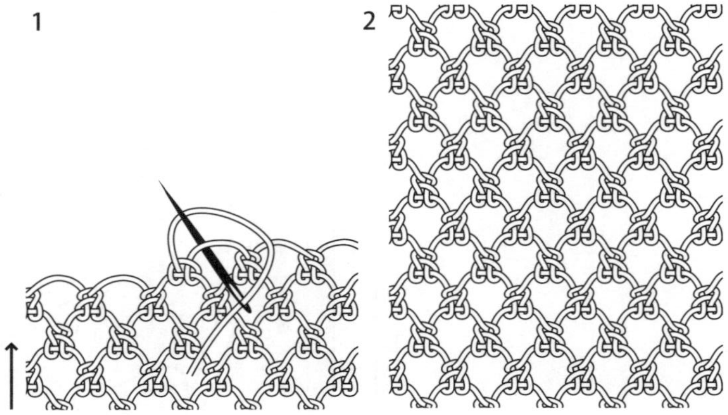

ボタンホール・S
(2 回すくい、最初の糸に戻って 1 回すくう)

C

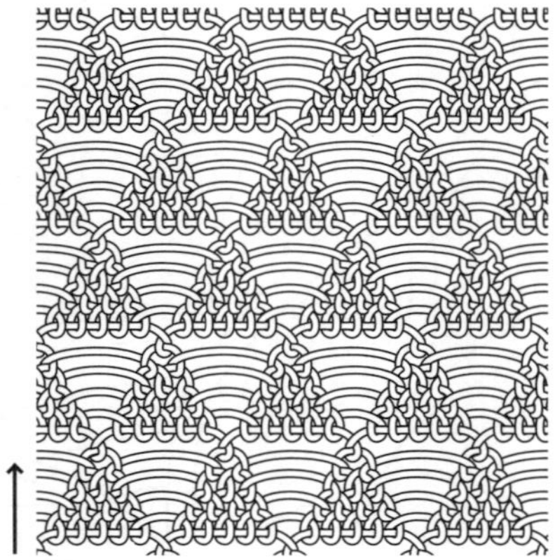

ボタンホール・S
(5 回、4 回、3 回、2 回、1 回)

D

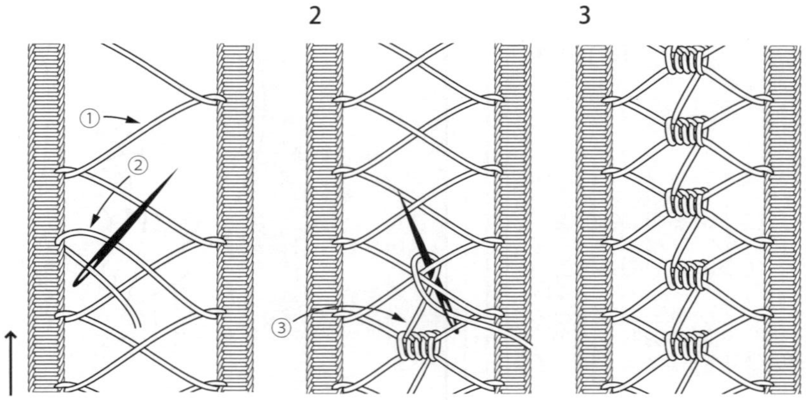

①フェザー・S
②フェザー・S

③ボタンホール・S
(①②の糸をすくう)

E

1

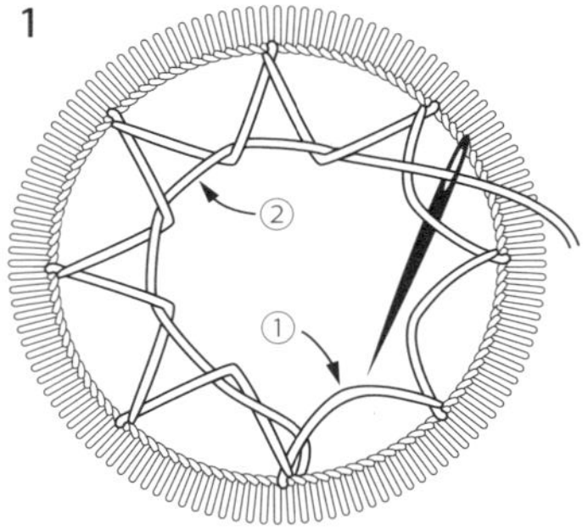

①ボタンホール・S
②①の糸に通してまとめる

2

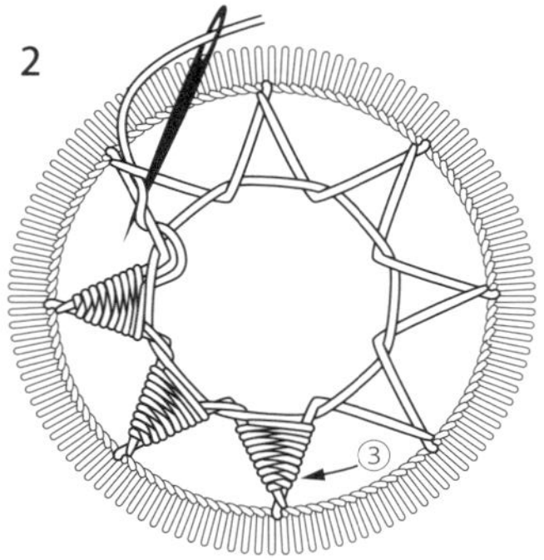

③ダーニングかがり
（①の糸をすくう）

3

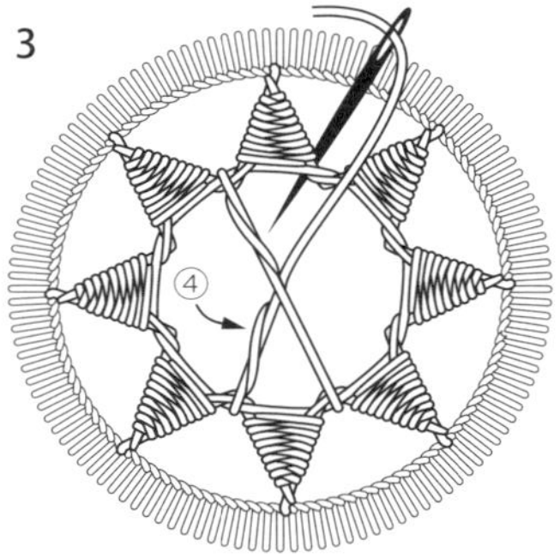

④糸を渡す＋巻きかがり
（①②の糸をすくう）

4

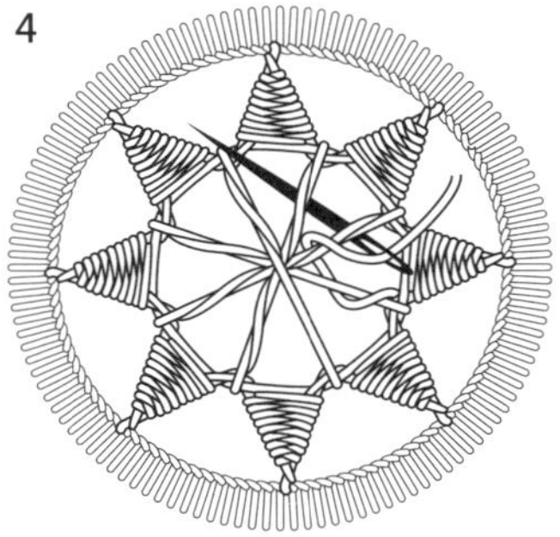

⑤ウィービング・S
（④の糸をすくう）

5

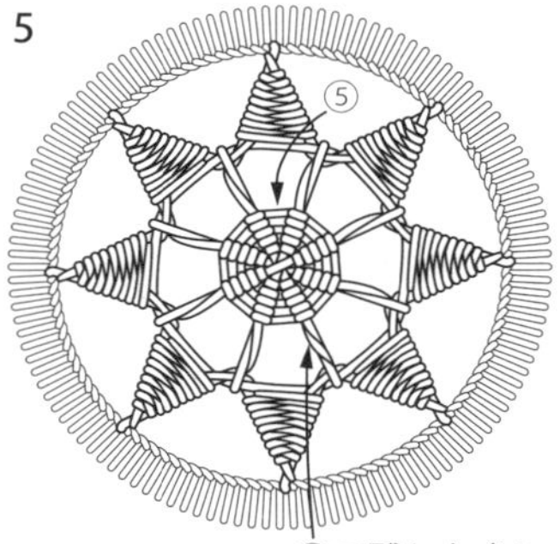

④で残した糸に
巻きかがって戻る

F

1

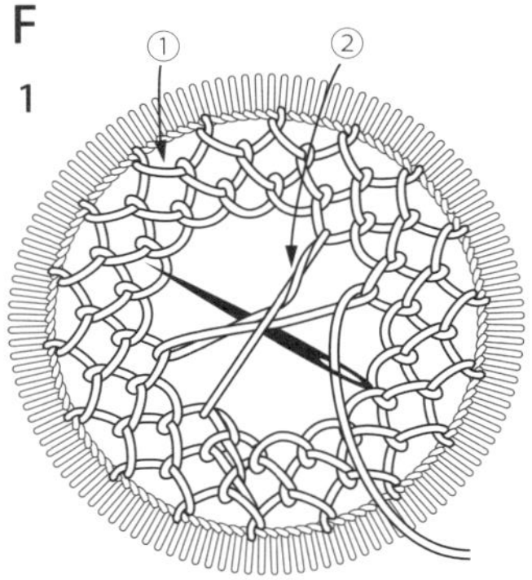

①ボタンホール・S
②糸を渡す＋巻きかがり
（①の糸をすくう）

2

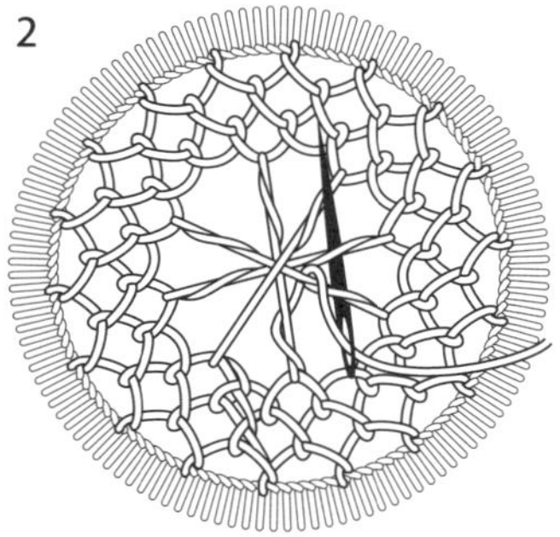

③ウィービング・S
（②の糸をすくう）

3

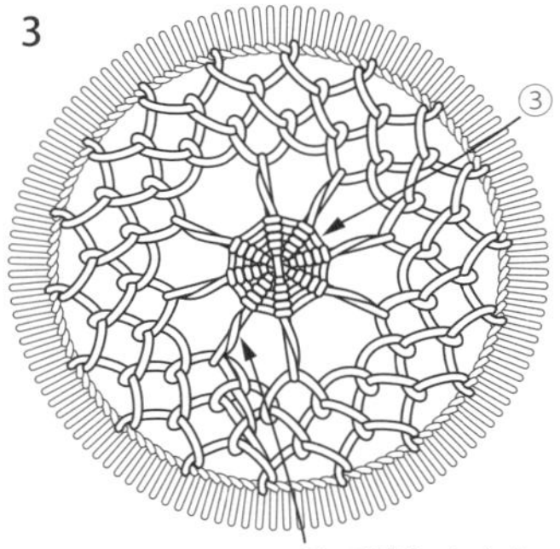

②で残した糸に
巻きかがって戻る

G

1

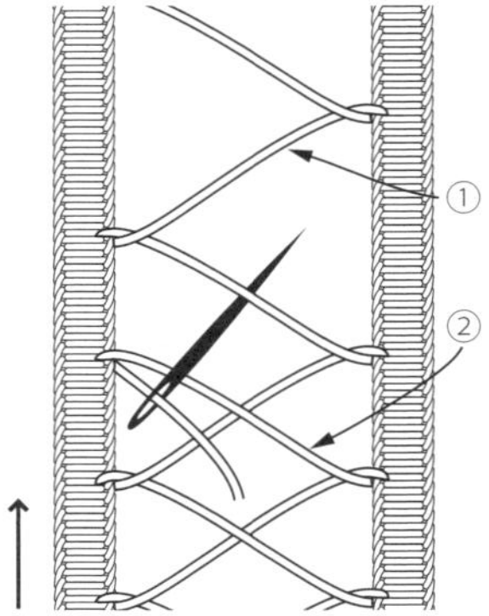

①フェザー・S
②フェザー・S
（途中で①の糸の下を通す）

2

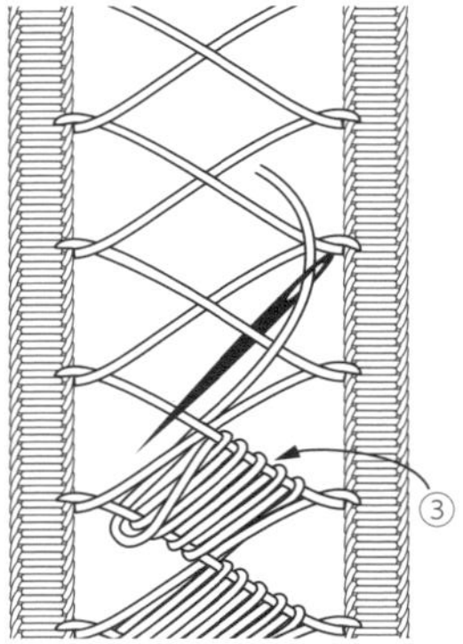

③ダーニングかがり
（①②の糸をすくう）

3

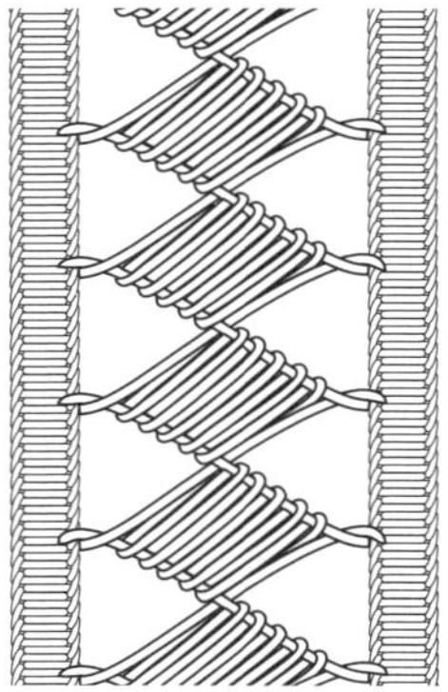

H

1

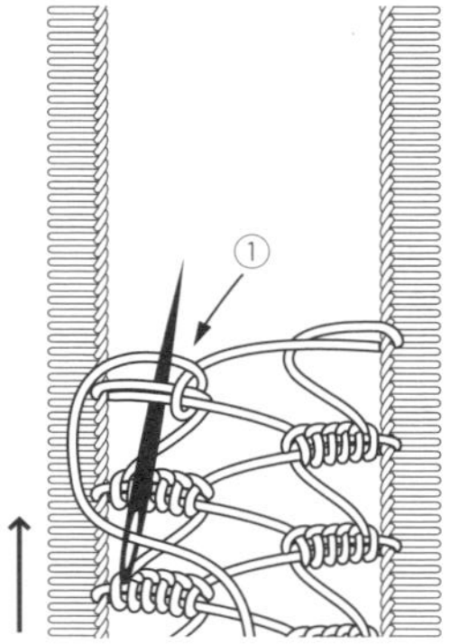

①フェザー・S の応用 A
（ボタンホール・S を 5〜6 回かける）

2

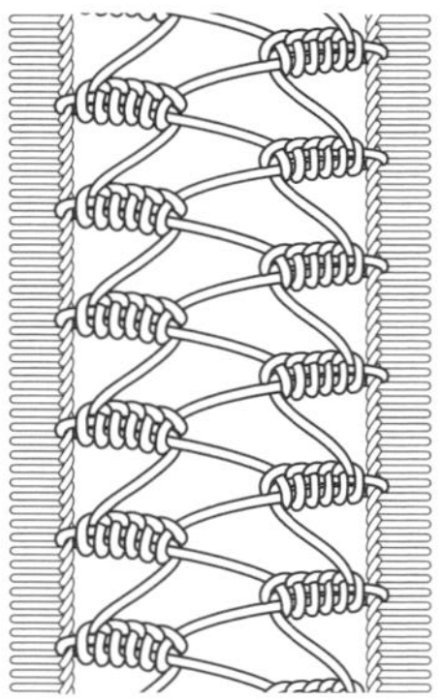

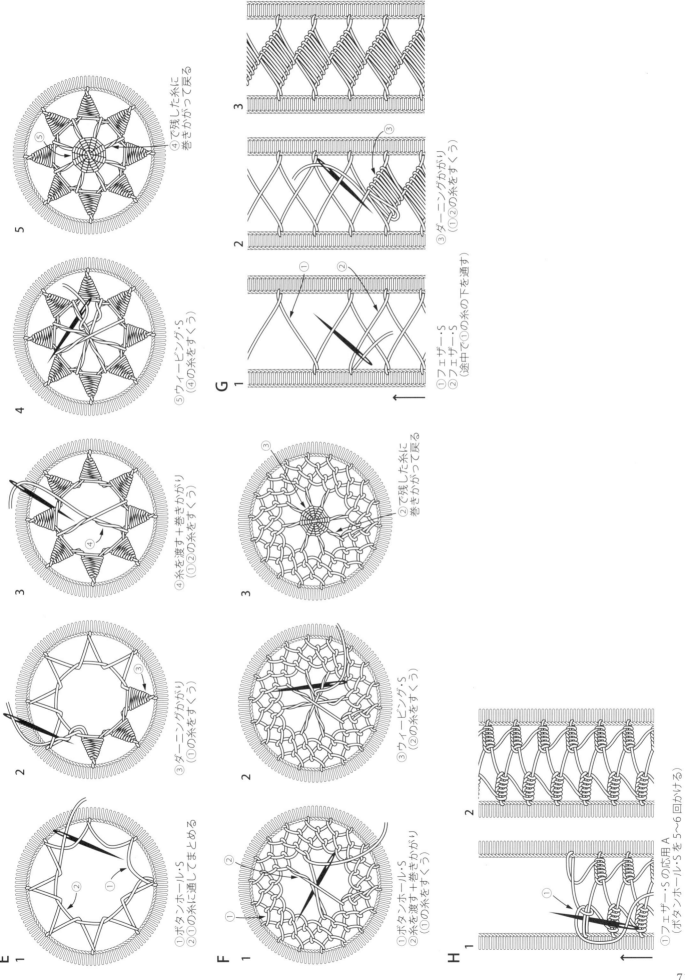

葉は、指定以外、全てF1413で、解説の刺し方を適当に組み合わせて刺す。

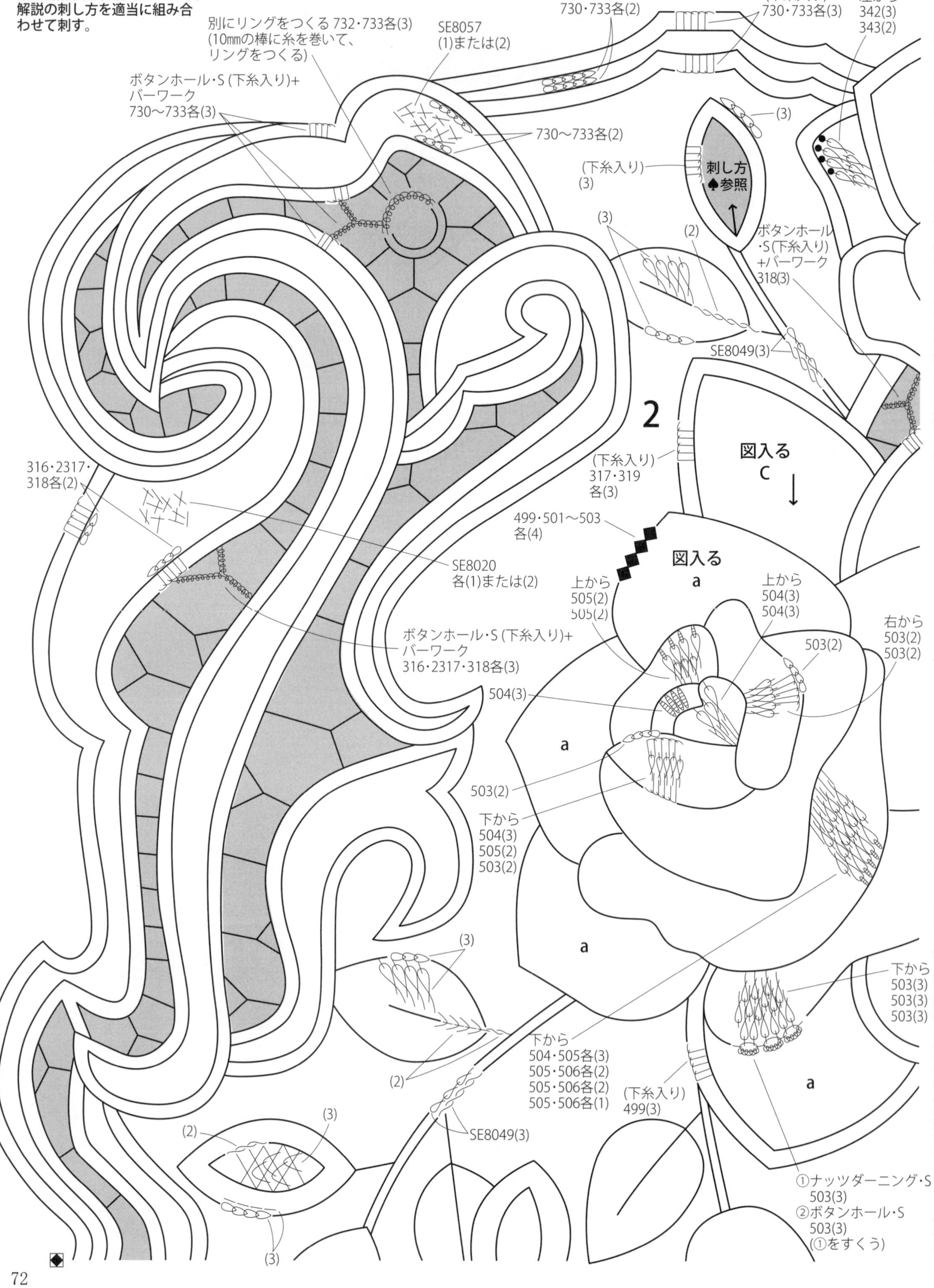

別にリングをつくる 732・733各(3)
(10㎜の棒に糸を巻いて、
リングをつくる)
SE8057
(1)または(2)
730・733各(2)
(下糸入り)
730・733各(3)
左から
342(3)
343(2)
ボタンホール・S(下糸入り)+
バーワーク
730〜733各(3)
730〜733各(2)
(3)
(下糸入り)
(3)
刺し方
♠参照
(3)
(2)
ボタンホール
・S(下糸入り)
+バーワーク
318(3)
SE8049(3)
2
(下糸入り)
317・319
各(3)
図入る
C
316・2317・
318各(2)
499・501〜503
各(4)
図入る
a
SE8020
各(1)または(2)
上から
505(2)
505(2)
上から
504(3)
504(3)
ボタンホール・S(下糸入り)+
バーワーク
316・2317・318各(3)
右から
503(2)
503(2)
503(2)
504(3)
a
503(2)
下から
504(3)
505(2)
503(2)
a
(3)
下から
503(3)
503(3)
503(3)
(2)
下から
504・505各(3)
505・506各(2)
505・506各(2)
505・506各(1)
(下糸入り)
499(3)
a
(3)
(2)
SE8049(3)
(3)
①ナッツダーニング・S
503(3)
②ボタンホール・S
503(3)
(①をすくう)

額

口絵24頁

材料、配置図は80頁に掲載

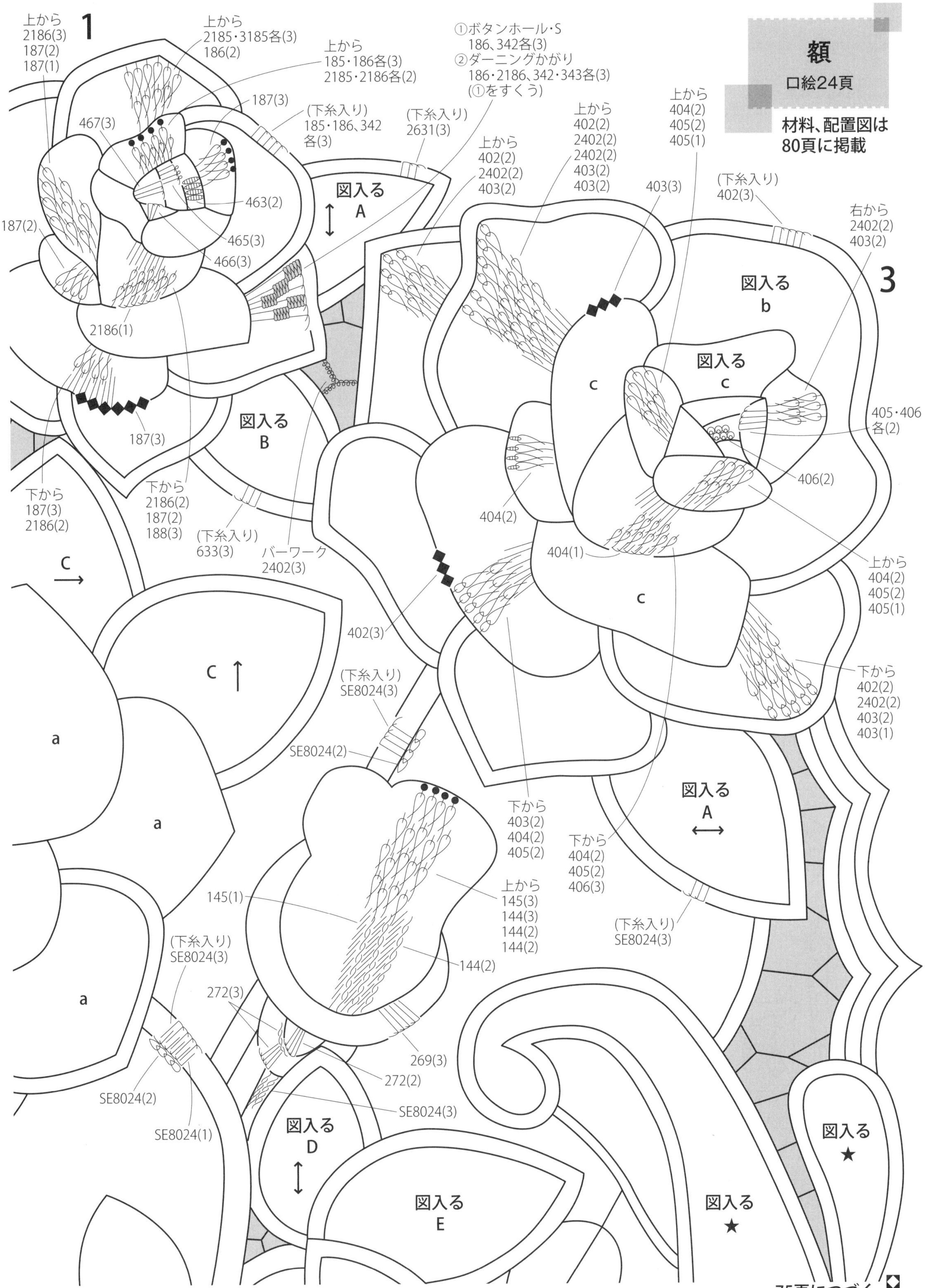

1
上から 2186(3) 187(2) 187(1)
上から 2185・3185各(3) 186(2)
上から 185・186各(3) 2185・2186各(2)
①ボタンホール・S 186、342各(3)
②ダーニングかがり 186・2186、342・343各(3) (①をすくう)
187(3)
(下糸入り) 185・186、342 各(3)
(下糸入り) 2631(3)
467(3)
463(2)
465(3)
466(3)
187(2)
2186(1)
187(3)
図入る A
図入る B
下から 187(3) 2186(2)
下から 2186(2) 187(2) 188(3)
(下糸入り) 633(3)
バーワーク 2402(3)
C
C
a
a
a
上から 402(2) 2402(2) 403(2)
上から 402(2) 2402(2) 2402(2) 403(2) 403(2)
上から 404(2) 405(2) 405(1)
403(3)
(下糸入り) 402(3)
右から 2402(2) 403(2)
3
図入る b
図入る c
c
c
c
405・406 各(2)
406(2)
404(2)
404(1)
上から 404(2) 405(2) 405(1)
402(3)
下から 402(2) 2402(2) 403(2) 403(1)
(下糸入り) SE8024(3)
SE8024(2)
下から 403(2) 404(2) 405(2)
下から 404(2) 405(2) 406(3)
図入る A
145(1)
上から 145(3) 144(3) 144(2) 144(2)
144(2)
(下糸入り) SE8024(3)
(下糸入り) SE8024(3)
272(3)
269(3)
272(2)
SE8024(2)
SE8024(3)
SE8024(1)
図入る D
図入る E
図入る ★
図入る ★

75頁につづく

額

口絵24頁

材料、配置図は80頁に掲載

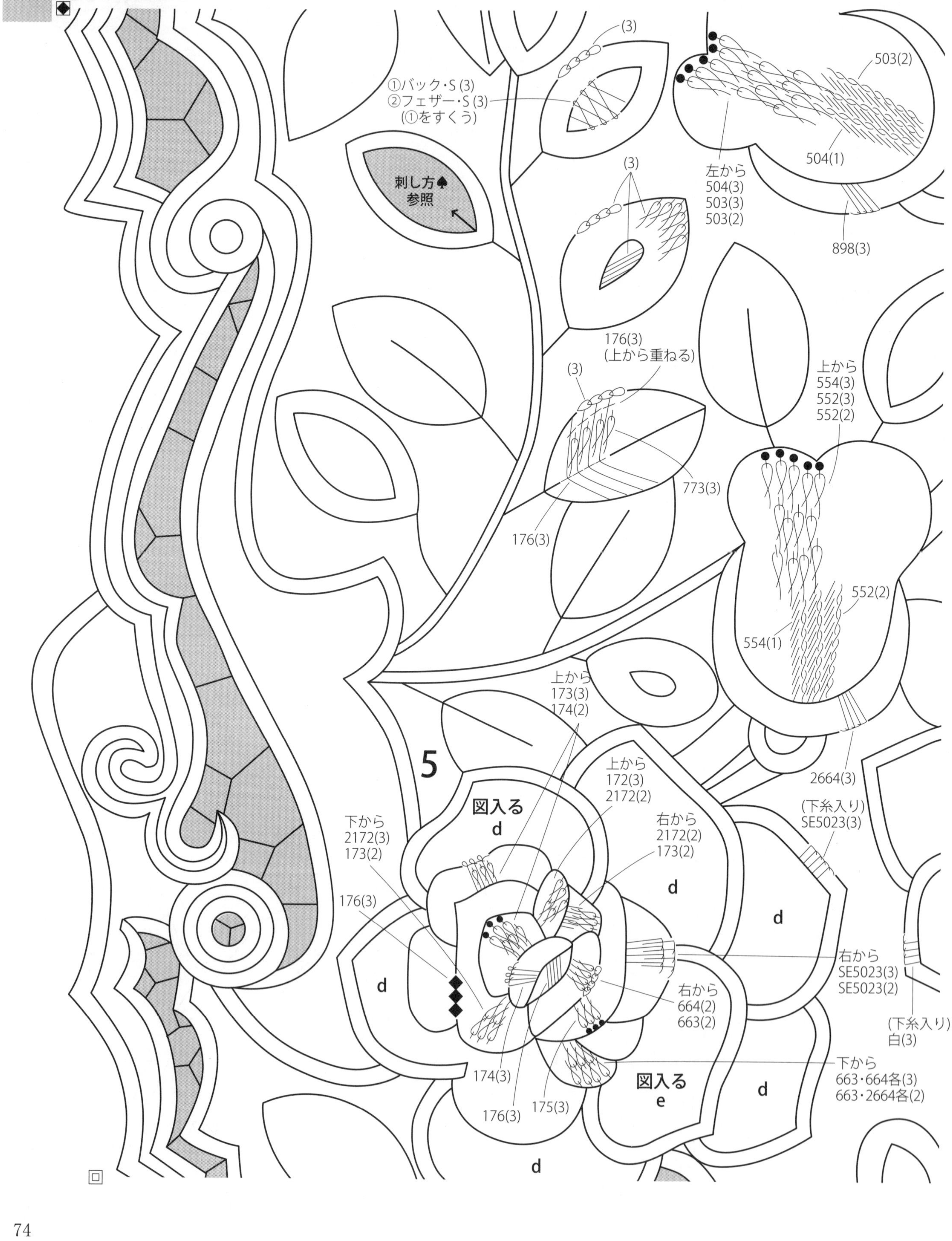
(3)
①バック・S (3)
②フェザー・S (3)
(①をすくう)
503(2)
504(1)
左から
504(3)
503(3)
503(2)
刺し方♠
参照
(3)
898(3)
176(3)
(上から重ねる)
(3)
上から
554(3)
552(3)
552(2)
773(3)
176(3)
552(2)
554(1)
上から
173(3)
174(2)
5
上から
172(3)
2172(2)
2664(3)
図入る
d
下から
2172(3)
173(2)
右から
2172(2)
173(2)
(下糸入り)
SE5023(3)
176(3)
d
d
d
右から
SE5023(3)
SE5023(2)
右から
664(2)
663(2)
(下糸入り)
白(3)
174(3)
下から
663・664各(3)
663・2664各(2)
図入る
e
d
176(3)
175(3)
d

73頁のつづき ◆

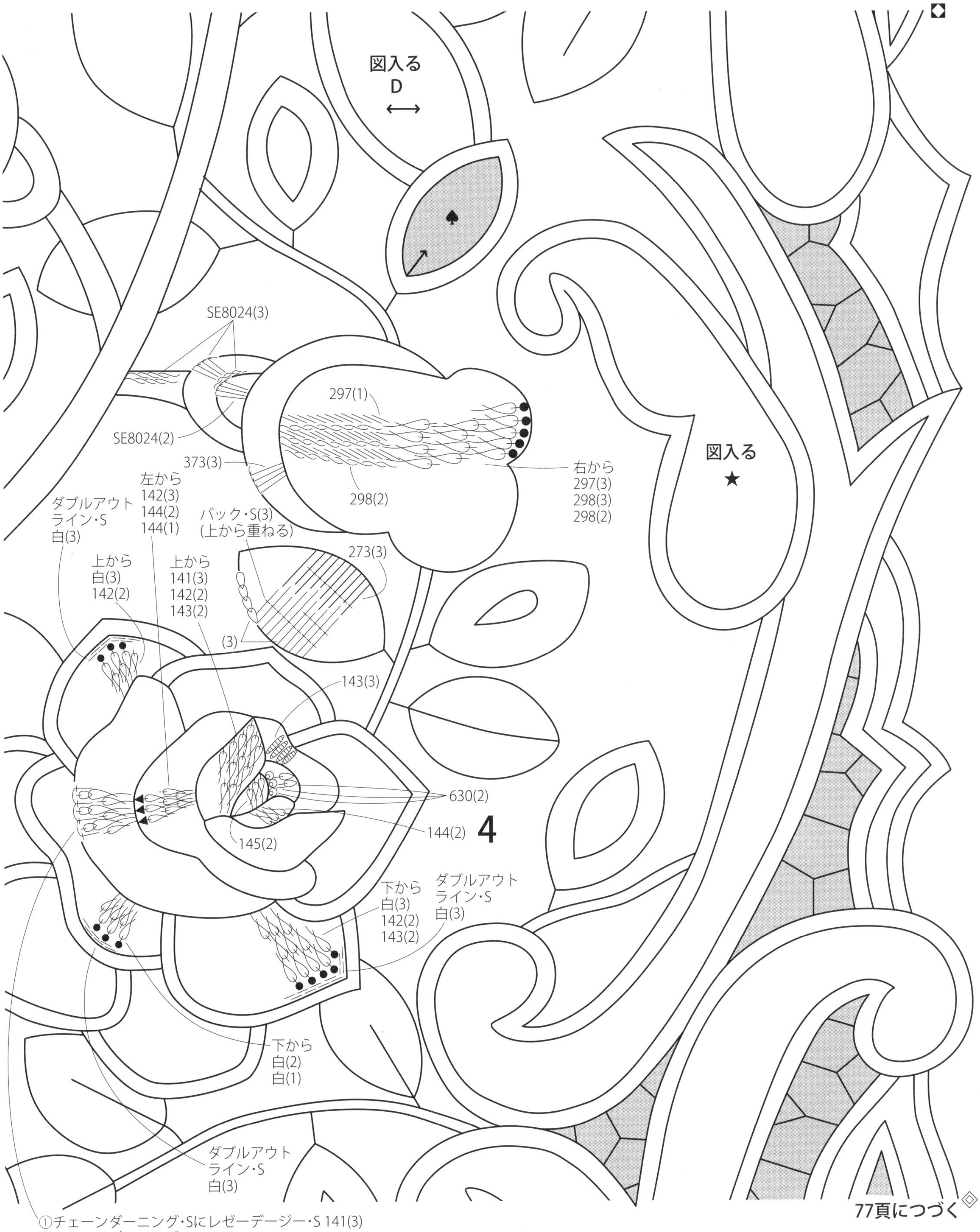
図入る
D
SE8024(3)
297(1)
SE8024(2)
373(3)
右から
297(3)
298(3)
298(2)
298(2)
図入る
★
左から
142(3)
144(2)
144(1)
ダブルアウト
ライン・S
白(3)
バック・S(3)
(上から重ねる)
273(3)
上から
白(3)
142(2)
上から
141(3)
142(2)
143(2)
(3)
143(3)
630(2)
4
144(2)
145(2)
下から
白(3)
142(2)
143(2)
ダブルアウト
ライン・S
白(3)
下から
白(2)
白(1)
ダブルアウト
ライン・S
白(3)

①チェーンダーニング・Sにレゼーデージー・S 141(3)
②チェーンダーニング・S 142(2)
③ライティング・S白(2)

77頁につづく ◇

額

口絵24頁

材料、配置図は80頁に掲載

回

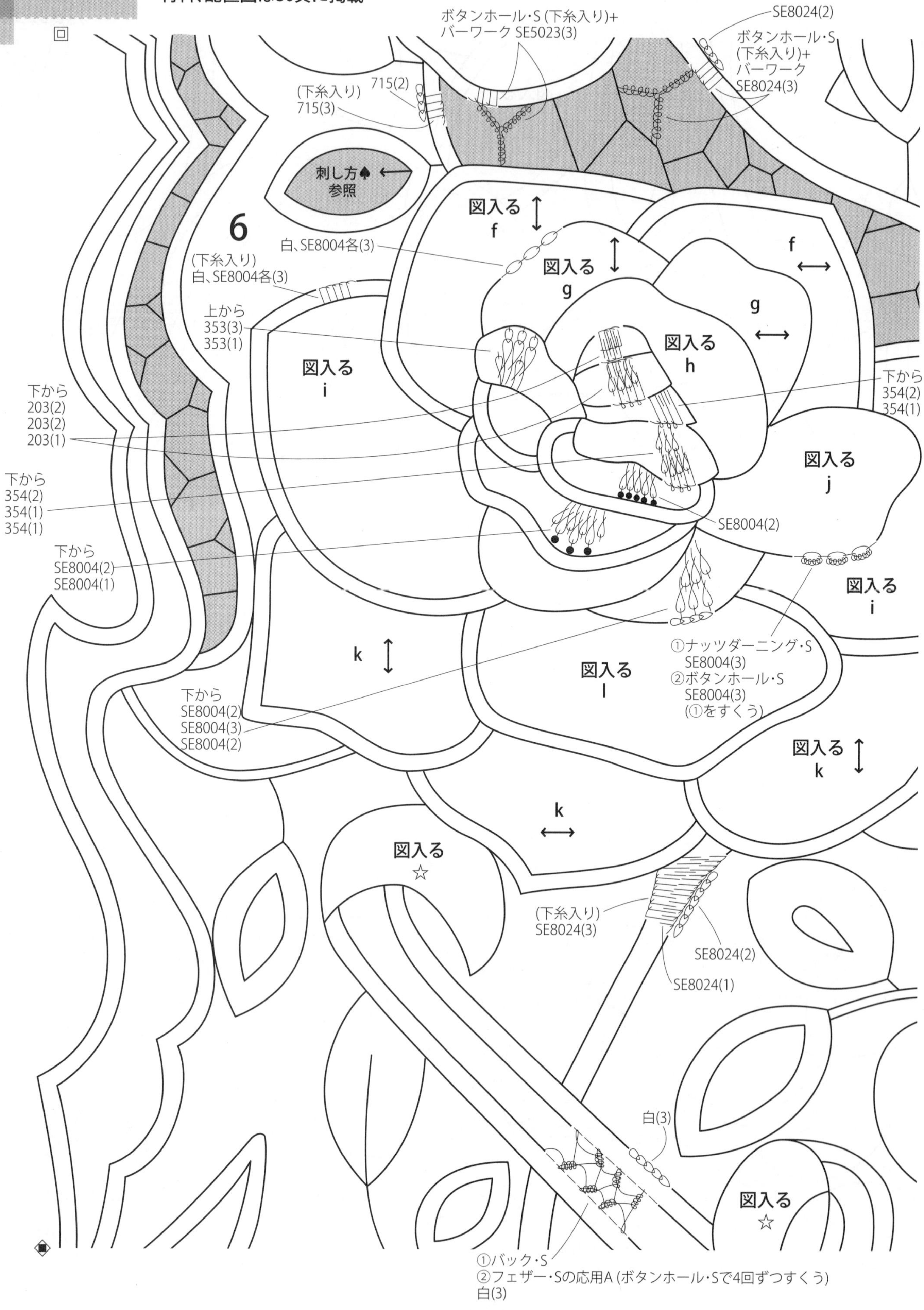
ボタンホール・S（下糸入り）+
バーワーク SE5023(3)
SE8024(2)
ボタンホール・S
（下糸入り）+
バーワーク
SE8024(3)
715(2)
（下糸入り）
715(3)
刺し方♠
参照
6
図入る
f
白、SE8004各(3)
図入る
g
f
（下糸入り）
白、SE8004各(3)
g
上から
353(3)
353(1)
図入る
h
図入る
i
下から
354(2)
354(1)
下から
203(2)
203(2)
203(1)
図入る
j
下から
354(2)
354(1)
354(1)
SE8004(2)
下から
SE8004(2)
SE8004(1)
図入る
i
k
①ナッツダーニング・S
SE8004(3)
②ボタンホール・S
SE8004(3)
(①をすくう)
図入る
l
下から
SE8004(2)
SE8004(3)
SE8004(2)
図入る
k
k
図入る
☆
（下糸入り）
SE8024(3)
SE8024(2)
SE8024(1)
白(3)
図入る
☆
①バック・S
②フェザー・Sの応用A（ボタンホール・Sで4回ずつすくう）
白(3)

75頁のつづき ◇

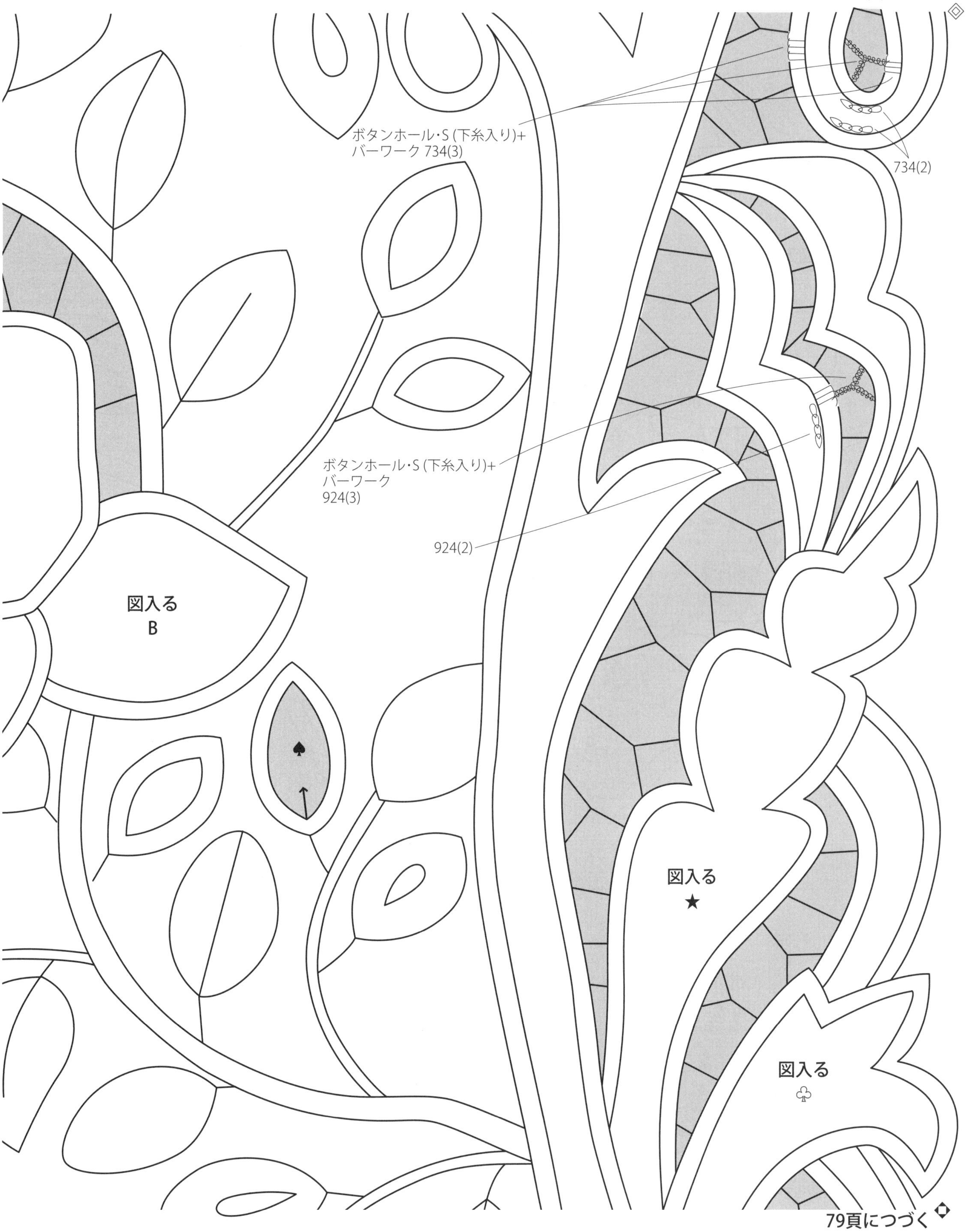
ボタンホール・S (下糸入り)+
バーワーク 734(3)
734(2)
ボタンホール・S (下糸入り)+
バーワーク
924(3)
924(2)
図入る
B
図入る
★
図入る
♧

79頁につづく ◆

額

口絵24頁

材料、配置図は80頁に掲載

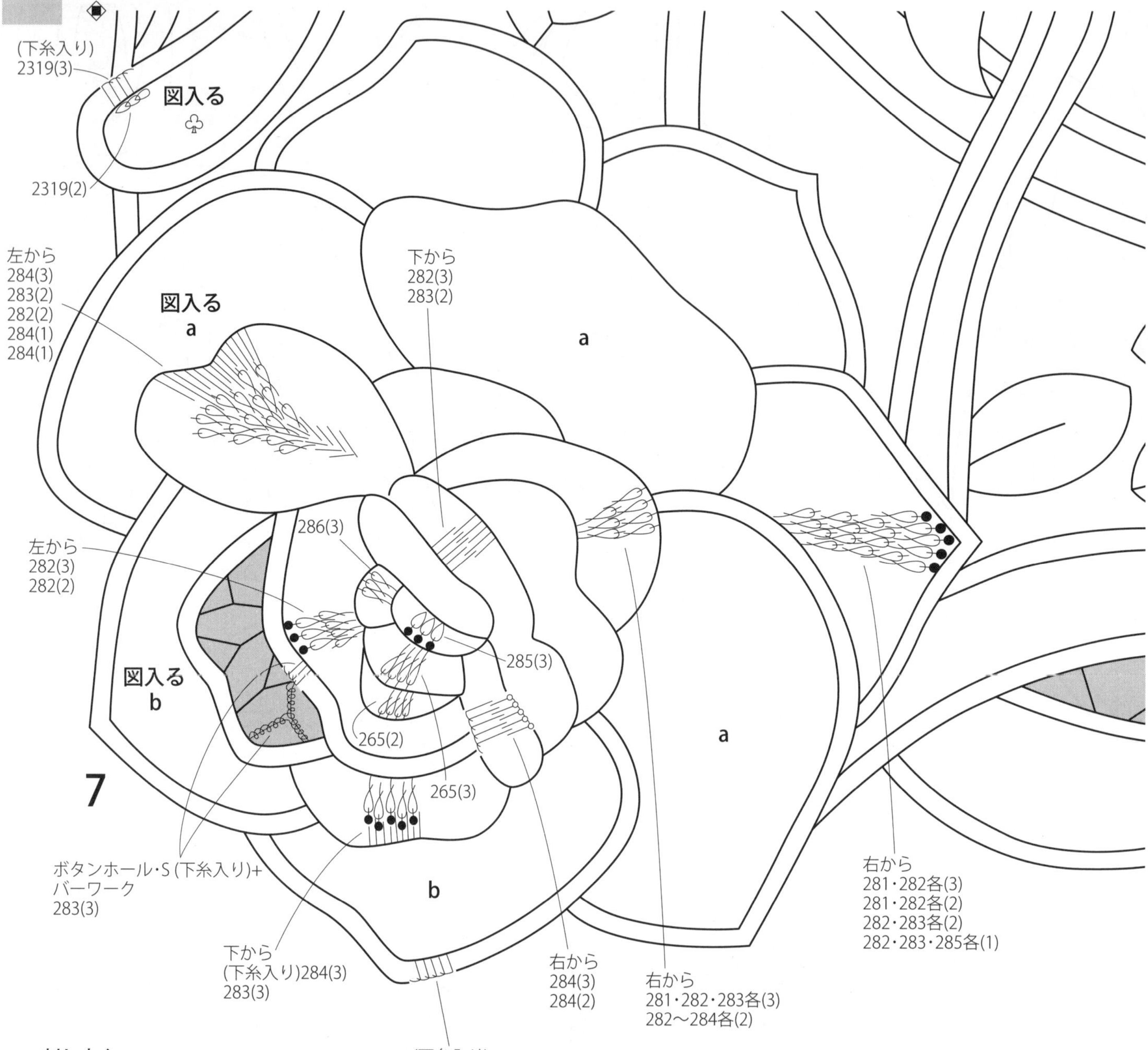
(下糸入り)
2319(3)
図入る
2319(2)
左から
284(3)
283(2)
282(2)
284(1)
284(1)
図入る
a
下から
282(3)
283(2)
a
286(3)
左から
282(3)
282(2)
285(3)
図入る
b
265(2)
265(3)
a
7
ボタンホール・S (下糸入り)+
バーワーク
283(3)
b
下から
(下糸入り)284(3)
283(3)
右から
284(3)
284(2)
右から
281・282・283各(3)
282〜284各(2)
右から
281・282各(3)
281・282各(2)
282・283各(2)
282・283・285各(1)
(下糸入り)
281・282・283各(3)

刺し方♠

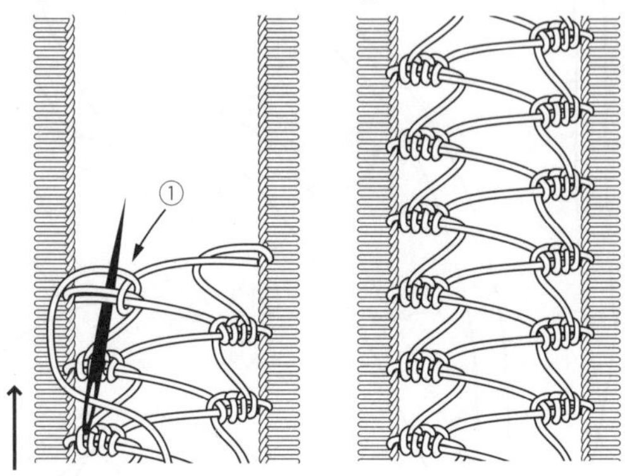
1
2
①

①フェザー・Sの応用A F1413(3)
（ボタンホール・Sで4回ずつすくう）

花2、7 花弁a

①バック・S
花2：501〜504各(2)
花7：282〜284各(2)
②ストレート・S
花2：499・501〜503各(3)
花7：281・282・283各(3)

花3、7 花弁b

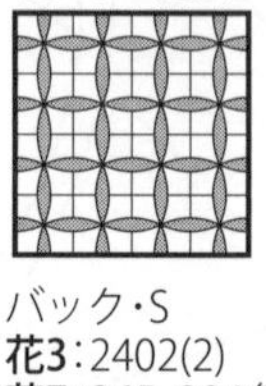

バック・S
花3：2402(2)
花7：265、284各(3)

花3 花弁c

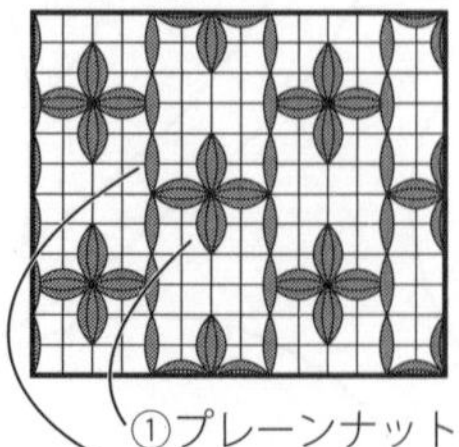

①プレーンナット・S
②バック・S
403(3)

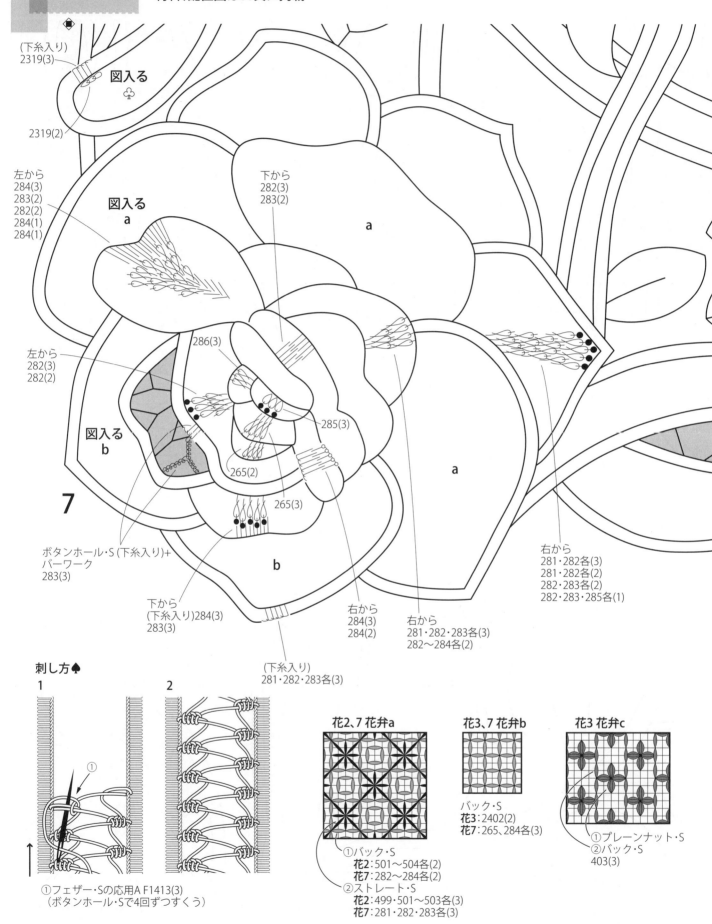

77頁のつづき

花5 花弁d

①ストレート・S 481(2)
②レゼーデージー・S
SE5023(2)

花5 花弁e

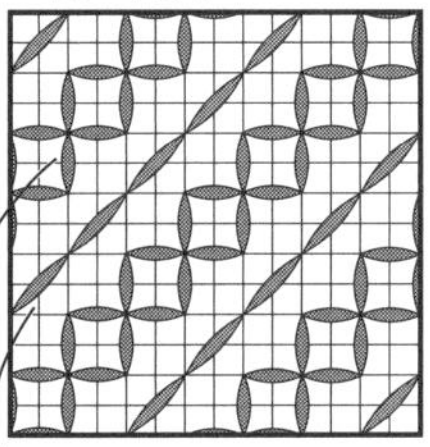

①バック・S
②バック・S(山形に刺す)
174(3)

花6 花弁f

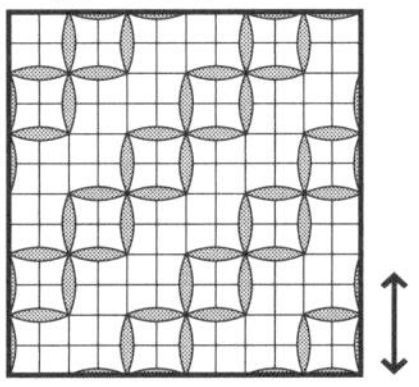

バック・S(山形に刺す)
SE8004(3)

花6 花弁g

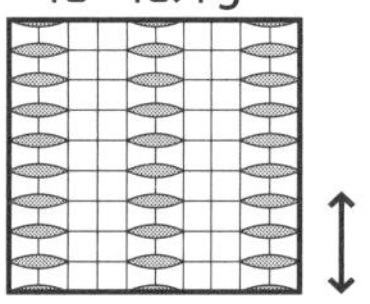

ストレート・S
SE8004(3)

花6 花弁h

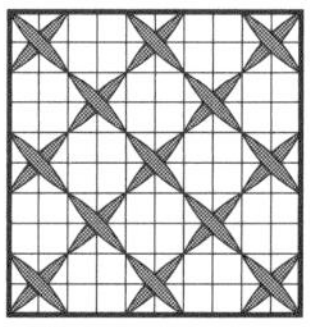

クロス・S 白(3)

花6 花弁i

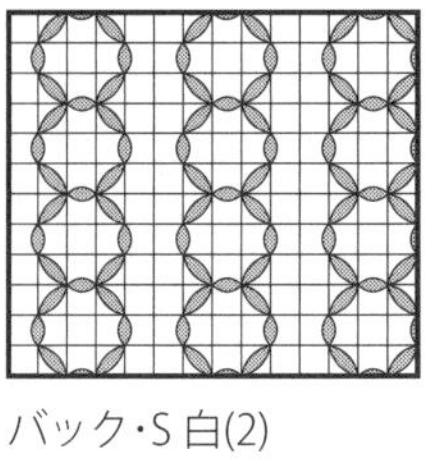

バック・S 白(2)

花6 花弁j

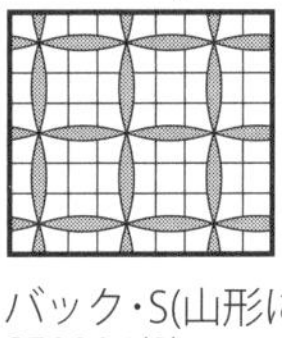

バック・S(山形に刺す)
SE8004(2)

花6 花弁k

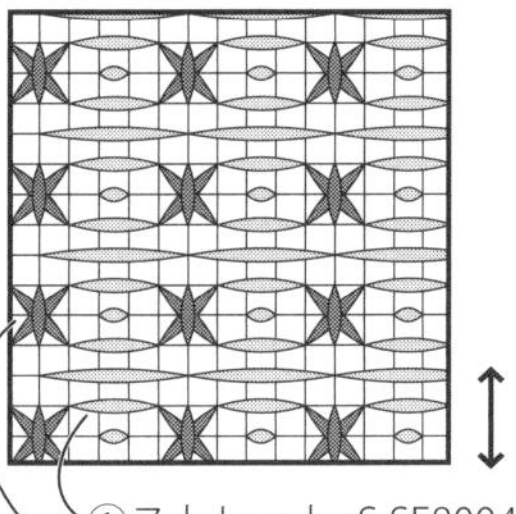

①ストレート・S SE8004(3)
②クロス・S+ストレート・S
105・2105各(2)

花6 花弁l

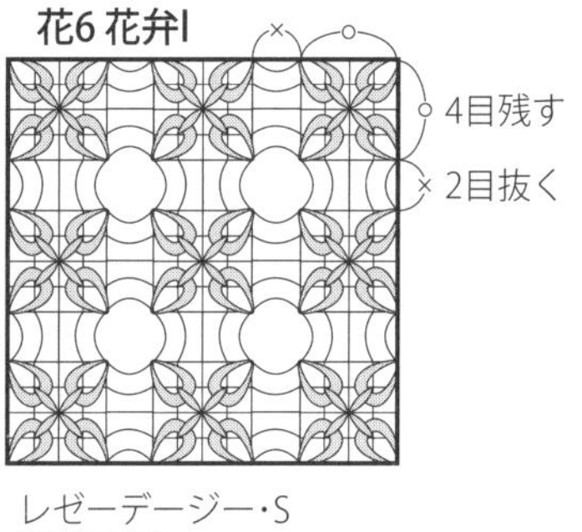

レゼーデージー・S
SE8004(2)

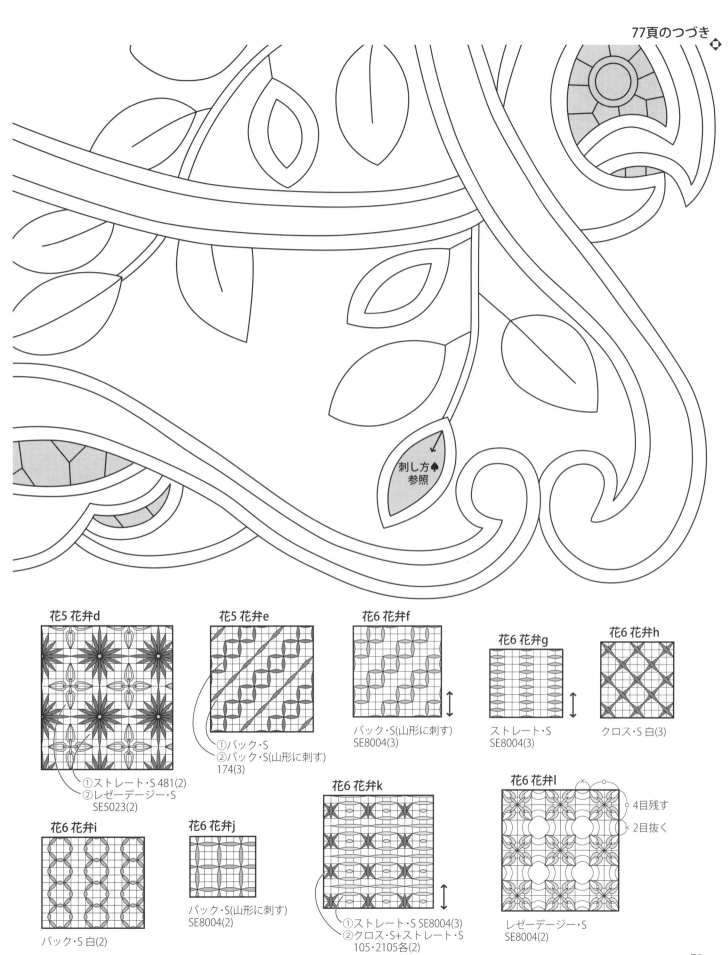

額

口絵24頁

葉A

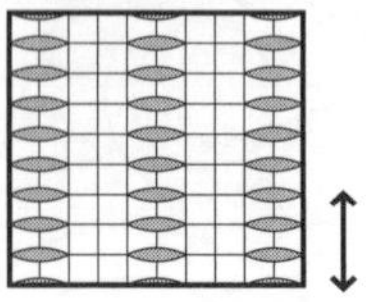

ストレート・S
SE8016、SE8024
各(2)または(3)

葉B

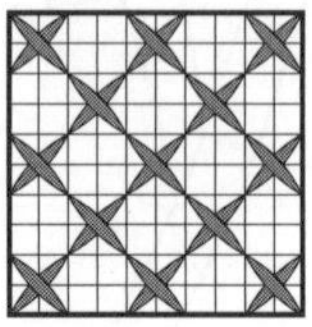

クロス・S
SE8016、SE8024各(2)

葉C

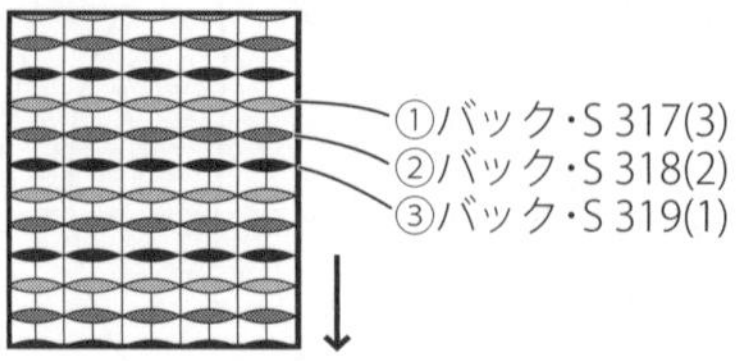
①バック・S 317(3)
②バック・S 318(2)
③バック・S 319(1)

葉D

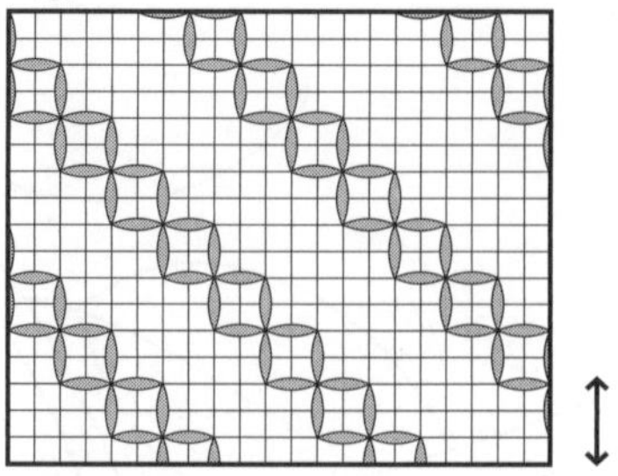

バック・S(山形に刺す)
SE8024(2)

葉E

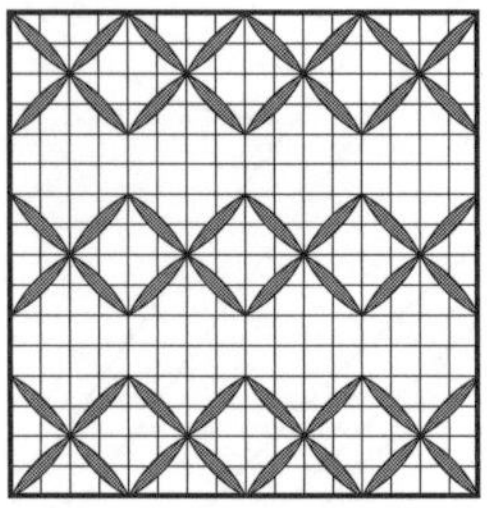

バック・S(山形に刺す)
633(2)

模様★

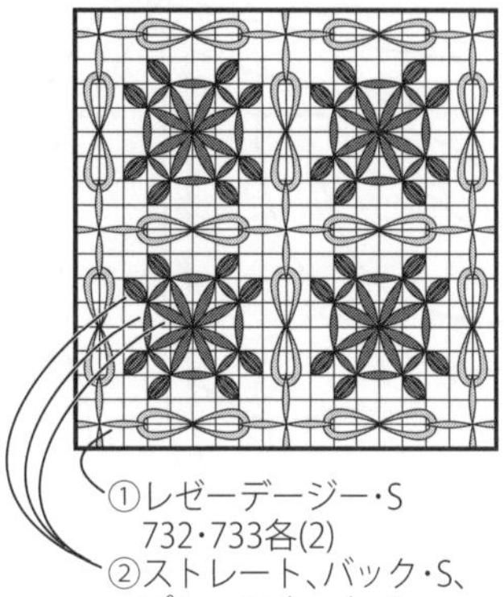

①レゼーデージー・S
732・733各(2)
②ストレート、バック・S、
プレーンナット・S
664・2664各(2)

模様♧

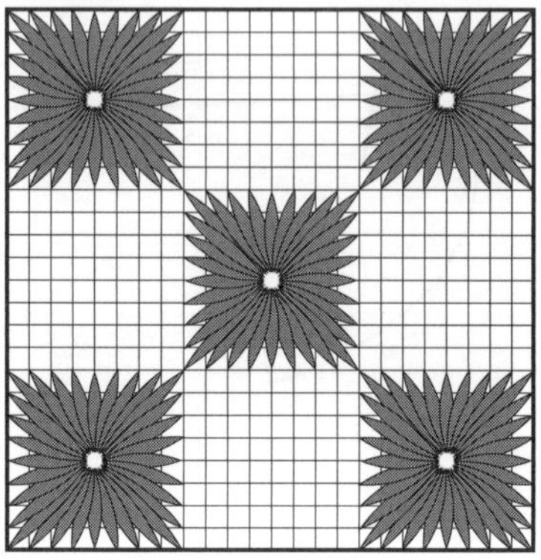

ストレート・S
SE8024(2)
(きつめに糸を引く)

模様☆

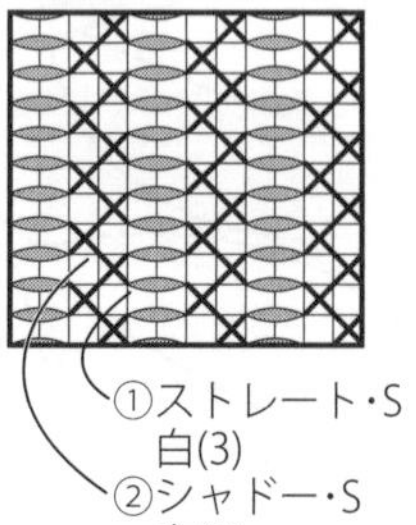

①ストレート・S
白(3)
②シャドー・S
白(1)

配置図　単位：cm

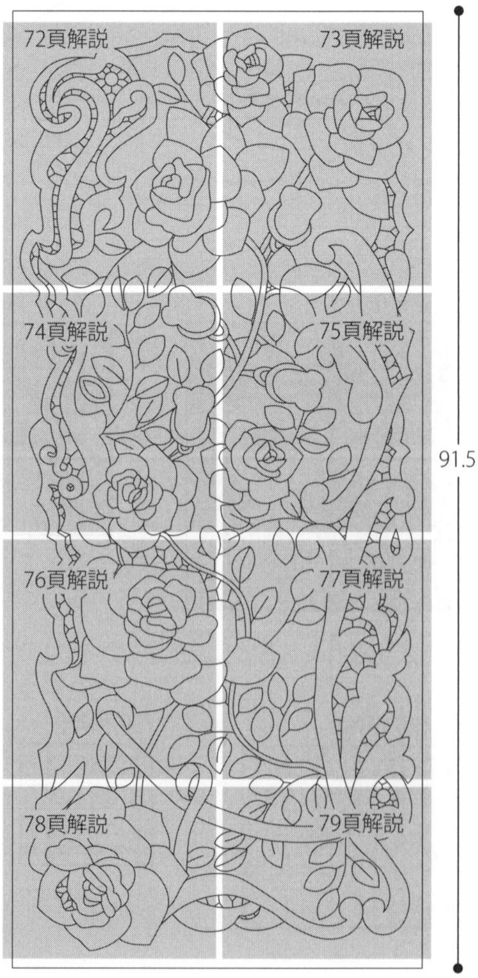
72頁解説
73頁解説
74頁解説
75頁解説
76頁解説
77頁解説
78頁解説
79頁解説
91.5
40.5

●**材料**　コスモ100番麻オックスフォード(31シルバーグレー)　ヨコ50×タテ100cm
[額内寸：40.5×91.5cm]。
コスモ25番刺繍糸　ピンク105・2105、203、353・354　黄141〜145、297・298　青紫172・2172・173〜176　茶185・2185・3185・186・2186・187・188　紫265、281・282〜286　グリーン269・272・273、316・317・2317・318・319・2319、630・2631・633、924　赤342・343　浅葱373　オレンジ402・2402・403〜406　赤茶463・465〜467　赤紫481　ピンクローズ499・501〜506　紫紺552・554　ブルー663・664・2664　灰褐色715　ブルーグレー730〜734　黄褐色773　ブルーグリーン898　白2500。
コスモシーズンズ刺繍糸(解説中はSEと表記)　SE5023、SE8004、SE8016、SE8020、SE8024、SE8049、SE8057。
スレッドワークスオーバーダイドフロス(解説中はFと表記)　1413。

●刺し終えたら、糸を切らぬように▭の部分の布をカットします。
●加工は専門店に依頼します。

クッション
口絵26頁

解説は82頁に掲載

●**材料**　ツヴァイガルト3340コーク(53生成)［10cm平方：約80×80目］ヨコ120×タテ55cm、ラインストーン3mm(ピンク、ブルー)　適宜、丸小ビーズ(グリーン)　適宜、40cmのファスナー　1本、パンヤ　1個(各一個分)。
A(ピンク)　コスモ25番刺繍糸　ピンク102・105・1105・106　グリーン317・2317・318・319、534・535　灰褐色366〜369、712〜715。
コスモラメ糸(No.76 sparkles)(解説中はSPと表記)　4。
マディラ ラメ糸(Art.No.9842)(解説中はDと表記)　300、425。
B(ブルー)　コスモ25番刺繍糸　グリーン317・2317・318・319、534・535　灰褐色366〜369、712〜715　ブルー662・663・2664。
コスモラメ糸(No.76 sparkles)(解説中はSPと表記)　3。
マディラ ラメ糸(Art.No.9842)(解説中はDと表記)　300、425。

●紙面の都合上、図案の一部を掲載しています。出来上がり図参照の上、図案を回転して完成させます。
●糸番号は、A(B)の順に解説しています。(　)のないものは共通です。
●AとBでは多少刺し方が違いますが、Aの方に統一しました。
●刺す順序は、中央の模様を刺してから、角の模様、斜めの地刺しの順に刺し、最後に丸小ビーズとラインストーンをつけます。

出来上がり図　単位：cm

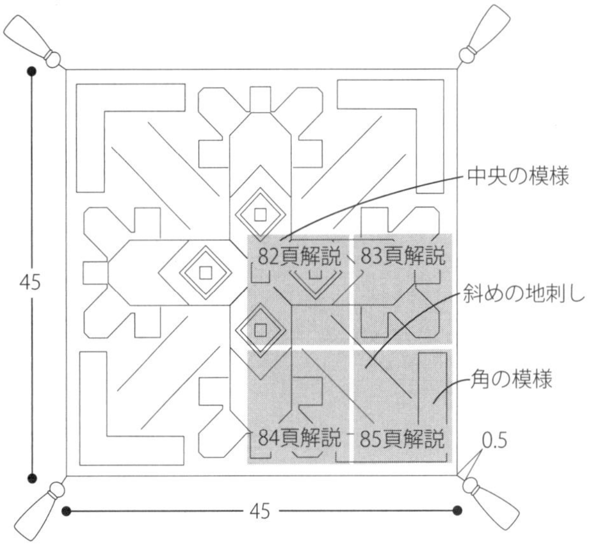

仕立て方　単位：cm(縫い代を付けて裁つ)

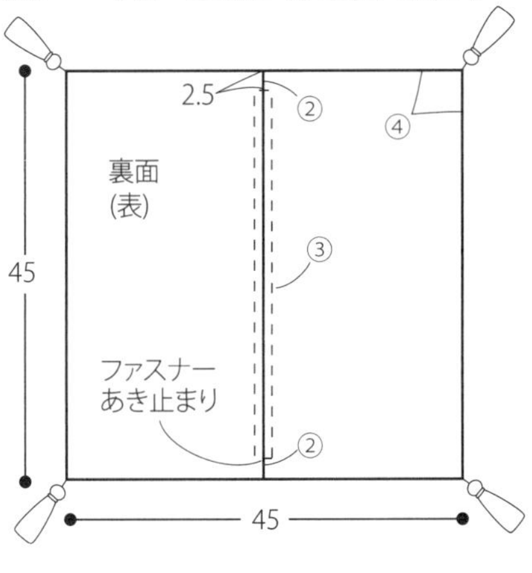

①表面用布に刺しゅうする。
②裏面用布をファスナー付け位置まで縫い合わせる。
③②の裏にファスナーを重ね、しつけをし、表からミシンをかける。
ファスナーあき止まりは2〜3度返し縫いをする(**別図参照**)。
④①と、ファスナーを開いた③を中表に合わせてタッセルをはさみ込み、周りを1周縫い表に返す。

③ 別図

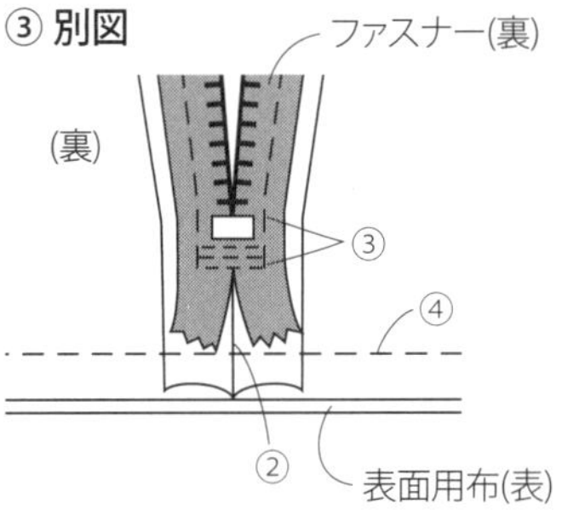

タッセルの作り方

1　80cmにカットした25番糸366(6)を半分に折り両端を持って撚りをかけ、半分に折ってロープを作り、端を結んでおく。

2

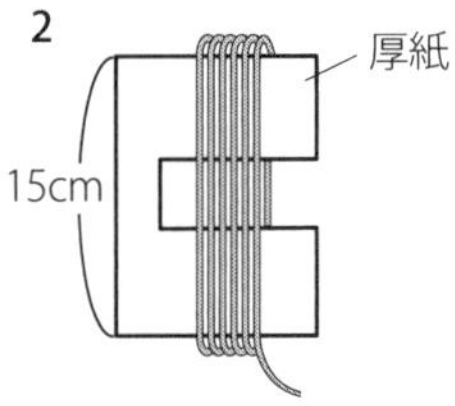

厚紙に25番糸366(6)を約20回、318(6)を約8回巻く。

3

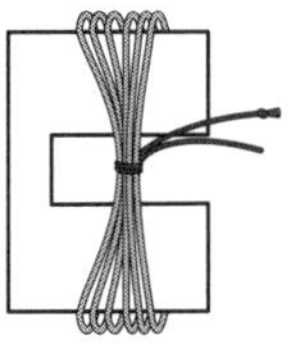

1のロープで糸の束の中央をきつく結ぶ。

4

糸の束を**2**の結び目で二つ折りにし、房の上部を366(6)できつく結ぶ。

5

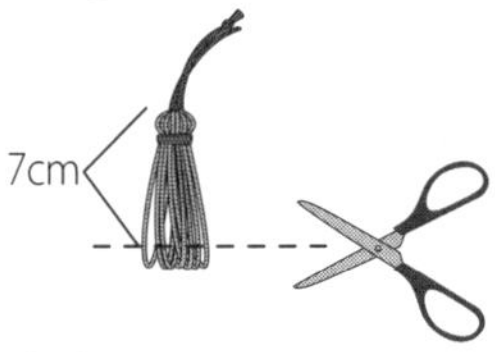

糸端を切りそろえる。

クッション

口絵26頁

中央の模様

❶ストレート・S 318(4)
❷ストレート・S 2317(2)
(きつめに糸を引く)
❸タテ、ヨコ4目ずつ織り糸を抜く
❹ダーニングかがり、巻かがり 715(4)
❺かがり方I 713(4)
❻糸を渡す+交互に糸をくぐらせる
SP4(SP3)(1)(1-5の順に糸を渡し、中央より交互に糸をくぐらせて２周し、一番外側の糸にくぐらせて６に針を落とし7に進む)
(角の模様❺参照)(85頁掲載)
❼糸を渡す+交互に糸をくぐらせる
SP4(SP3)(1)(❻より1本多く糸を渡し、中央は3周する)
(角の模様❺参照)(85頁掲載)
❽バック・S 319(2)
❾バック・S
中から
106(2664)(4)、105(663)(4)、102(662)(4)
❿ストレート・S 317(4)
⓫タテ、ヨコ4目ずつ織り糸を抜く
⓬かがり方I 714(4)
⓭ナッツダーニング・S、
ジャーマンナット・S 714(4)
⓮四角いジャーマンナット・Sの応用 318(4)
(刺し方☆参照)
⓯バック・S 715(3)
⓰レゼーデージー・S 715(3)
⓱ストレート・S 534(4)
⓲ナッツダーニング・Sの応用 712(4)
(刺し方♡参照)
⓳ナッツダーニング・S 712(4)
(⓲をすくう)
⓴ヨコまたはタテ4目織り糸を抜く
㉑織り糸をすくい糸をくぐらせる
366(4)

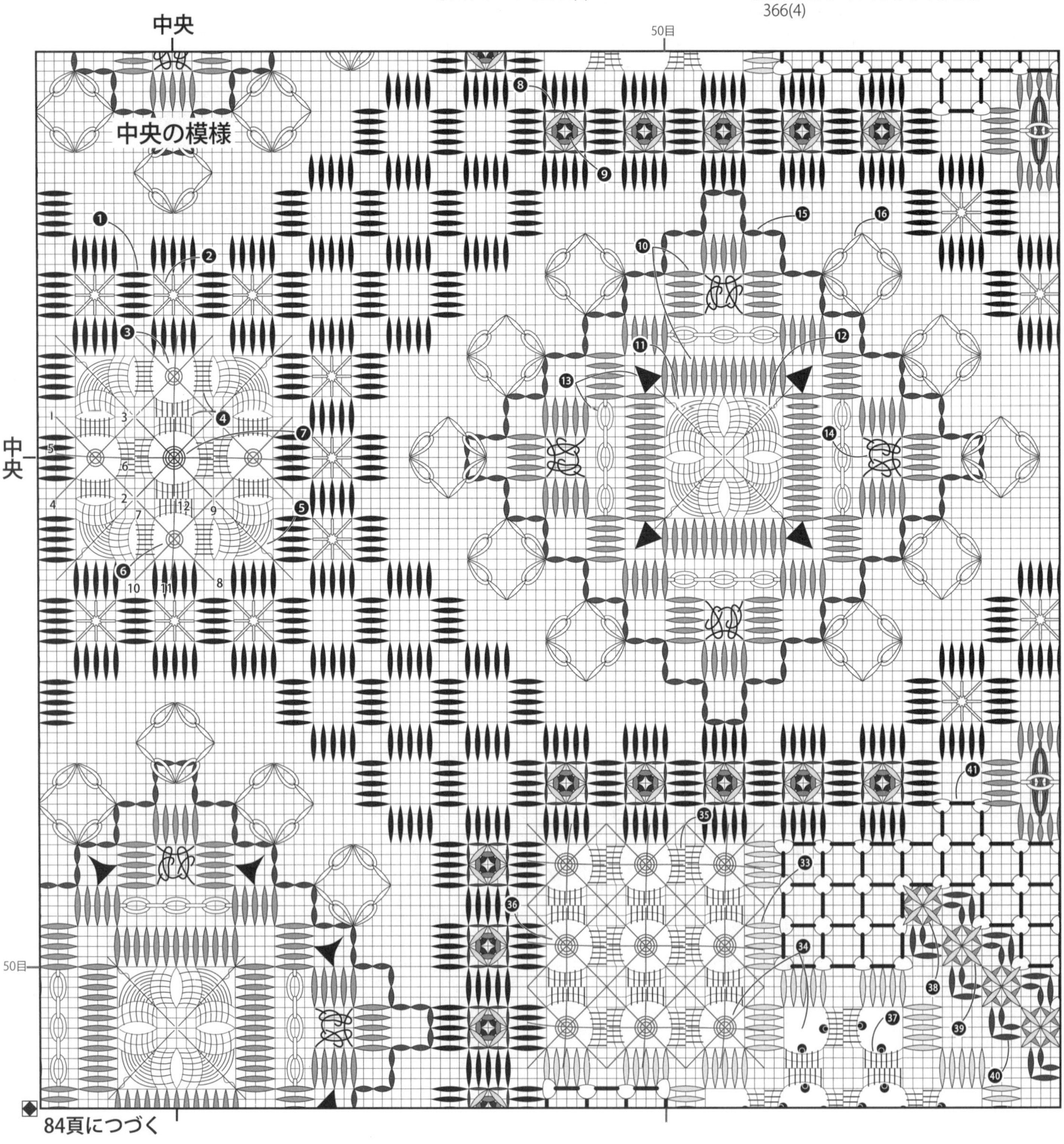

84頁につづく

㉒レゼーデージー・S、ストレート・S 366(4)
㉓クロス・S 366(4)
㉔クロス・S、バック・S 318(4)
㉕ストレート・S 106(2664)(4)
㉖ストレート・S 105(663)(4)
㉗ストレート・S 102(662)(4)
㉘オープンレゼーデージー・S 102(662)(4)
㉙パンチドワーク(2目) 369(1)
㉚タテ、ヨコ4目ずつ織り糸を抜く
㉛ダーニングかがり 366(2)
㉜かがり方**E** D300(2)
㉝ストレート・S 366(4)
㉞タテ、ヨコ4目ずつ織り糸を抜く
㉟ダーニングかがり 367(2)
㊱糸を渡す+交互に糸をくぐらせる 369(2)(❼と同様に刺す)
㊲かがり方**N** 368(2)
㊳バック・S 367(4)
㊴ストレート・S 366(3)
㊵バック・S 368(4)
㊶パンチドワーク(4目) 366(2)
㊷丸小ビーズ (適当な糸で止め付ける)
㊸ラインストーン (接着剤で付ける)
※㊷㊸は全て刺してから付ける

刺し方 ☆

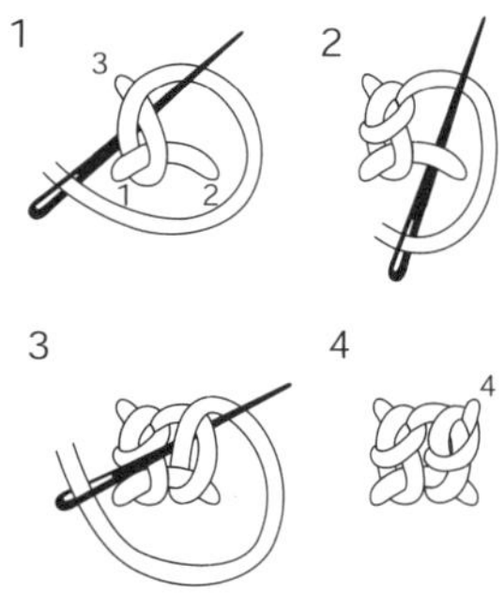

刺し方 ♡

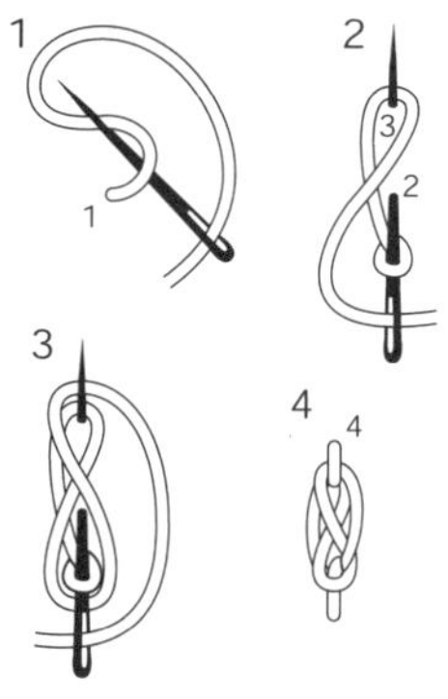

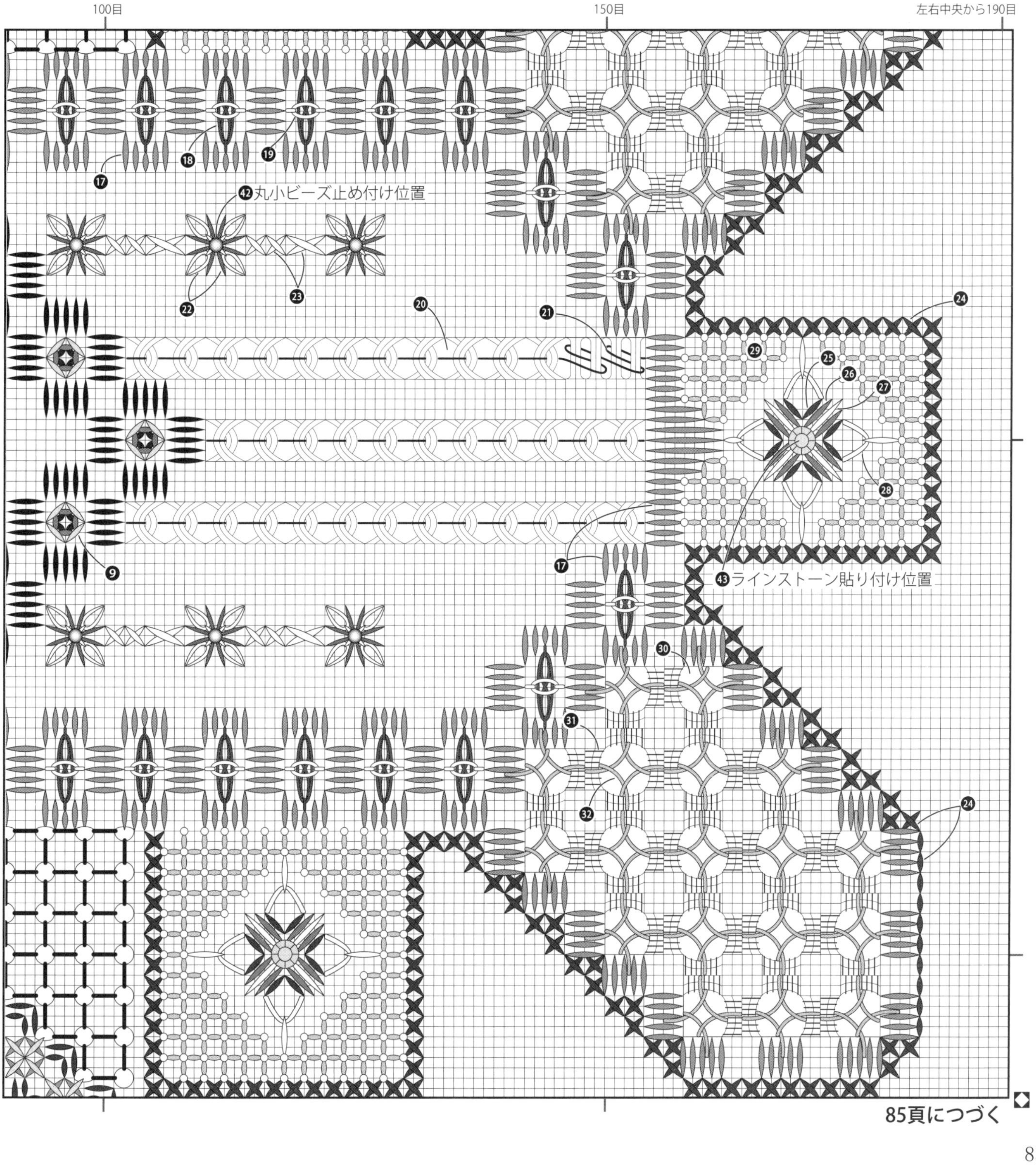

85頁につづく

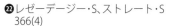

クッション

口絵26頁

角の模様

❶ストレート・S 366(4)
❷タテまたはヨコ16目織り糸を抜く
❸❷で残った織り糸を8目おきに2目切り糸を抜く

❹①織り糸を2本ずつすくいダーニングかがり続けて巻きかがり、隣の4本の布糸とダーニングかがりをし、巻きかがりとダーニングかがりをして隣に移る
②①と同様にダーニングかがりと巻きかがりをする。中央は①のダーニングかがりに糸をくぐらせる
368(3)

82頁のつづき

100目
150目
❸
❷
上下中央から184目
中央
50目

❺①1-7の順に糸を渡し、中心より
交互に糸をくぐらせる
②３周し、一番外側の糸に針を
くぐらせる
③8に針を落とし次に進む
535(4)
❻糸を渡す 535(367)(4)
(刺し方参照)

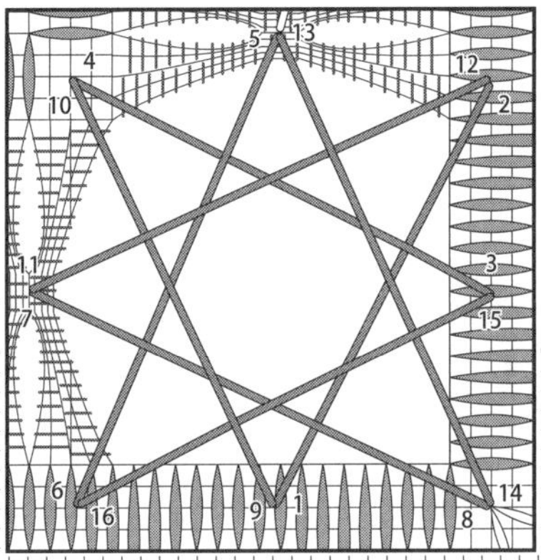

5
13
4
12
10
2
11
7
3
15
6
16
9
1
8
14

❼ダーニングかがり 535(367)(4)
(❻の糸をすくう)
❽かがり方**G** 368(535)(4)
❾レゼーデージー・S 368(4)

83頁のつづき

角の模様
❶
❸
❷
❹-①
❹-②
❺-③
❺-②
❺-①
❾
❼
❻
❽
❾
斜めの地刺し
図入る
①
②
③
④
①バック・S 368(366)(2)
②レゼーデージー・S
A：102(2)、
102(1)
1105(1)
ミックス
B：714(2)
③バック・S D425(1)
④クロス・S 535(714)(2)
100目
150目
左右中央から190目

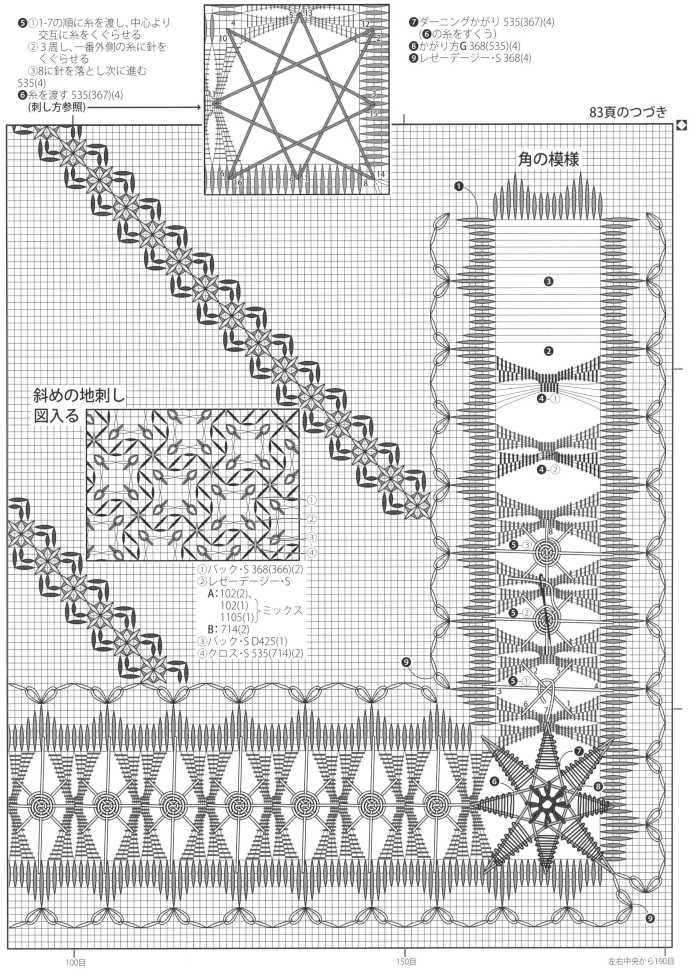

バッグ 1

口絵28頁

●**材料**　ツヴァイガルト3281カシェル(718ブルーグレー)[10cm平方：約112×112目]　ヨコ40×タテ80cm、化繊地　ヨコ45×タテ80cm。コスモ25番刺繍糸　紫763～765　白2500。

●紙面の都合上、図案の一部を掲載しています。出来上がり図参照の上、図案をくり返して完成させます。
●刺す順序は、模様A、B、C、D、Eの順に刺します。

中央
50目
袋口から 2cm
2目
20目
B
2目
A
A 中央 上から58目
C
2目
2目
100目
A
A 中央 上から114目

指定以外、全て白(2)で刺す。

模様 A
①ナッツダーニング・S 763(3)
②ストレート・S 763(3)
③レゼーロープ(①をすくう)、オープンレゼーデージー・S 764(2)
④オープンレゼーデージー・S にレゼーデージー・S、レゼーデージー・S 765(2)

模様 B
❶ヨコ2目織り糸を抜く
❷ヨコ20目織り糸を抜く
❸バック・S(**刺し方♠参照**)
❹～❾
チェーンダーニング・S
❿チェーンダーニング・S+
糸をくぐらせる
(❺～❾の糸をすくう)
(**拡大図♣参照**)
⓫、⓬チェーンダーニング・S
⓭チェーンダーニング・S+
糸をくぐらせる
(❺～⓬の糸をすくう)
(**拡大図♣参照**)
⓮ボタンホール・S
(❹と織り糸をすくう)
⓯ヘム・SのB

刺し方 ♠

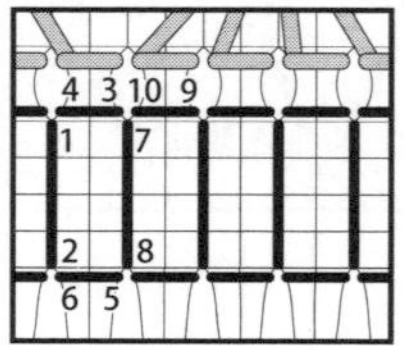

4 3 10 9
1 7
2 8
6 5

拡大図 ♣

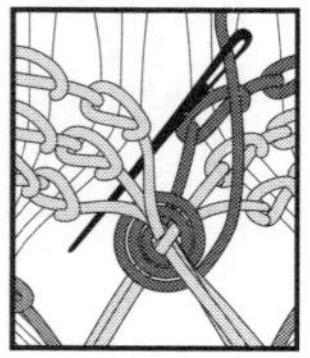

模様 C
❶ヨコ2目織り糸を抜く
❷ヘム・SのB
❸ヘム・SのB+
ヘム・Sのように糸をかける
(続けて1周刺す)
❹バック・Sの応用
(裏がシャドー・Sになるように刺す)

模様 D
1 ヨコ2目織り糸を抜く
2 ヨコ20目織り糸を抜く
3 バック・S
(**刺し方♠参照**)
4 チェーンダーニング・S
5～8
チェーンダーニング・S
(4に糸をくぐらせる)
9 ダーニングかがり
(中央から6ヶ所かがり、4を巻かがって次に移る)
10 ヘム・SのB

模様 E
1 タテ、ヨコ4目ずつ織り糸を抜く
2 バック・S
3 ボタンホール・S
(上から順に、左右から交互に前段の糸と織り糸をすくいながら続けて刺す)
白(4)
4 ヨコ2目織り糸を抜く
5 ヘム・SのB

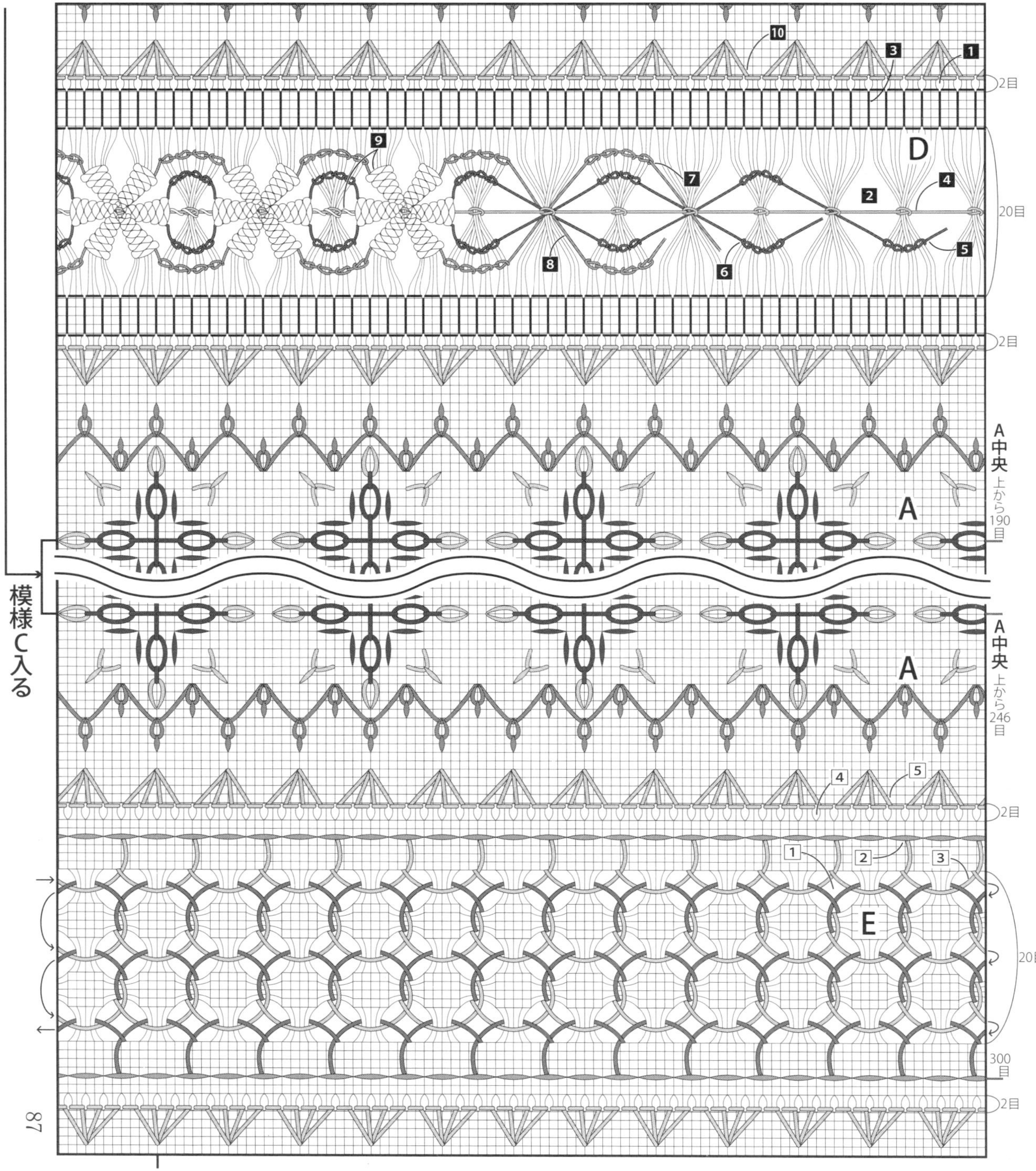
D
A
A中央 上から190目
A
A中央 上から246目
E
20目
2目
300目
模様C入る

出来上がり図　単位：cm

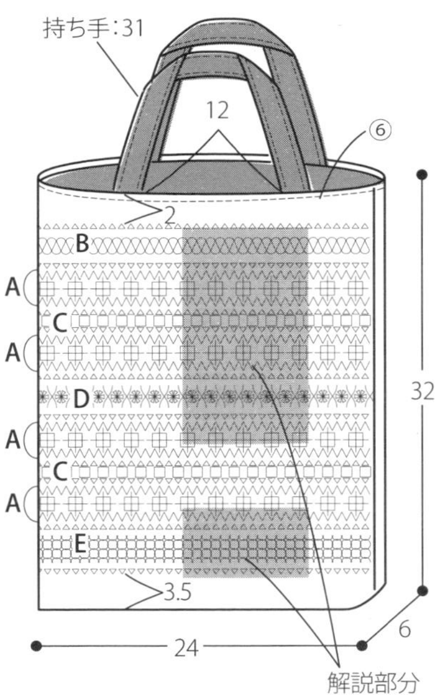
持ち手:31
12
6
2
B
A
C
D
E
3.5
32
24
6
解説部分

裁ち方図
単位：cm (縫い代を付けて裁つ)

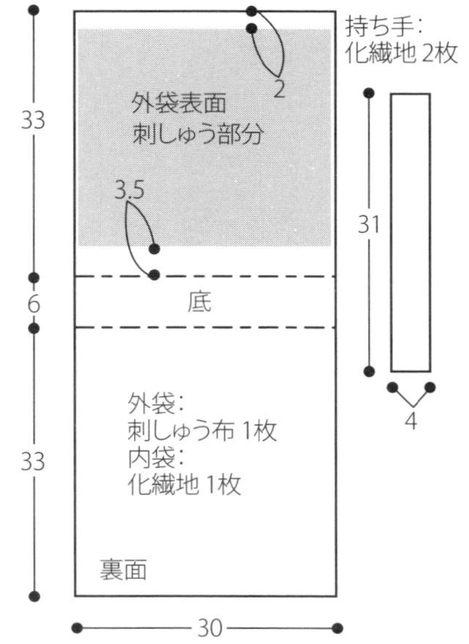
持ち手:
化繊地 2枚
外袋表面
刺しゅう部分
2
3.5
33
6
33
底
外袋:
刺しゅう布 1枚
内袋:
化繊地 1枚
裏面
30
31
4

仕立て方　単位：cm

①外袋を作る。
❶刺しゅう布に刺しゅうする。
❷❶を中表に2つ折りにし、脇を縫い、底に6cmのマチを作る(**別図参照**)。
②内袋を作る。
化繊地を中表に2つ折りにし、
返し口を残して脇を縫い、
底に6cmのマチを作る(**別図参照**)。
③持ち手を作る(**別図参照**)。
④内袋(中表)に外袋(外表)を入れ、
内袋と外袋の間に③を挟み、
袋口を1周縫う(**別図参照**)。
⑤内袋を表に返し、返し口を縫う。
⑥内袋を外袋の中に入れ、
表から袋口を1周縫う。

①-❷、② **別図**

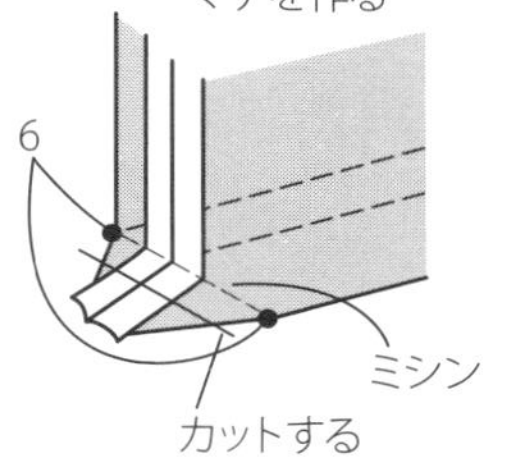
マチを作る
6
ミシン
カットする

③ **別図**

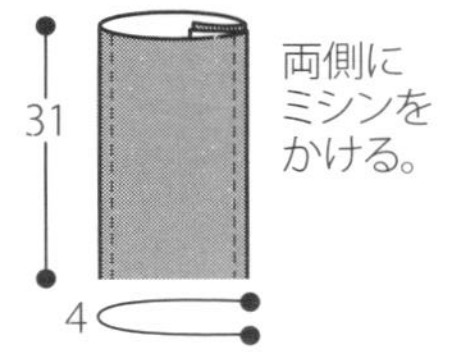
持ち手を作る
31
4
両側に
ミシンを
かける。

④ **別図**

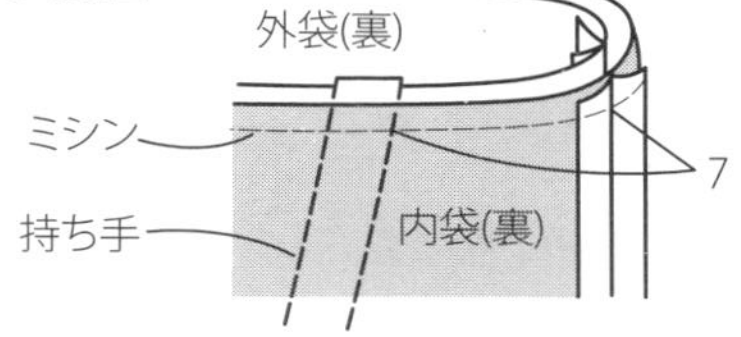
外袋(裏)
ミシン
持ち手
内袋(裏)
7

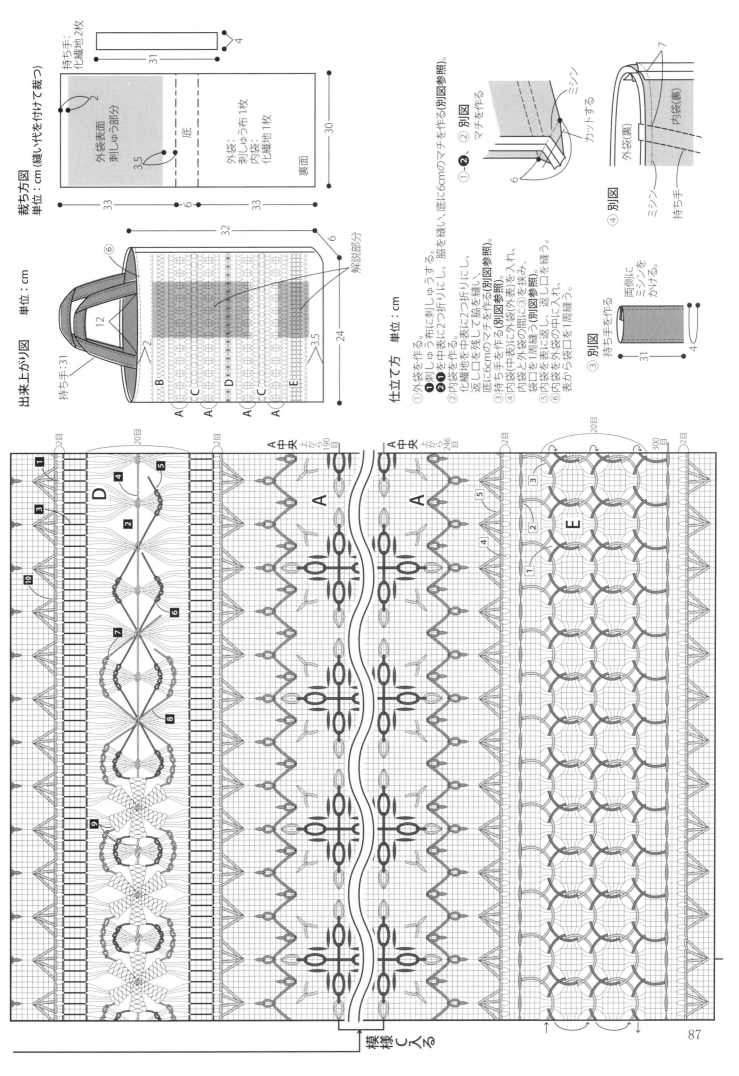

バッグ 2

口絵29頁

出来上がり図は97頁に掲載

●**材料**　ツヴァイガルト3609ベルファスト(770淡ベージュ)
[10cm平方：約126×126目]　ヨコ25×タテ30cm。
コスモ25番刺繍糸　赤茶461～463　グレー472・474。
スレッドワークスオーバーダイドフロス(解説中はFと表記)
169。
マディラ ラメ糸(Art.No.9842)(解説中はDと表記)　300。

●加工は専門店に依頼します。

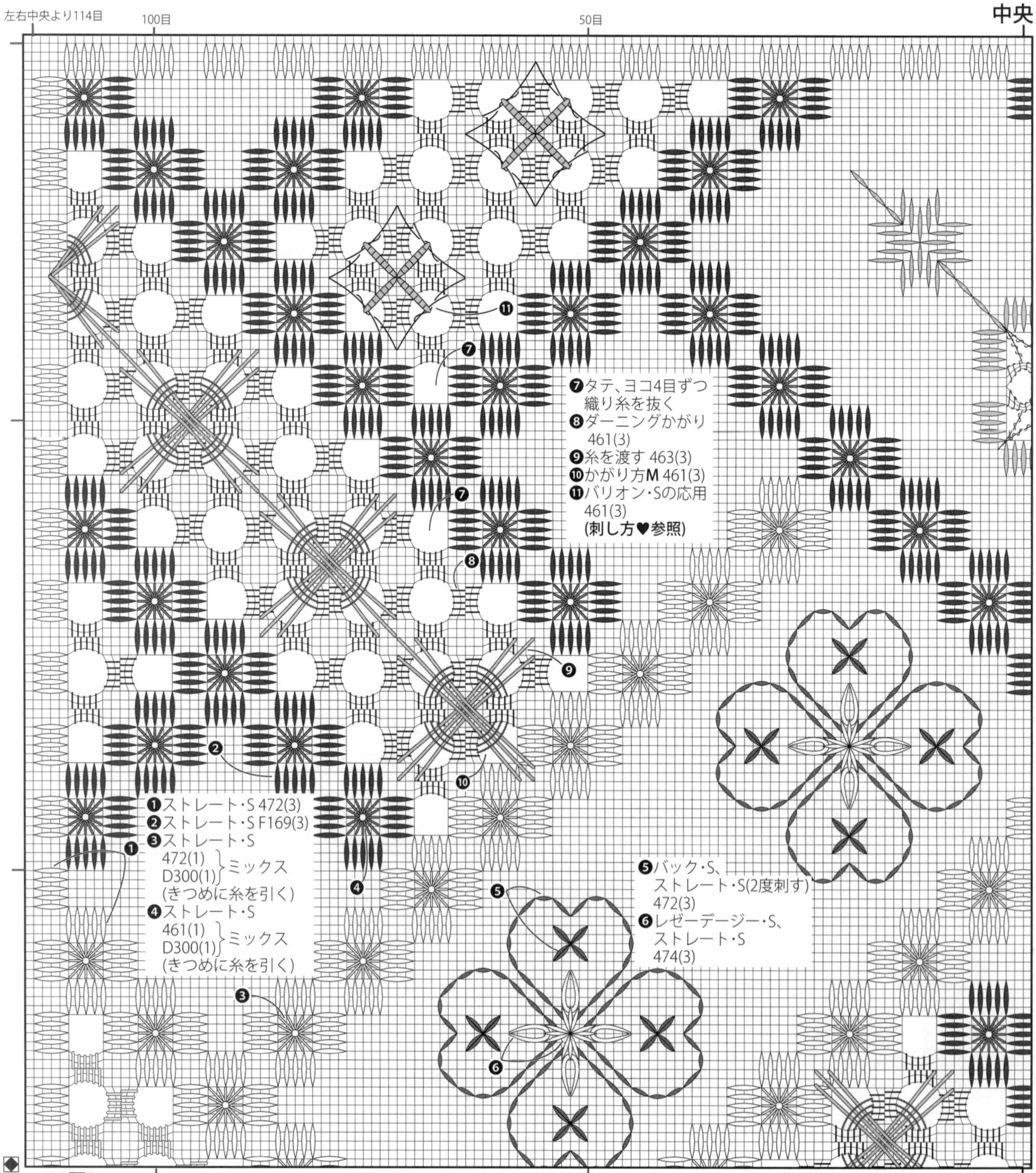

左右中央より114目
100目
50目
中央
❶ストレート・S 472(3)
❷ストレート・S F169(3)
❸ストレート・S
472(1)
D300(1)
ミックス
(きつめに糸を引く)
❹ストレート・S
461(1)
D300(1)
ミックス
(きつめに糸を引く)
❺バック・S、
ストレート・S(2度刺す)
472(3)
❻レゼーデージー・S、
ストレート・S
474(3)
❼タテ、ヨコ4目ずつ
織り糸を抜く
❽ダーニングかがり
461(3)
❾糸を渡す 463(3)
❿かがり方M 461(3)
⓫バリオン・Sの応用
461(3)
(刺し方♥参照)

90頁に
つづく

刺し方♥

1

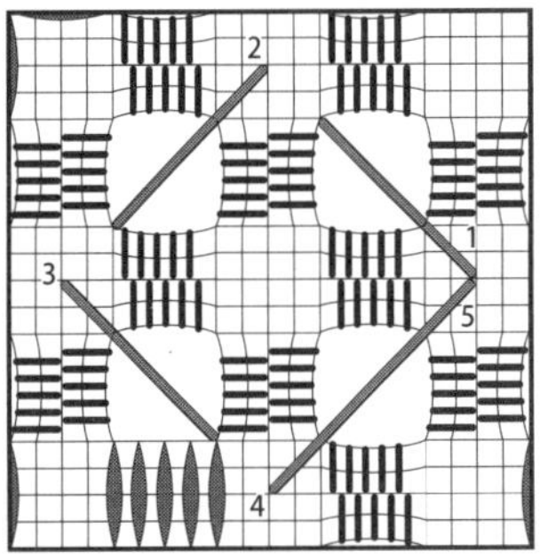

2
1
3
5
4

1からスタートし、2、3、4は下からすくい、5におとす。(1と5は同じ針穴)

2

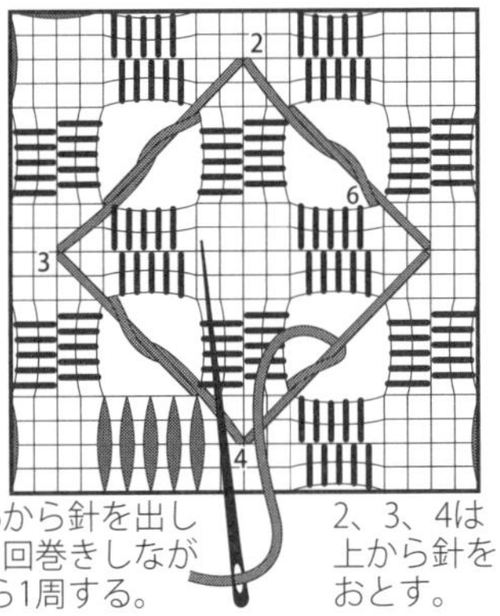

2
6
3
4

6から針を出し1回巻きしながら1周する。

2、3、4は上から針をおとす。

3

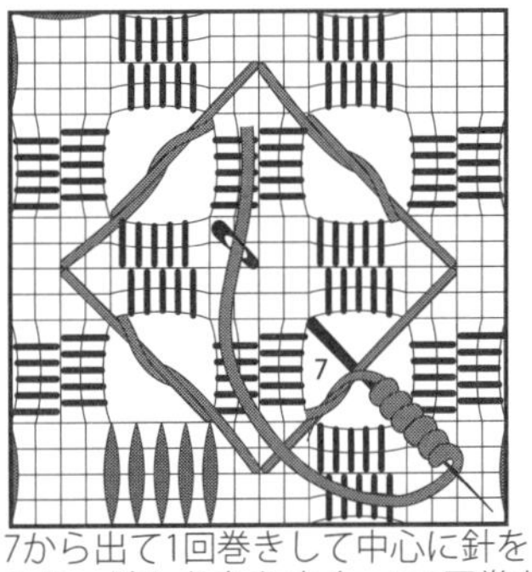

7

7から出て1回巻きして中心に針を入れ、渡した糸もすくって6回巻きバリオン・Sをして中心へおとす。

4

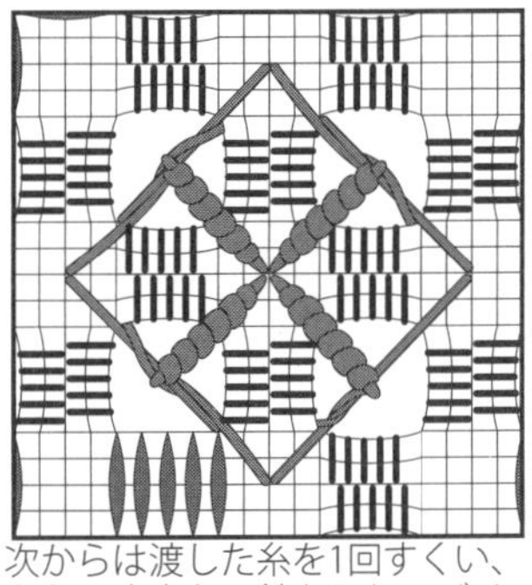

次からは渡した糸を1回すくい、もう一度中心に針を入れてバリオン・Sをする。

50目 100目

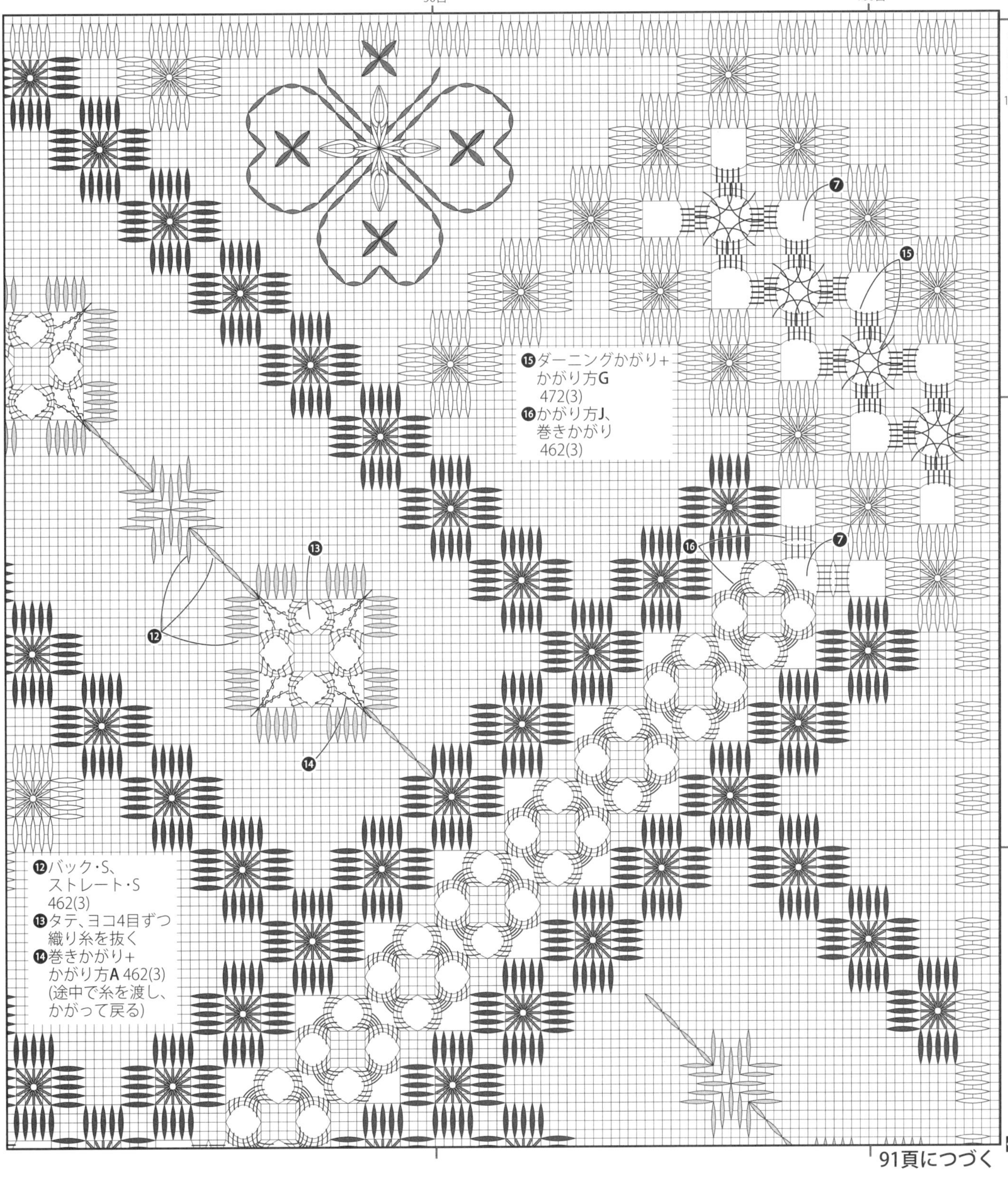

❼
⓯
⓯ダーニングかがり+
かがり方G
472(3)
⓰かがり方J、
巻きかがり
462(3)
⓭
⓰
❼
⓬
⓮
⓬バック・S、
ストレート・S
462(3)
⓭タテ、ヨコ4目ずつ
織り糸を抜く
⓮巻きかがり+
かがり方A 462(3)
(途中で糸を渡し、
かがって戻る)

上下中央より142目

100目

50目

91頁につづく

88頁のつづき

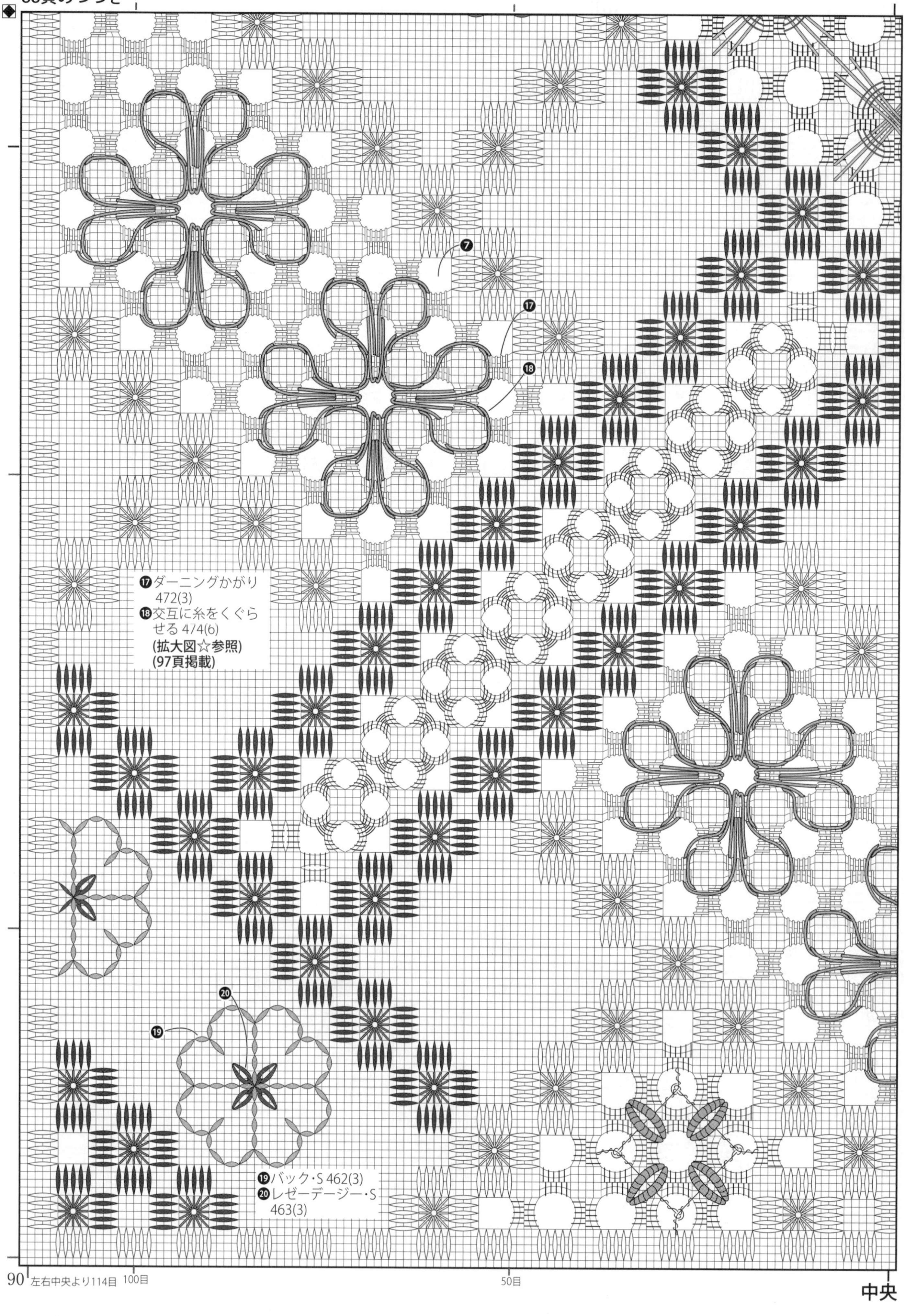
⑦
⑰
⑱
⑰ダーニングかがり 472(3)
⑱交互に糸をくぐらせる 474(6)
(拡大図☆参照)
(97頁掲載)
⑲
⑳
⑲バック・S 462(3)
⑳レゼーデージー・S 463(3)
左右中央より114目
100目
50目
中央

89頁のつづき

バッグ 2

口絵29頁

中央
50目
100目
上下中央より 142目
50目
100目
7
21
22
㉑ダーニングかがり+
かがり方B
472(3)
㉒バリオン・S
472(3)
23
㉓ストレート・S
F169(3)

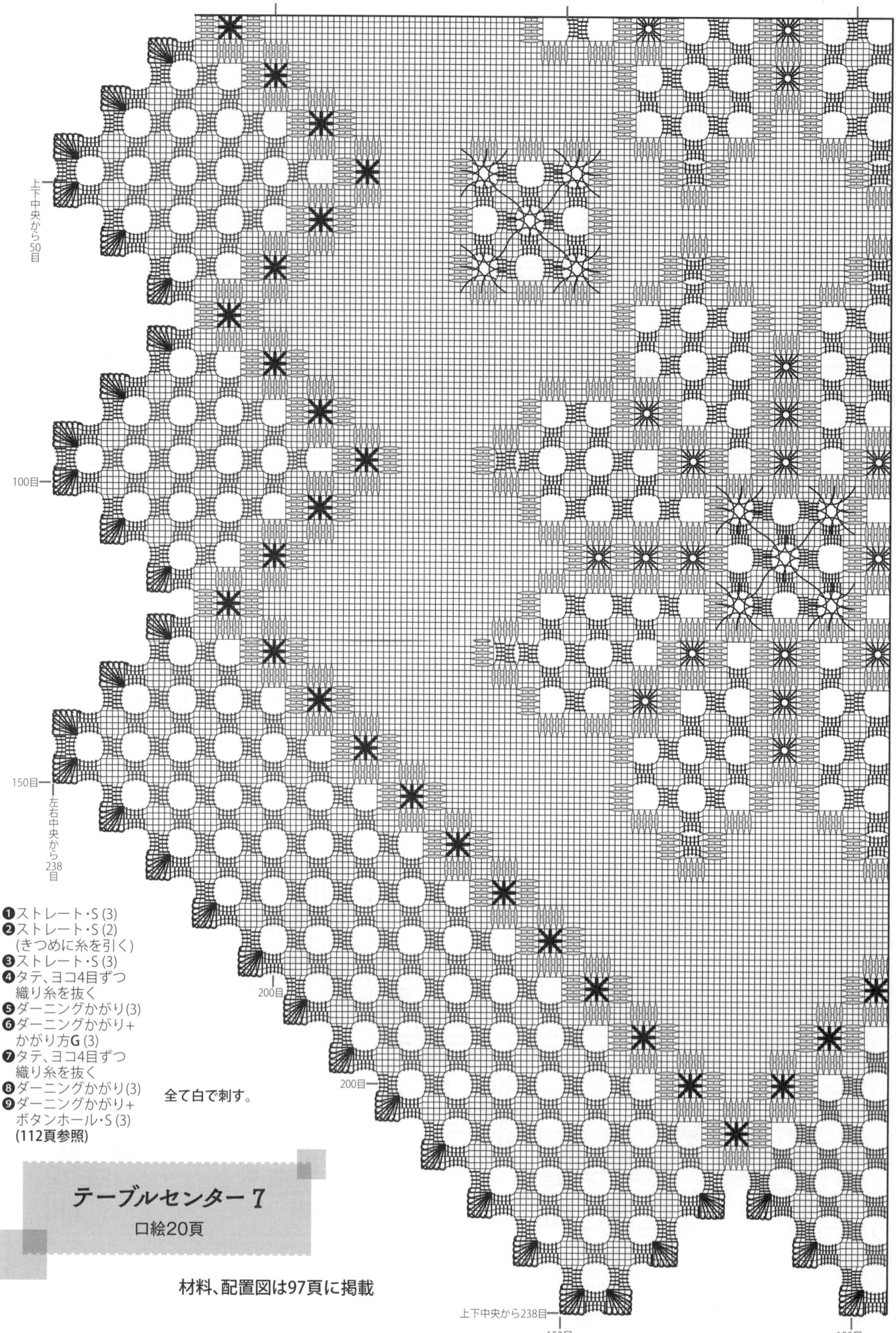
上下中央から50目
100目
150目
左右中央から238目
200目
200目
上下中央から238目
150目
100目

❶ストレート・S (3)
❷ストレート・S (2)
(きつめに糸を引く)
❸ストレート・S (3)
❹タテ、ヨコ4目ずつ
織り糸を抜く
❺ダーニングかがり(3)
❻ダーニングかがり+
かがり方**G** (3)
❼タテ、ヨコ4目ずつ
織り糸を抜く
❽ダーニングかがり(3)
❾ダーニングかがり+
ボタンホール・S (3)
(112頁参照)

全て白で刺す。

テーブルセンター 7

口絵20頁

材料、配置図は97頁に掲載

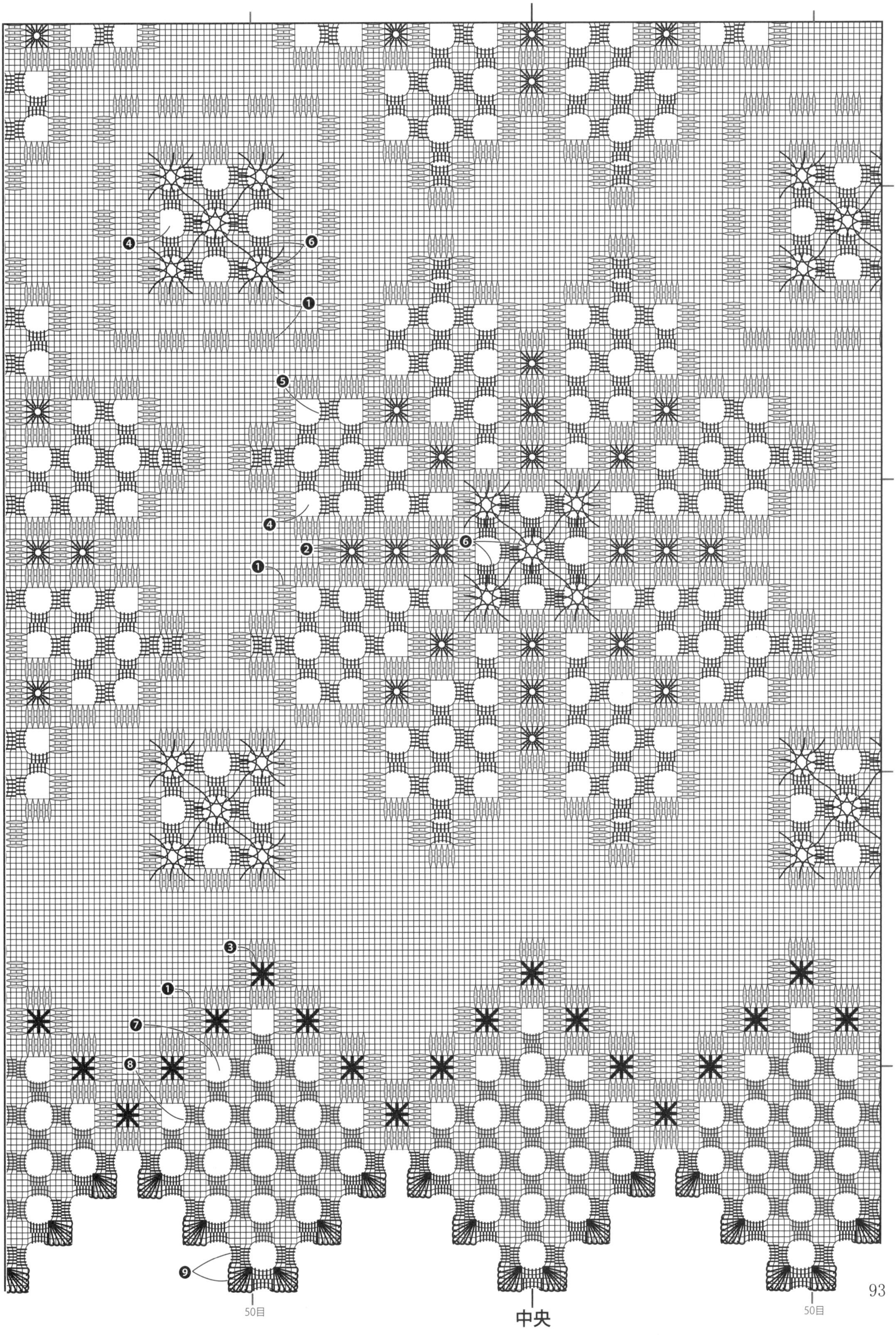

❹
❻
❶
❺
❹
❷
❶
❻
❸
❶
❼
❽
❾
50目
中央
50目

バッグ 3

口絵30頁

中央の模様

❶ストレート・S 772(4)
❷ボタンホール・S 772(4)
❸ボタンホール・S 772(2)
❹774(3)**(刺し方♠参照)**
❺タテ、ヨコ4目ずつ織り糸を抜く
❻ダーニングかがり 774(3)
❼かがり方**J** 774(3)
❽かがり方**A** 775(3)
❾交互に糸をくぐらせる 775(3)
❿かがり方**G** 773(2)
⓫バック・S 774(3)

模様 A

①ストレート・S 772(4)
②タテ、ヨコ4目ずつ織り糸を抜く
③ストレート・S 774(2)
④ダーニングかがり＋バリオンリング 774(3)
⑤かがり方**I** 774(3)
⑥巻きかがり 774(3)
⑦かがり方**A**(2本)＋ダーニングかがり 773(3)
⑧バック・S、ストレート・S、ケーブル・S 773(3)

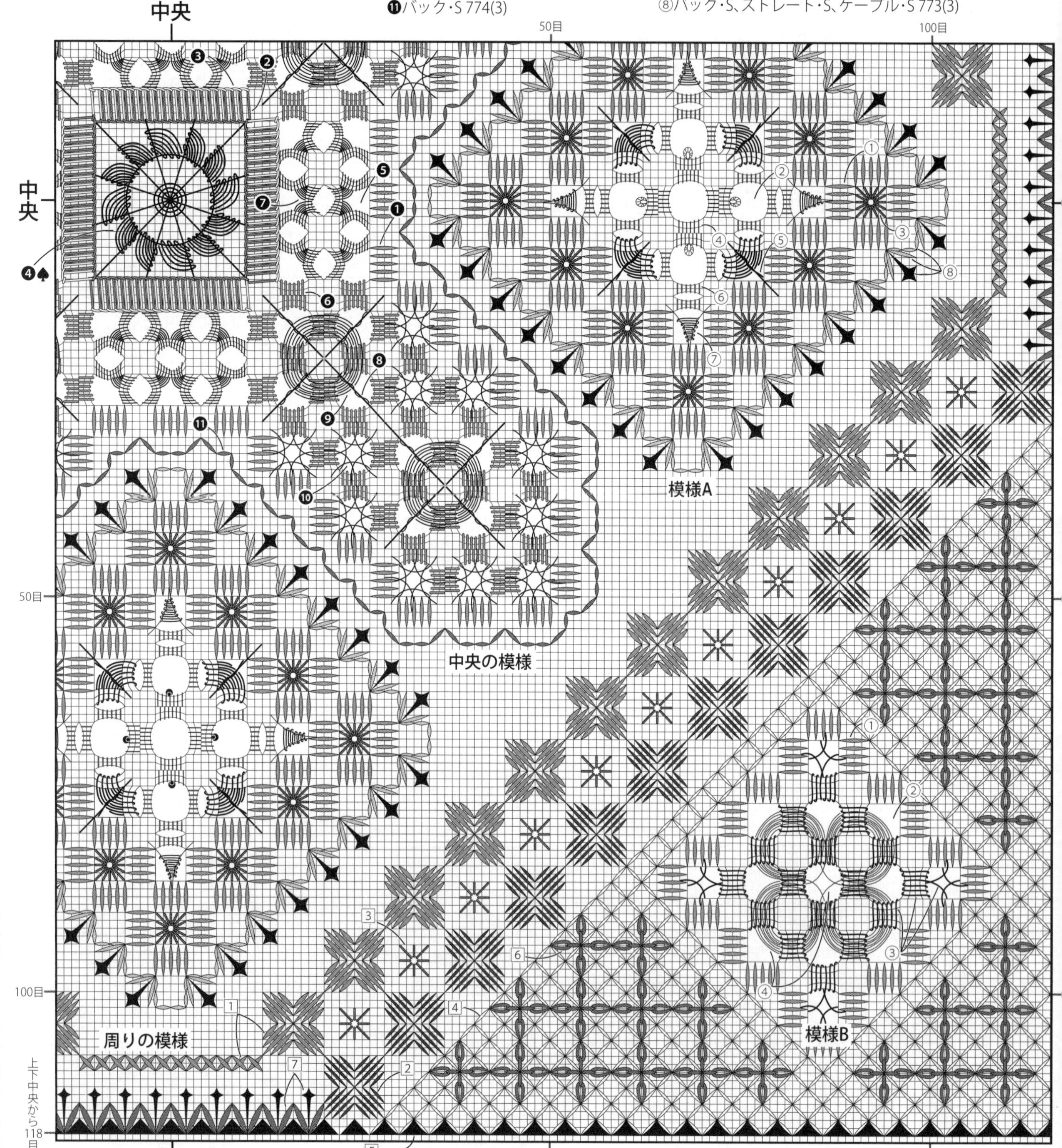

周りの模様

1 ストレート・S、クロス・S 772(3)
2 ストレート・S 772(1)
3 ストレート・S 772(2)
4 バック・S 775(2)
5 ジャーマンナット・S 774(3)
6 レゼーデージー・S 774(2)
7 ストレート・S、ケーブル・S 774(3)

模様 B

①ストレート・S 772(4)
②タテ、ヨコ4目ずつ織り糸を抜く
③巻きかがり、巻きかがり＋かがり方**E** 775(3)
④かがり方**C**＋かがり方**E** 773(3)

●**材料**　コスモ100番麻オックスフォード地(21ベージュ)　ヨコ35×タテ35cm。
コスモ25番刺繍糸　黄褐色772〜775。

●紙面の都合上、図案の一部を掲載しています。出来上がり図参照の上、図案を回転して完成させます。
●刺す順序は、中央の模様、模様A、周りの模様、模様Bの順に刺します。
●加工は専門店に依頼します。

出来上がり図　単位：cm

刺しゅう面：刺しゅう布
本体：ナイロン地

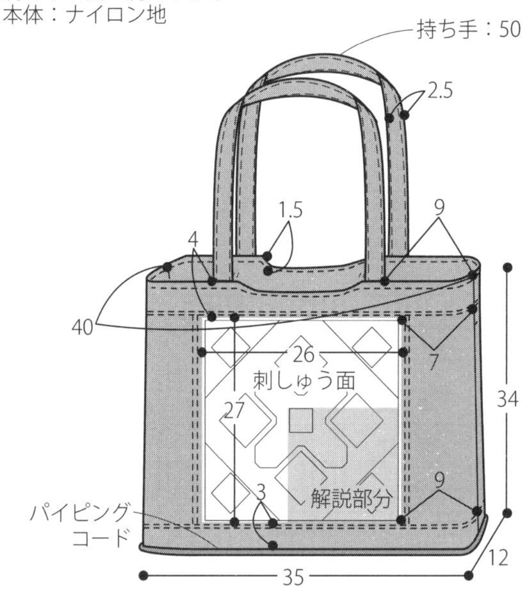

中央の模様 刺し方♠

1

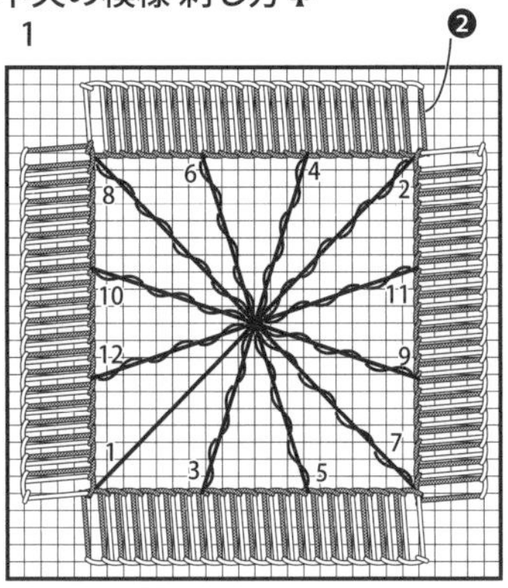

1より針を出し、❷のボタンホール･Sの頭の糸をすくいバーをかけ、中心まで巻いて戻る。同様に続け、中心まで戻る

2

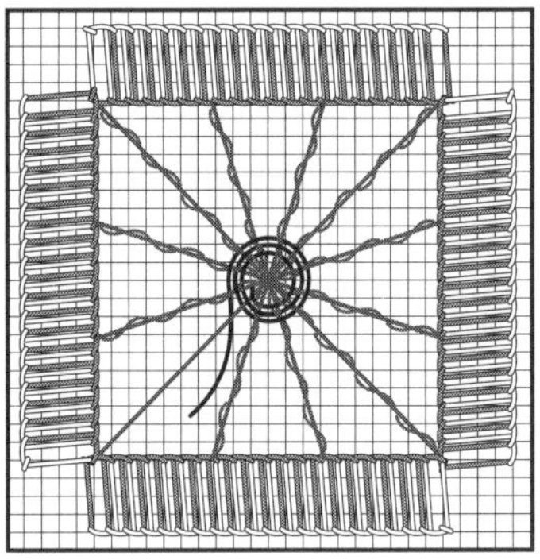

交互に糸をくぐらせ、3周する

3

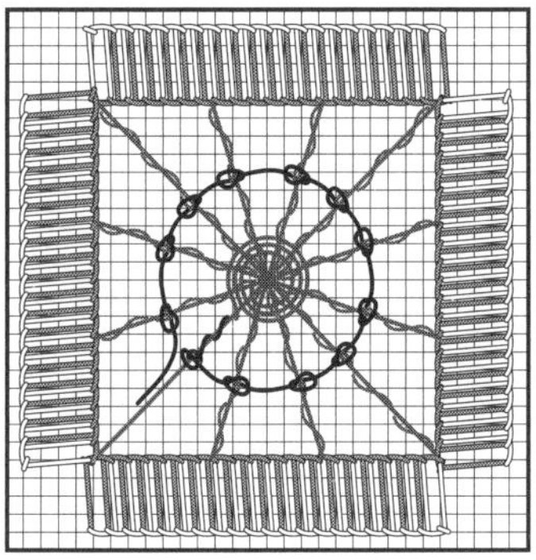

続けて、巻きかがって少し外側に進み、チェーンダーニング･Sで反時計周りに1周する

4

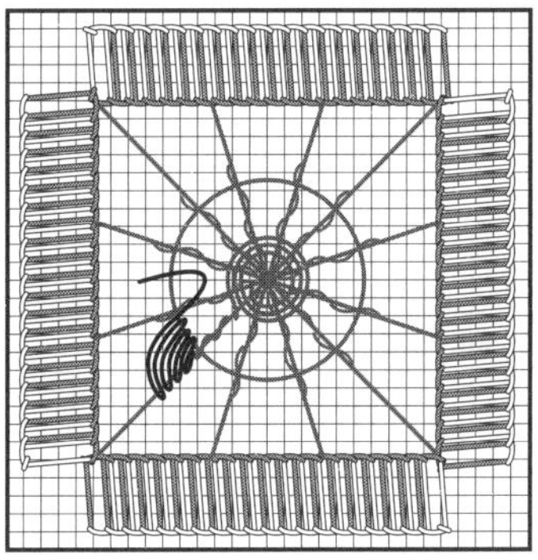

続けて、チェーンダーニング･Sとバーをすくってダーニングかがり

5

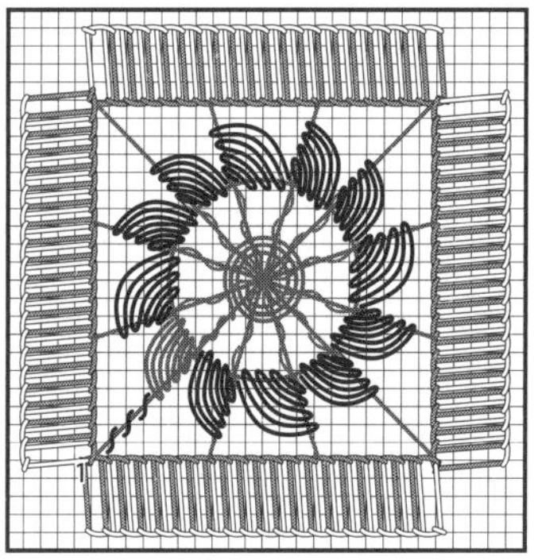

時計回りに1周し、最初のダーニングかがりに糸をくぐらせ、巻きかがって1に戻る

バッグ4

口絵30頁

●**材料**　コスモ100番麻オックスフォード地(21ベージュ)
ヨコ35×タテ35cm。
コスモ25番刺繍糸　ローズ221・2221・222・2222・223・2223。

●紙面の都合上、図案の一部を掲載しています。出来上がり図参照の上、図案を回転して完成させます。
●加工は専門店に依頼します。

出来上がり図　単位：cm

刺しゅう面：刺しゅう布
本体：ナイロン地

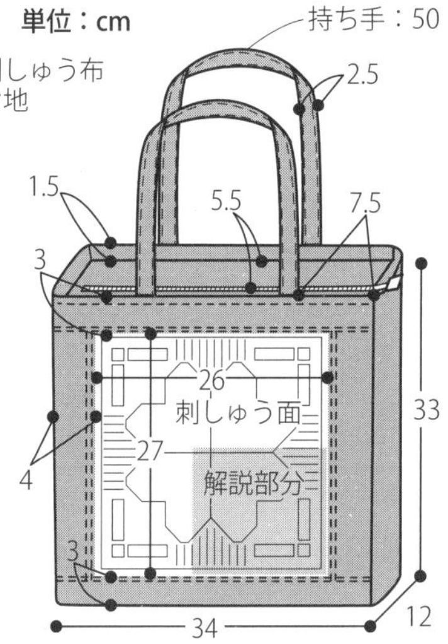

解説は96頁に掲載

バッグ 4

口絵30頁

材料、出来上がり図は95頁に掲載

❶ストレート・S 2221(4)
❷糸を渡す+ダーニングかがり 223(3)
❸ケーブル・S 2223(3)
❹ストレート・S 223(3) (きつめに糸を引く)
❺バック・S 223(2)
❻バック・S 223(2)
❼タテ、ヨコ4目ずつ織り糸を抜く
❽ダーニングかがり 221(3)
❾ダーニングかがり 2222(3)
❿ダーニングかがり 223(3)
⓫ダーニングかがり 222(3)
⓬かがり方**G** 222(2)
⓭ストレート・S+ボタンホール・S 223(4)**(拡大図参照)**
⓮ストレート 223(3)
⓯ヨコまたはタテ 4目織り糸を抜く
⓰巻きかがり 223(3)
⓱ケーブル・S 222(3)
⓲ケーブル・S 222(3)

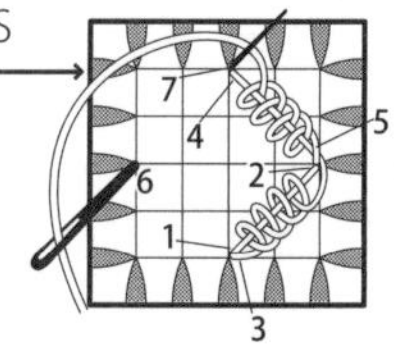
7
4
5
6
2
1
3

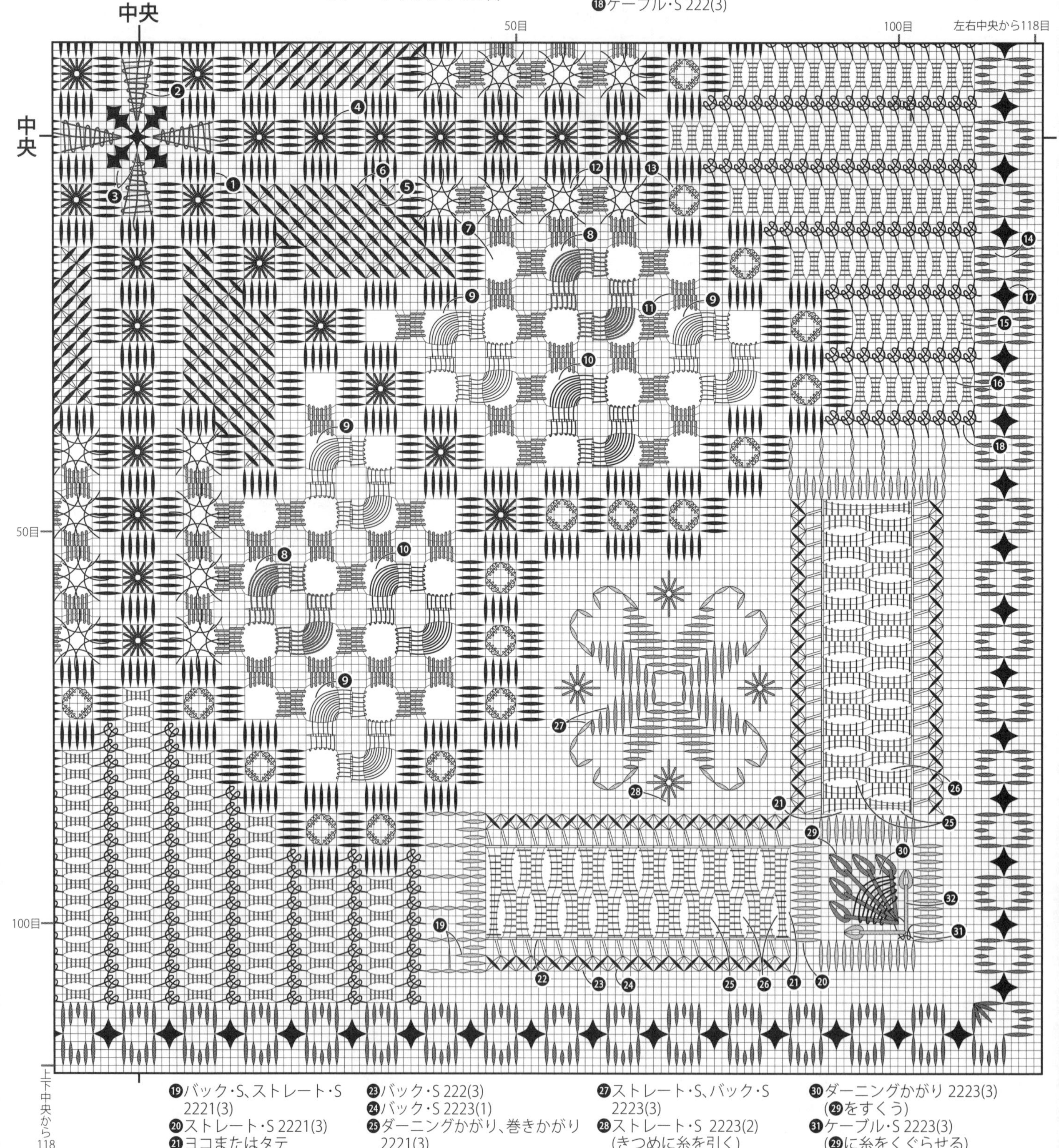
中央
50目
100目
左右中央から118目
中央
50目
100目
上下中央から118目

⓳バック・S、ストレート・S 2221(3)
⓴ストレート・S 2221(3)
㉑ヨコまたはタテ 12目織り糸を抜く
㉒ヘム・SのB 2221(2)
㉓バック・S 222(3)
㉔バック・S 2223(1)
㉕ダーニングかがり、巻きかがり 2221(3)
㉖ダーニングかがり、巻きかがり 222(3)
㉗ストレート・S、バック・S 2223(3)
㉘ストレート・S 2223(2) (きつめに糸を引く)
㉙レゼーデージー・S 2223(3)
㉚ダーニングかがり 2223(3) (㉙をすくう)
㉛ケーブル・S 2223(3) (㉙に糸をくぐらせる)
㉜レゼーデージー・S 2223(3) (㉛に重ねる)

テーブルセンター 7
口絵20頁

●**材料**　ツヴァイガルト3835ルガナ(713シルバーグレー)
[10cm平方：約100×100目]　ヨコ55×タテ55cm。
コスモ25番刺繍糸　白2500。

●紙面の都合上、図案の一部を掲載しています。配置図参照の上、図案をくり返して完成させます。
●刺し終えたら、糸を切らぬように周りの織り糸をカットします。

解説は92頁に掲載

配置図　**単位：cm**

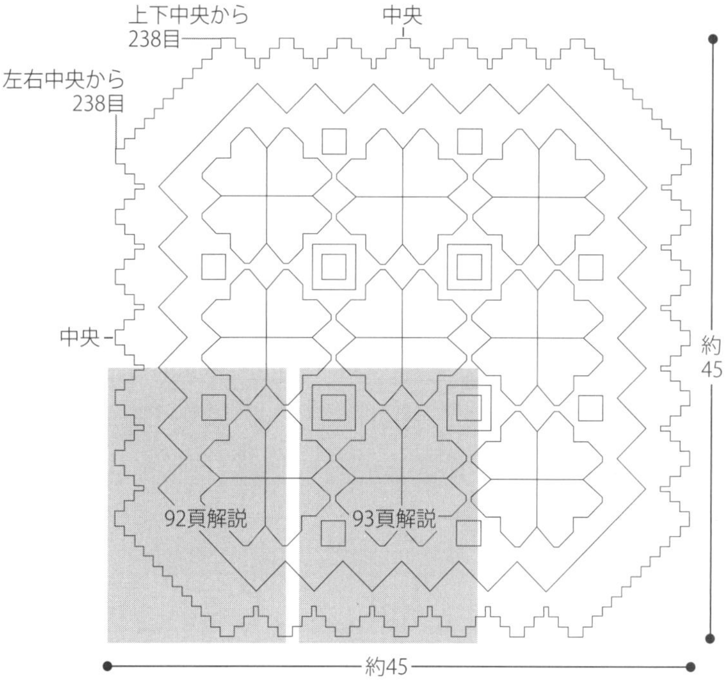
上下中央から
238目
中央
左右中央から
238目
中央
約
45
92頁解説
93頁解説
約45

バッグ 2
口絵29頁

解説は88頁に掲載

出来上がり図
単位：cm

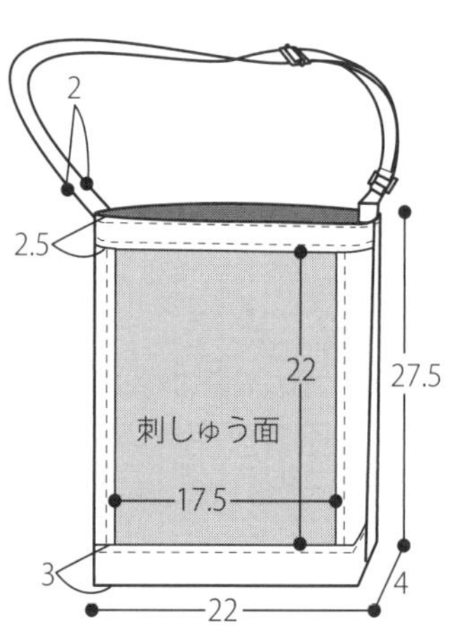
2
2.5
22
27.5
刺しゅう面
17.5
3
4
22

刺しゅう面：刺しゅう布
本体：木綿地
肩ひも：綿テープ

拡大図 ☆　図はわかりやすいように1周目と2周目の糸の色を変えてあります。

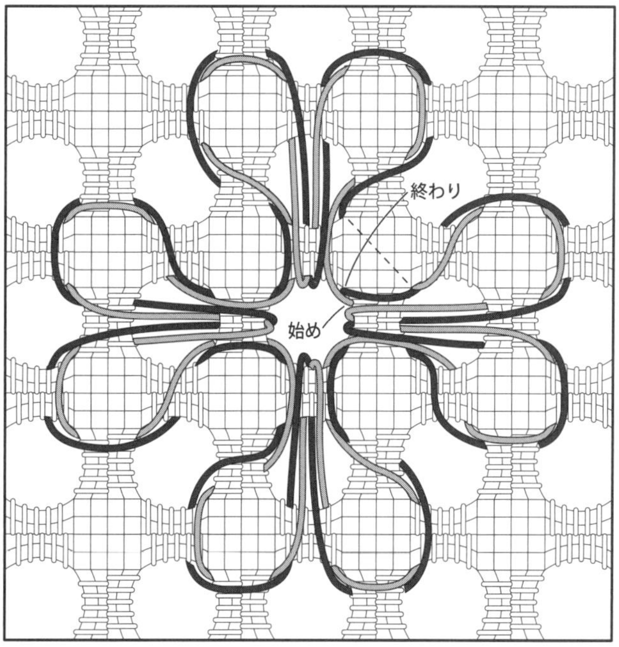
終わり
始め

がま口ポーチ

口絵32頁

<A>

●**材料**　ツヴァイガルト3609ベルファスト(578ネイビー)［10cm平方：約126×126目］ヨコ65×タテ25cm、内布、裏布用木綿地(ブルー)　ヨコ100×タテ25cm、接着芯　65×25cm、15.5㎝巾口金　1個。
コスモ25番刺繍糸　ブルーグレー732・734。
スレッドワークスオーバーダイドフロス(解説中はFと表記)　1101、1351。

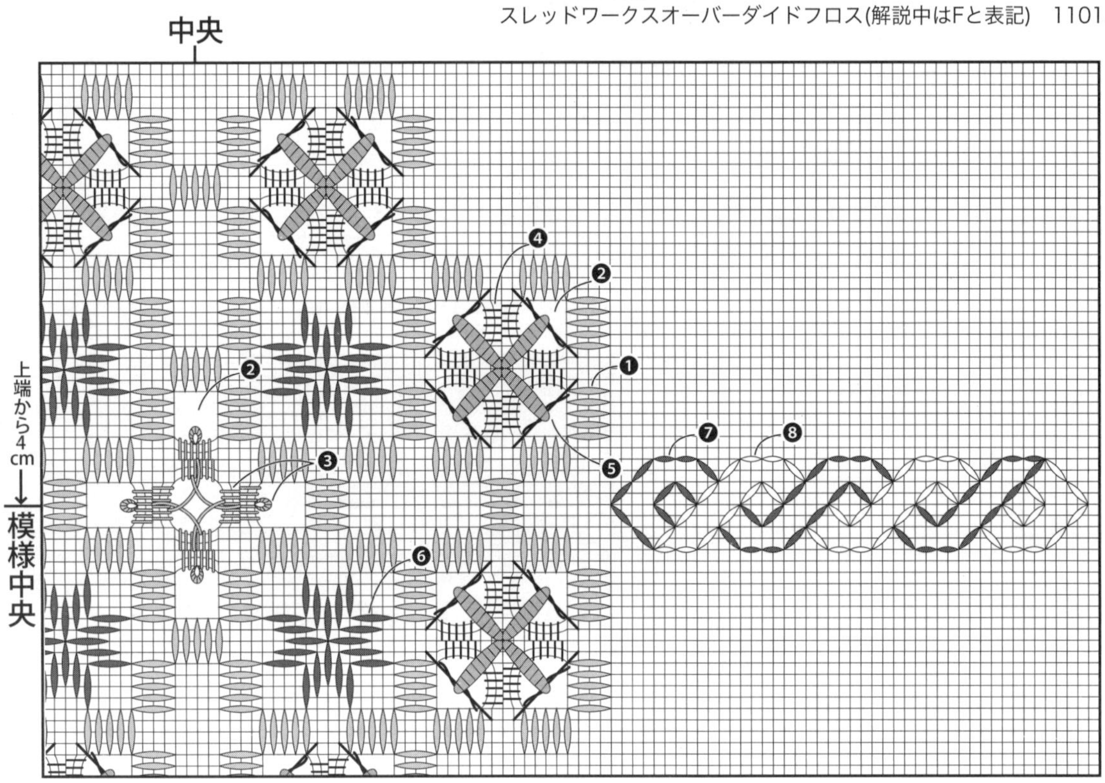
中央
上端から4cm
模様中央
❶
❷
❸
❹
❺
❻
❼
❽

❶ストレート・S F1351(3)
❷タテ、ヨコ4目ずつ織り糸を抜く
❸ダーニングかがりにバリオンリング・S+かがり方**E** F1351(3)
❹ダーニングかがり 734(3)
❺バリオン・Sの応用 734(3) **(刺し方参照♥)**
❻ストレート・S F1101(3)
❼バック・S 734(3)
❽バック・S 732(3)

<B>

●**材料**　ツヴァイガルト3281カシェル(326キャメル)［10cm平方：約112×112目］　ヨコ65×タテ25cm、内布、裏布用木綿地(薄グリーン)　ヨコ100×タテ25cm、接着芯　65×25cm、15.5㎝巾口金　1個。
コスモ25番刺繍糸　ブルーグリーン842～845。
スレッドワークスオーバーダイドフロス(解説中はFと表記)　135。

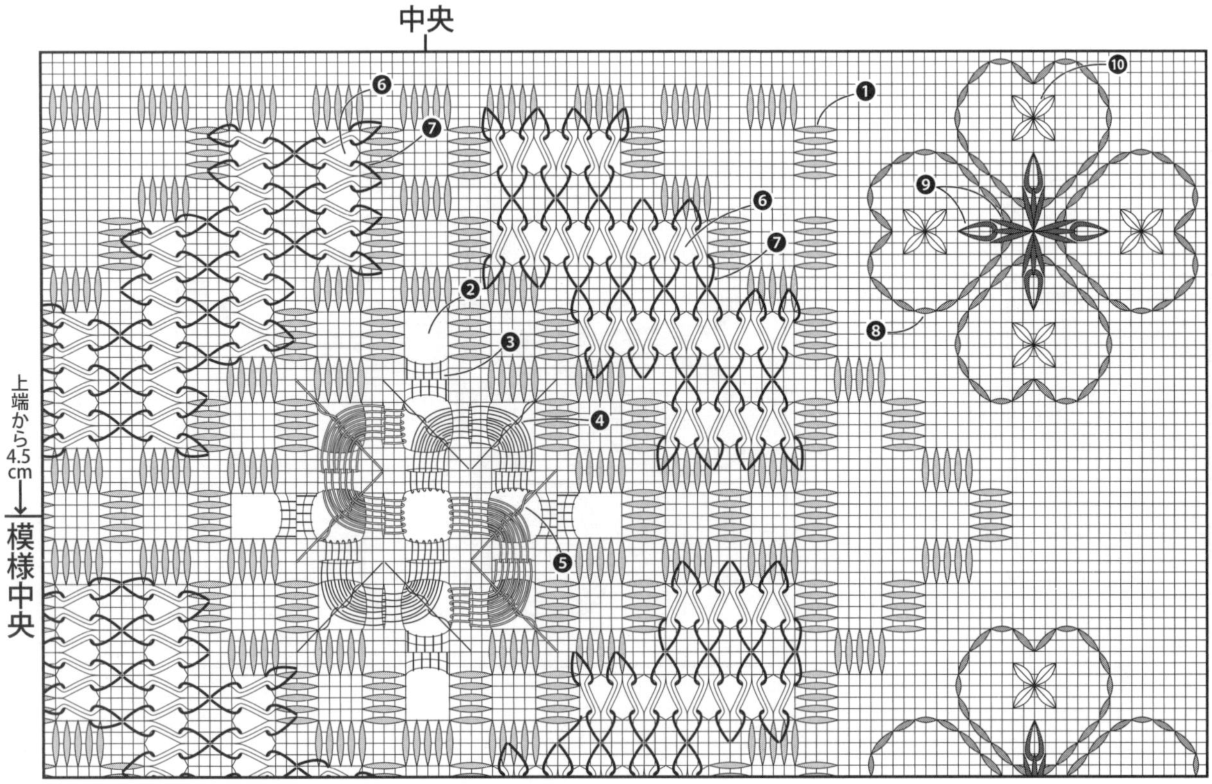
中央
上端から4.5cm
模様中央
❶
❷
❸
❹
❺
❻
❼
❽
❾
❿

❶ストレート・S F135(3)
❷タテ、ヨコ4目ずつ織り糸を抜く
❸ダーニングかがり F135(3)
❹かがり方**A**+ダーニングかがり 842(3)
❺かがり方**A**+ダーニングかがり 844(3)
❻ヨコまたはタテ4目織り糸を抜く
❼レゼーロープ 845(3)
❽バック・S 843(3)
❾レゼーデージー・S、ストレート・S 845(3)
❿ストレート・S 842(3)(2度刺す)

刺し方♥

1

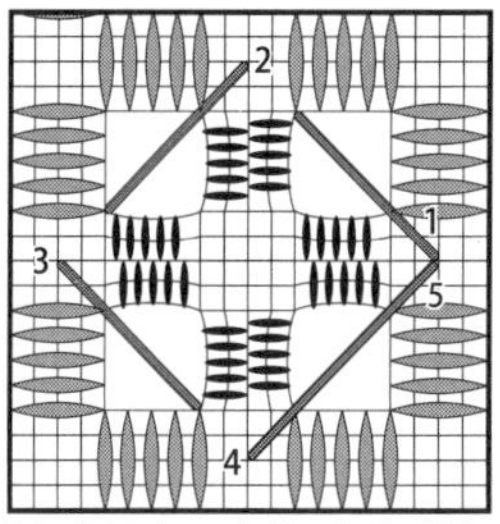
2
1
3
5
4

1からスタートし、2、3、4は下からすくい、5におとす。(1と5は同じ針穴)

2

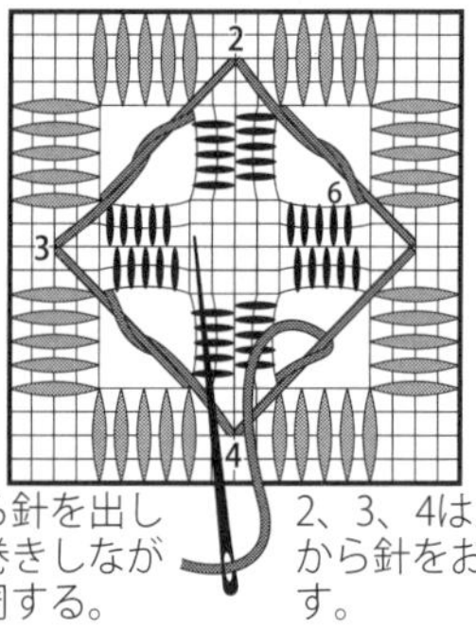
2
6
3
4

6から針を出し1回巻きしながら1周する。2、3、4は上から針をおとす。

3

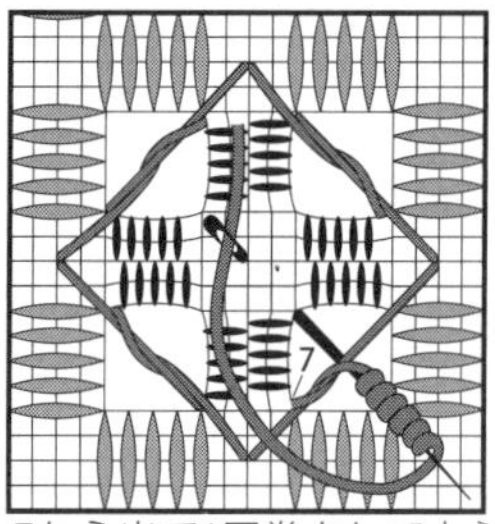
7

7から出て1回巻きして中心に針を入れ、渡した糸もすくって6回巻きバリオン・Sをして中心へおとす。

4

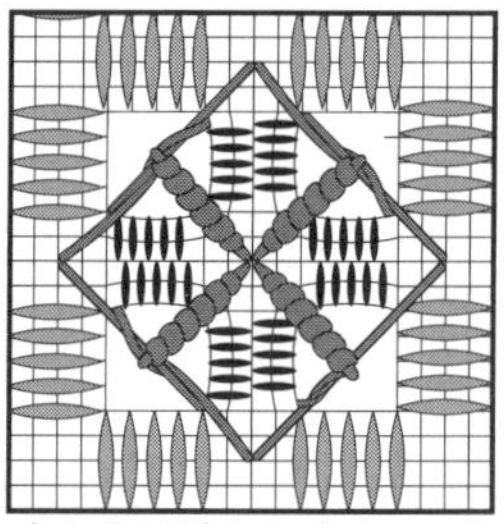

次からは渡した糸を1回すくい、もう一度中心に針を入れてバリオン・Sをする。

仕立て方

本体(袋)を作る

①表布に刺しゅうする。
②前面は内布に、側面は表布の裏に接着芯を貼る。
③②に①を重ねて、縫い代でしつけをかけておく**(別図参照)**。
④表布の側面用と前面用を中表に合わせ◎印から端まで縫う**(別図参照)**。
⑤4枚同様に縫い合わせる**(別図参照)**。
⑥縫い代をそれぞれ時計回りに一方方向に片倒しする**(拡大図参照)**。
⑦裏布も④⑤同様に縫い合わせ、⑥のように縫い代を折る。
⑧⑦の中に⑥を外表にして入れ、返し口を残して一周縫い合わせる**(別図参照)**。
⑨返し口から表に返し、返し口をまつる。

口金をつける

①片方の口金の溝にボンドを塗り、竹串などで均一に伸ばす。
②口金の中心と袋の中心、脇を合わせ、口金に付属の紙紐も一緒に、目打ちを使って袋布を押し込む。
③もう一方も同様にする。
④口金の両端にあて布をして、ペンチで閉める。

※口金のデザインによっては仕様が異なりますので、付属の説明書などをよく参照し、加工を始めて下さい。

③④別図

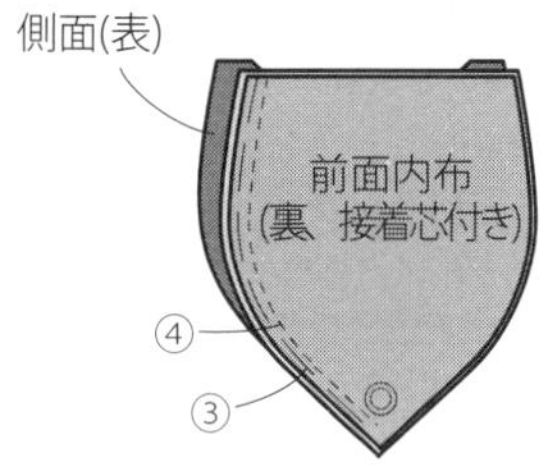
側面(表)
前面内布
(裏、接着芯付き)
④
③

⑤別図

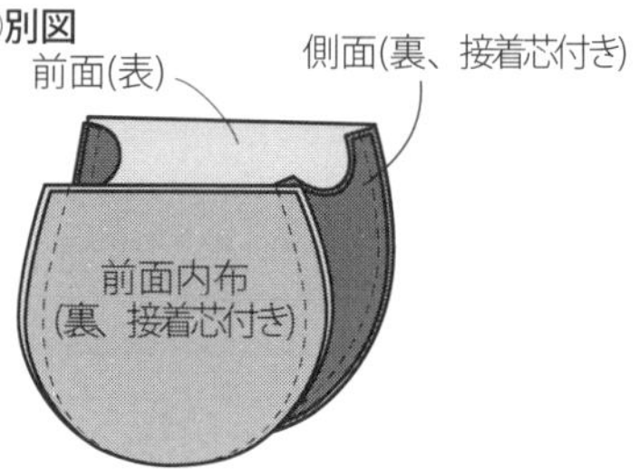
前面(表)
側面(裏、接着芯付き)
前面内布
(裏、接着芯付き)

⑥拡大図

底部分(裏)

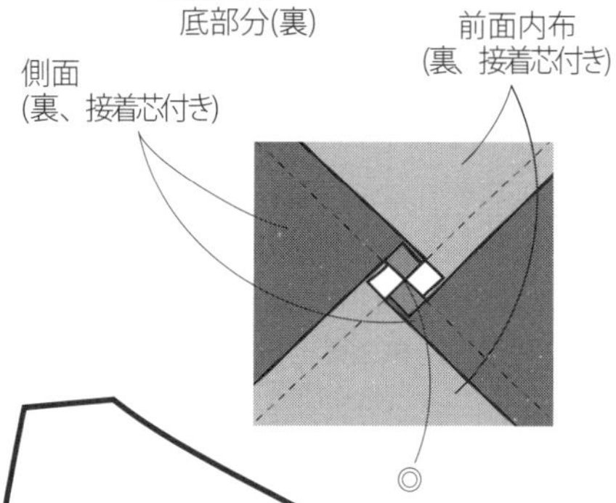
側面
(裏、接着芯付き)
前面内布
(裏、接着芯付き)
◎

⑧別図

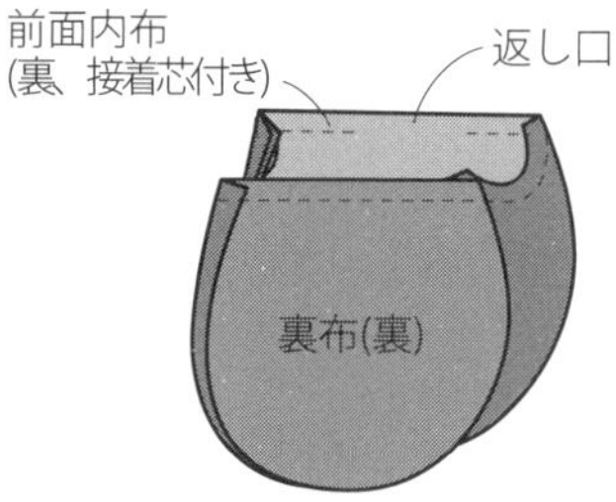
前面内布
(裏、接着芯付き)
返し口
裏布(裏)

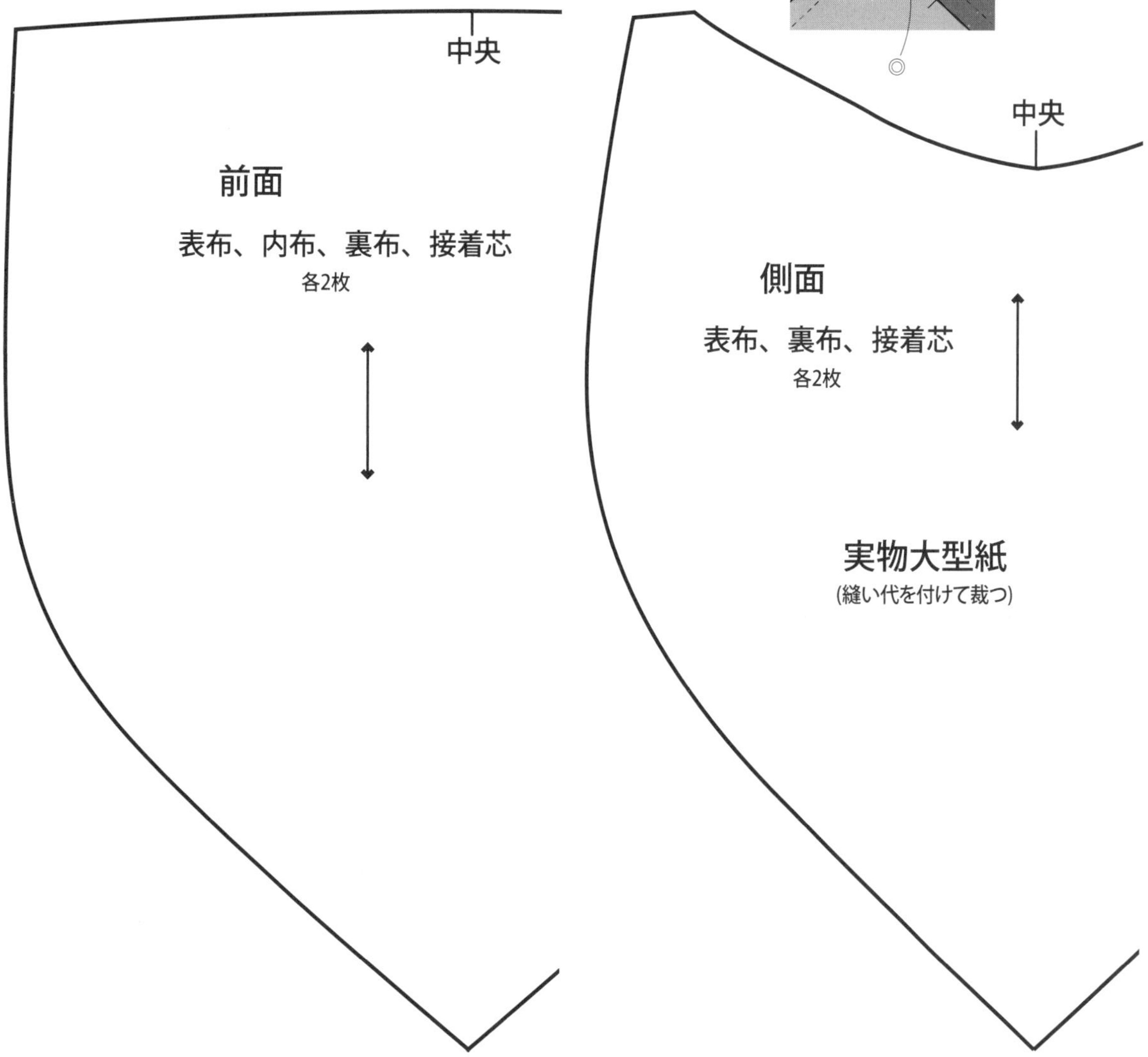
中央
前面
表布、内布、裏布、接着芯
各2枚
中央
側面
表布、裏布、接着芯
各2枚
実物大型紙
(縫い代を付けて裁つ)

コースター

口絵32頁

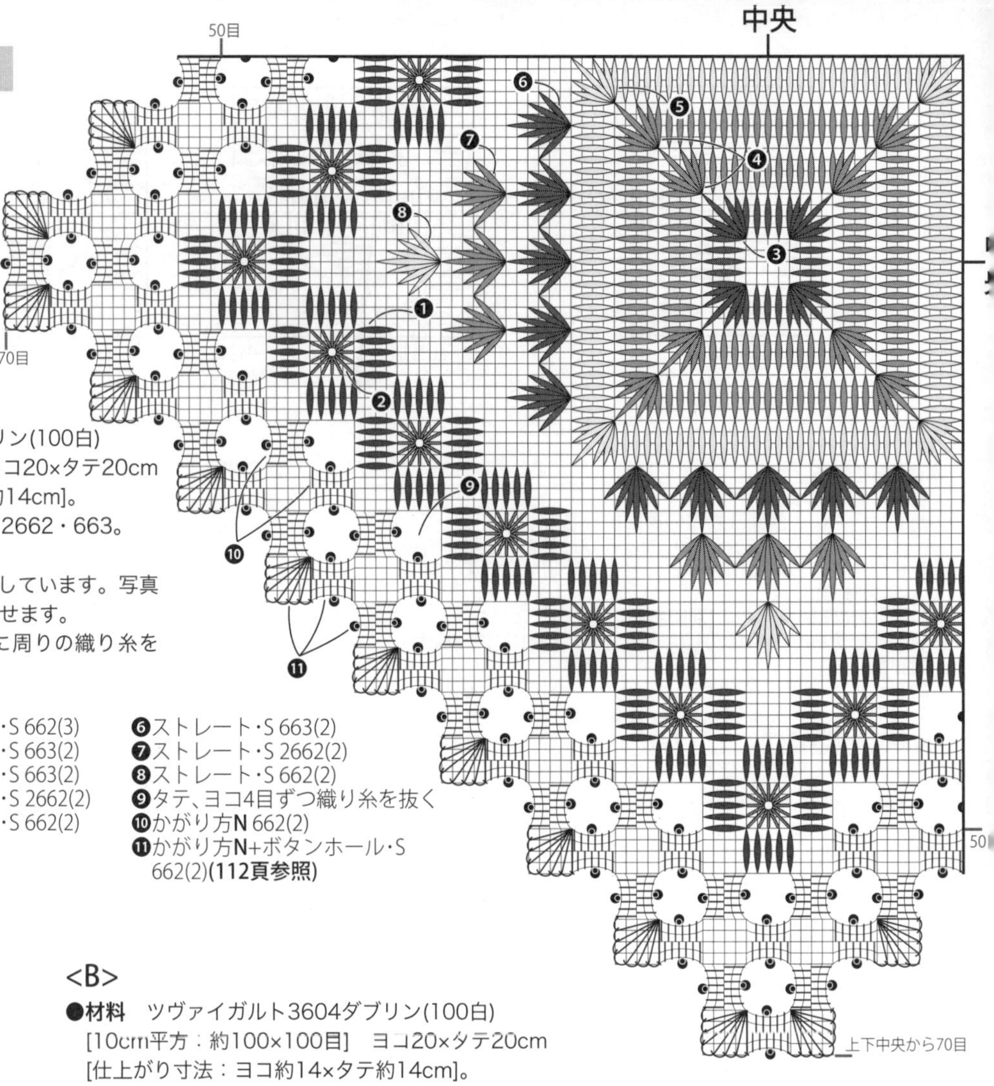

50目
中央
❶
❷
❸
❹
❺
❻
❼
❽
❾
❿
⓫
左右中央から70目
50目
上下中央から70目

<A>

●**材料**　ツヴァイガルト3604ダブリン(100白)
[10cm平方：約100×100目]　ヨコ20×タテ20cm
[仕上がり寸法：ヨコ約14×タテ約14cm]。
コスモ25番刺繍糸　ブルー662・2662・663。

●紙面の都合上、図案の一部を掲載しています。写真参照の上、図案を回転して完成させます。
●刺し終えたら、糸を切らぬように周りの織り糸をカットします。

❶ストレート・S 662(3)
❷ストレート・S 663(2)
❸ストレート・S 663(2)
❹ストレート・S 2662(2)
❺ストレート・S 662(2)
❻ストレート・S 663(2)
❼ストレート・S 2662(2)
❽ストレート・S 662(2)
❾タテ、ヨコ4目ずつ織り糸を抜く
❿かがり方**N** 662(2)
⓫かがり方**N**+ボタンホール・S 662(2)**(112頁参照)**

<B>

●**材料**　ツヴァイガルト3604ダブリン(100白)
[10cm平方：約100×100目]　ヨコ20×タテ20cm
[仕上がり寸法：ヨコ約14×タテ約14cm]。
コスモ25番刺繍糸　ピンク832〜834・2835。

●紙面の都合上、図案の一部を掲載しています。写真参照の上、図案を回転して完成させます。
●刺し終えたら、糸を切らぬように周りの織り糸をカットします。

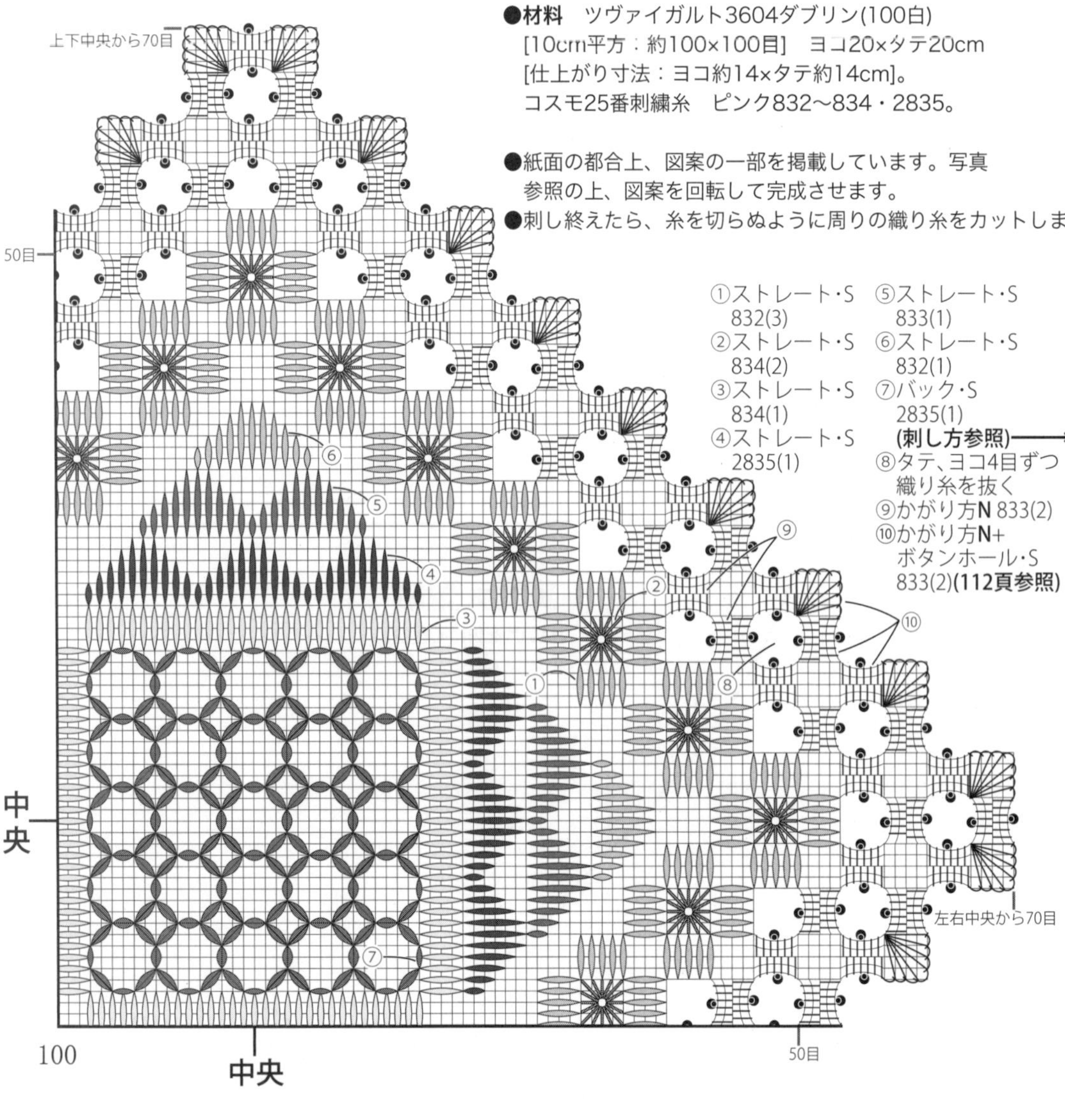

上下中央から70目
50目
①
②
③
④
⑤
⑥
⑦
⑧
⑨
⑩
中央
左右中央から70目
中央
50目

①ストレート・S 832(3)
②ストレート・S 834(2)
③ストレート・S 834(1)
④ストレート・S 2835(1)
⑤ストレート・S 833(1)
⑥ストレート・S 832(1)
⑦バック・S 2835(1)
(刺し方参照)
⑧タテ、ヨコ4目ずつ織り糸を抜く
⑨かがり方**N** 833(2)
⑩かがり方**N**+ボタンホール・S 833(2)**(112頁参照)**

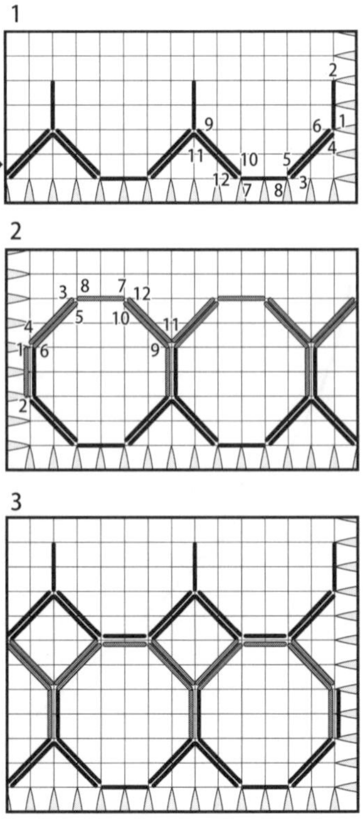

1
2
9
1
6
11
4
10
5
12
7
8
3
2
3
8
7
12
4
5
10
11
1
6
9
2
3

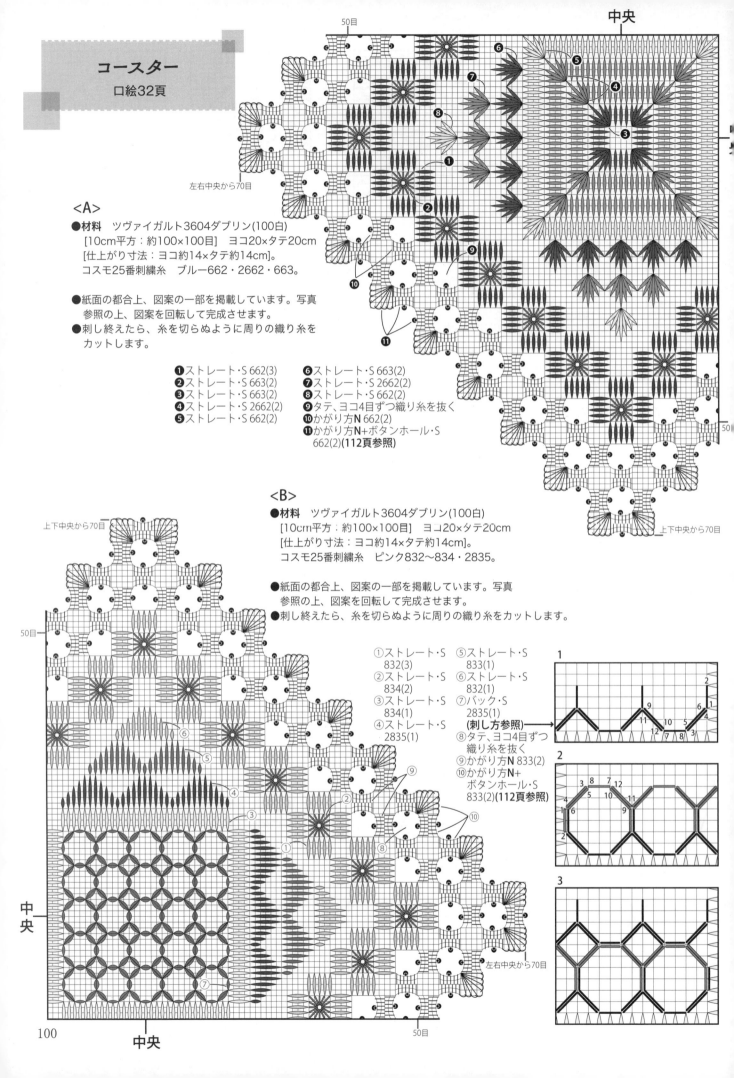

刺しゅうを始める前に

布

刺しゅう用としては、綿や麻のものが刺しやすく、取扱いが簡単ですが、目的に応じて布の種類や素材を選ぶことが必要です。手芸材料店ではオックスフォード地や麻布といった刺しゅう用に織られた布が手に入ります。市販されている無地のハンカチやナプキン、エプロンといった既製品を使えば、手軽に刺しゅうに取りかかれますので、利用するとよいでしょう。ただし、布の素材によっては洗濯で縮む場合もありますので、購入時に取扱い方法を確認して下さい。

刺しゅう用枠

ふつうは円型の枠を使いますが、大きさはいろいろで、8cm、10cm、12cmのものが使いやすいでしょう。ねじ付のものがほとんどで、内側の枠(小)の上に刺しゅう布をのせ、その上から外側の枠(大)をはめて、ねじで締めます。布はピンと張るよりも、適度のゆるみをもたせた方が刺しやすいでしょう。枠は刺しゅうしようとする部分に枠を持つ手の指が届くような位置にはめるとよいでしょう。枠を持つ手の指で補助をしながら刺すと、刺しやすくきれいにできます。

糸

一般的に使われる糸としては、25番刺繍糸と、5番刺繍糸、ラメ糸、混ざり糸などがあります。一番よく使われる25番刺繍糸は、6本の細い糸がゆるくよられていて1本になっています。使用するときは、必要な本数に合わせて、細い糸を1本ずつ抜き取って使います。5番刺繍糸やラメ糸は1本のままで必要な長さに応じて切って使います。混ざり糸には、糸巻き状、かせ状などメーカーによって様々な種類がありますが、やはり一本ずつ抜き取り、使用本数に合わせて用います。外国製の混ざり糸の中には、洗濯で色落ちする糸もありますので、色止め法や色落ちした際の対処法など、店によく確認の上で購入されることをおすすめします。

針

刺しゅう用の針は穴が細長いところが特徴で、針の長さや太さはいろいろ揃っていますが、ここでは、よく使われる針を選びました。他にも種類がありますから、刺しゅう布の材質や刺しゅう糸の本数に合わせて使い分けて下さい。布目を拾っていく場合は、先の丸いクロス針などを使用すると刺しやすいでしょう。

針と糸との関係

フランス針		クロス針	
6号	1〜2本どり	24号	2〜3本どり
4号	3〜4本どり	20号	6〜10本どり
2号	6〜8本どり	18号	8〜12本どり

図案の写し方

トレーシングペーパーに図案を写し、配置を決めて布に図案をのせます。図案は布目に垂直になるように置きます。布はあらかじめ地直しをして布目を通しておき、布端をしつけ糸で粗くかがっておくなど、布端がほつれてこないように処理しておきます。図案と布の間に刺しゅう用コピーペーパーを挟み、まち針で止めます。図案の上にセロファン紙を置き、上から骨筆などでなぞって図案を写します。写し終わったら、写し忘れがないか確認して、まち針をはずします。
ただし、部分的には図案を布に写さず、直接刺した方が良い場合もあります。小さな花や葉、実などの細かい部分や、輪郭をぼかした方が良い部分などは、茎など目安となる図案だけを写し、解説や写真を参照しながら、適当に刺すほうが良いでしょう。そのまま布に描けるペンシルタイプのものもありますので、作品によって利用してもよいでしょう。

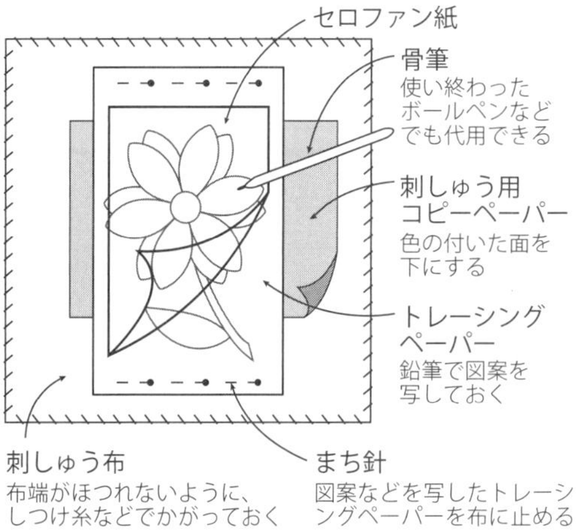

セロファン紙
骨筆
使い終わったボールペンなどでも代用できる
刺しゅう用コピーペーパー
色の付いた面を下にする
トレーシングペーパー
鉛筆で図案を写しておく
刺しゅう布
布端がほつれないように、しつけ糸などでかがっておく
まち針
図案などを写したトレーシングペーパーを布に止める

糸の扱い方

25番刺繍糸は紙帯をはずし、輪に巻いた状態に戻します(①図)。次に輪の中に手を入れ、糸の端と端をつまんで、からまないように輪をほどいていきます(②図)。ほどき終わって半分の長さになった糸を、さらに半分ずつ2回折り、全体を8等分の長さにしたら糸を切ります(③図)。切り終わった糸に糸番号の付いた紙帯を通しておくと、配色や糸を追加する時に便利です。使う時は、面倒でも使用本数に合わせて1本ずつ抜き取り、揃えて用います。その時、糸の中程をつまんで抜くと、からまりにくくてよいでしょう。
１本ずつ抜くことによって、糸目が揃い、つやが失われることもなく、出来上がりが美しくなります(④図)。

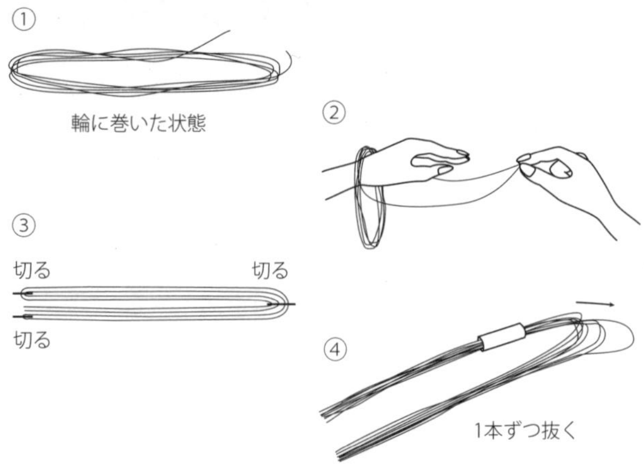

糸を針に通す方法

針を片方の手に持ち、もう片方の手で糸の端を持ちます。糸を針の頭にあてたまま、糸を二つに折ります(①図)。親指と人さし指で糸の二つに折れた部分をしっかり挟み、針を抜いて、糸に折り山を作ります(②図)。そのまま親指と人さし指を少し開いて糸の折り山をのぞかせ、針に糸を通します(③図)。

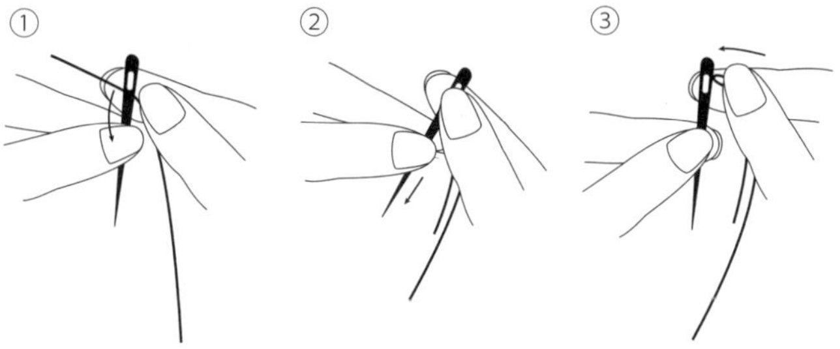

洗濯

刺しゅう後の作品は、コピーペーパーのあとや、手あかで汚れています。仕立てる前や加工に出す前に、洗濯をします。特にコピーペーパーは、熱を加えると落ちにくくなる場合がありますので、必ずアイロンをかける前に洗濯します。ここでは一般的な洗濯方法を紹介します。まず、刺しゅう糸がほつれてこないよう裏側の糸の始末を確認しましょう。洗濯は一度水につけてから中性洗剤を入れ、やさしく押し洗いをし、その後、水で何度もすすぎます。この時、万一余分な染料が出ても、あわてて水から出さずに、色が出るのが止まるまで充分すすいで洗い流します。脱水はたたんで軽く脱水機にかけるか、タオルで挟んで水分を取り、薄く糊づけします。乾燥は風通しの良い所で日陰干しをし、アイロンは、ステッチがつぶれないように毛布などの柔らかい物を台にして、裏から霧を吹きかけながら高温(摂氏180〜210度)であてます。
刺しゅう布以外の布やビーズ、毛糸、リボンなどの違う素材を使った場合は、洗濯方法がこの通りでない場合もありますので、それぞれの取扱い方法に従って洗濯します。
クリーニングに出す時はフッソ系のドライクリーニングが最も安全ですが、いずれにしても以上の注意点を話した上でお出し下さい。

美しく刺すためのアドバイス

- ●図案を布に写す時は、図案がゆがんだり、曲がったりしないように、きれいに写しましょう。
- ●糸の引き加減はきつすぎず、ゆるすぎず、均一の調子で刺し、ステッチの大きさを揃えましょう。
- ●輪郭線の曲がった部分を刺す時は、ステッチの針目を小さめに刺すときれいです。
- ●刺しているうちに、針に付けた糸がよじれてくるので、よりを戻しながら刺すとよいでしょう。
- ●何度もほどいた糸は、けば立って仕上がりが美しくありません。新しい糸に替えて刺すとよいでしょう。
- ●裏側は、糸を長く渡さないようにします。1つ1つ止めるか、または、先に刺したステッチの中を通したり、からめたりして糸を渡すとよいでしょう。

刺し方の基本と応用

ここでは、作品を作る上で頻度の高い基本的なステッチを紹介します。
配列は同じ種類のステッチごとにまとめてあります。なお、解説中のステッチ記号は、各ステッチの右上枠内に示しました。

アウトライン・S

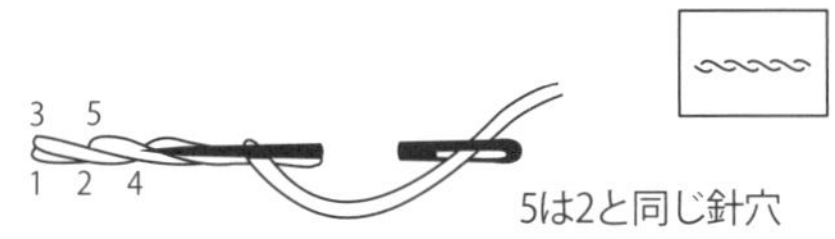
3 5
1 2 4
5は2と同じ針穴

●アウトライン・Sの角の刺し方

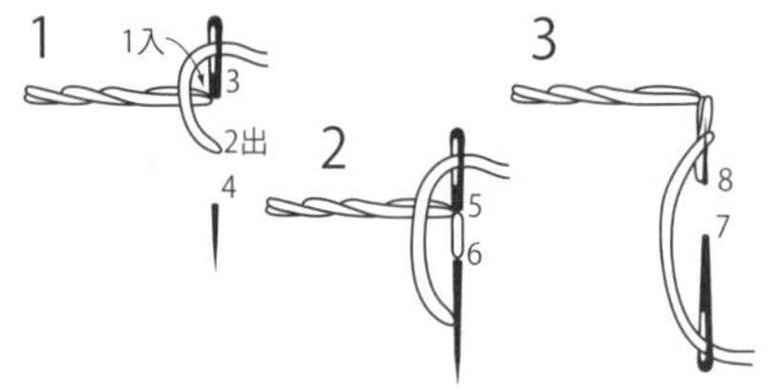
1
1入
3
2出
4
2
5
6
3
8
7

●レイズドアウトライン・S

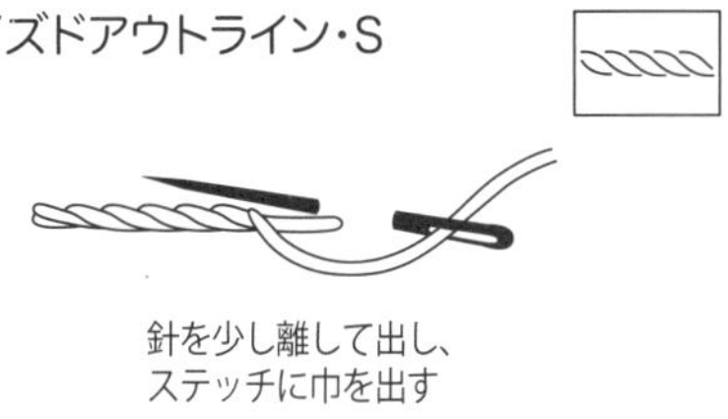
針を少し離して出し、
ステッチに巾を出す

●2回巻きアウトライン・S

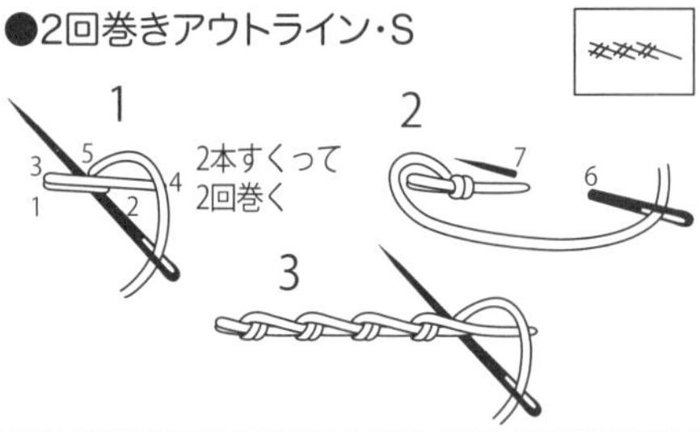
1
3 5
1 2 4
2本すくって
2回巻く
2
7
6
3

●ダブルアウトライン・S

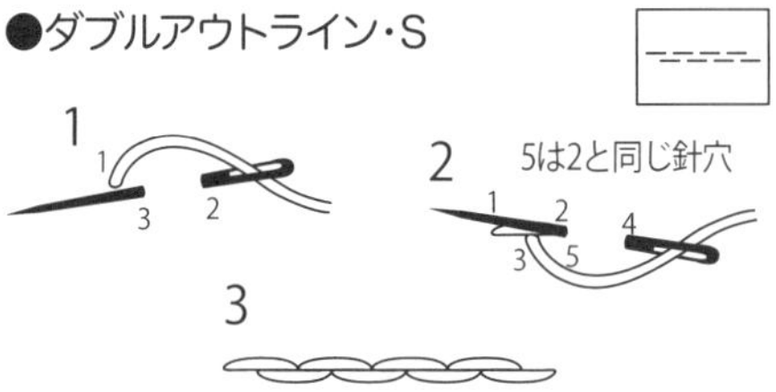
1
1
3 2
2
5は2と同じ針穴
1 2 4
3 5
3

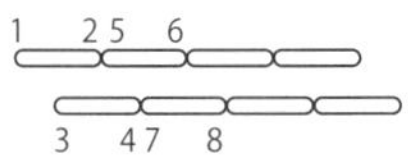
応用例
離して刺した場合
1 2 5 6
3 4 7 8

ストレート・S

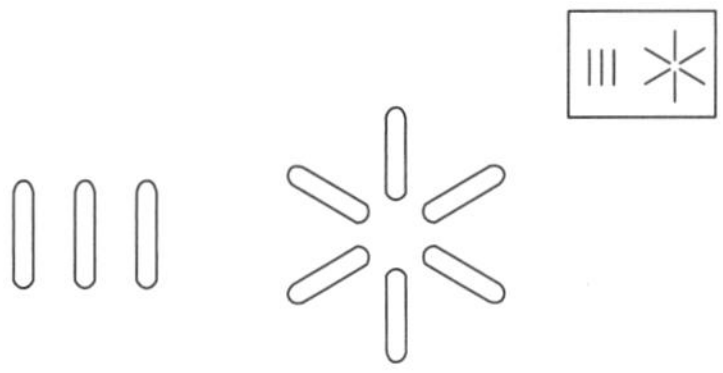

バック・S

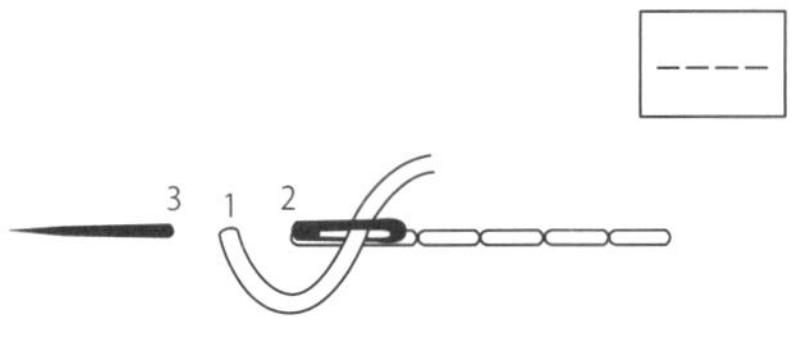
3 1 2

ランニング・S

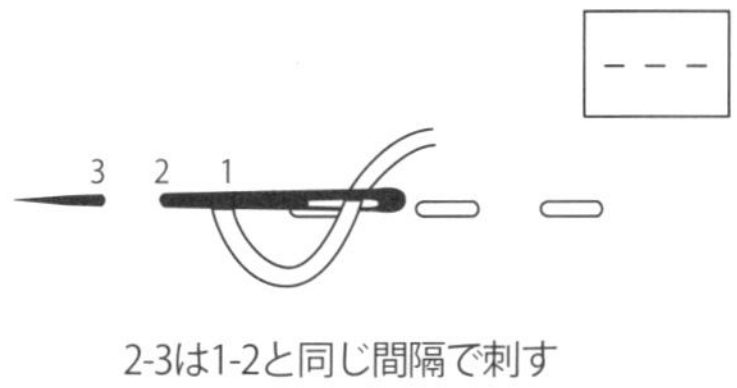
3 2 1
2-3は1-2と同じ間隔で刺す

ダーニング・S

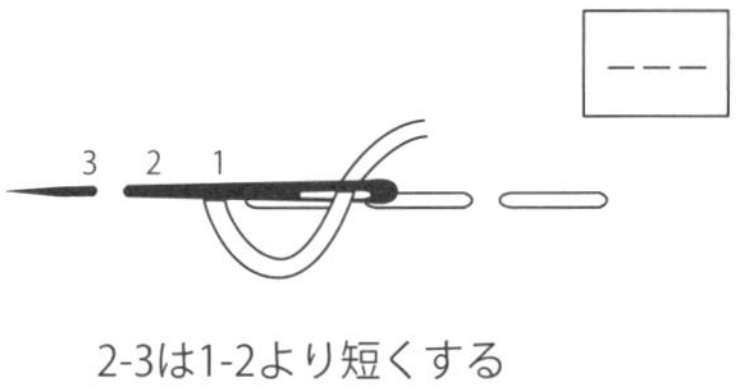
3 2 1
2-3は1-2より短くする

シーズ・S

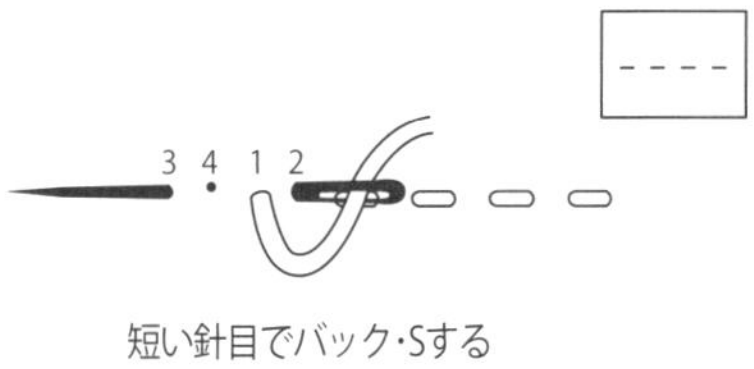
3 4 1 2
短い針目でバック・Sする

フレンチナット・S

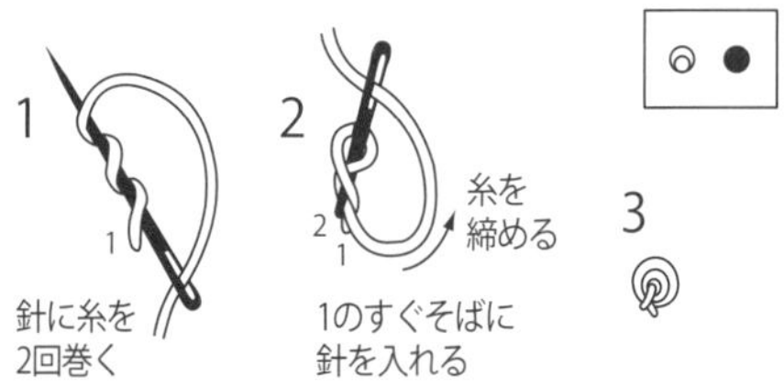
1
1
針に糸を
2回巻く
2
2
1
糸を
締める
1のすぐそばに
針を入れる
3

●フレンチナットダーニング・S

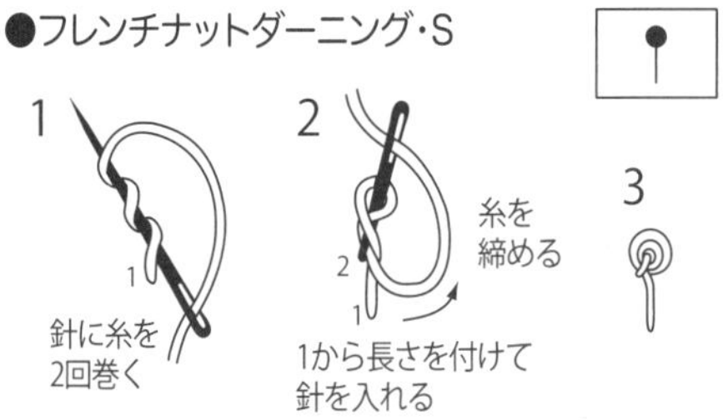
1
1
針に糸を
2回巻く
2
2
1
糸を
締める
1から長さを付けて
針を入れる
3

サテン・S

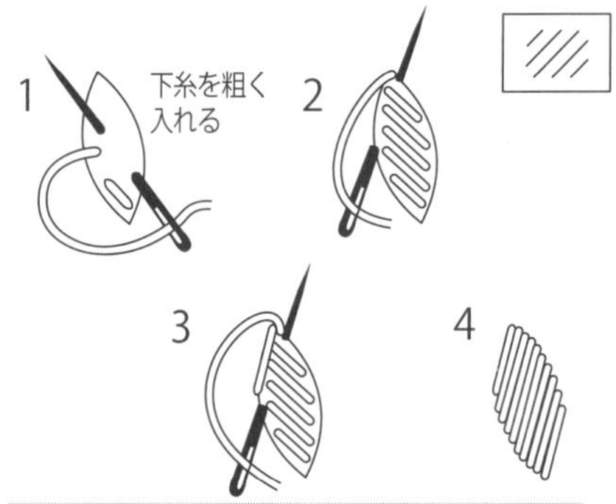
1
下糸を粗く
入れる
2
3
4

ロングアンドショート・S

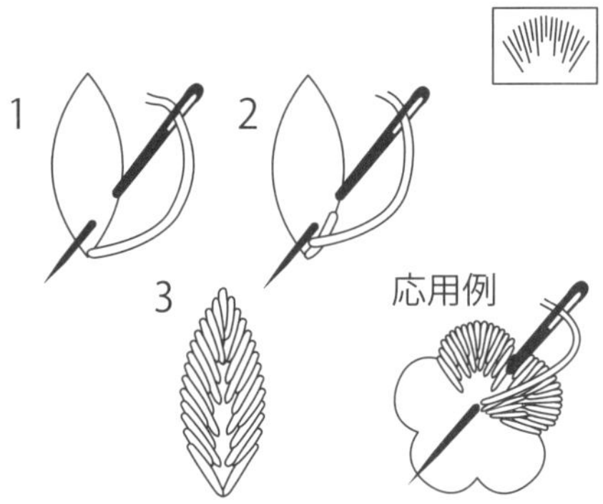
1
2
3
応用例

チェーン・S

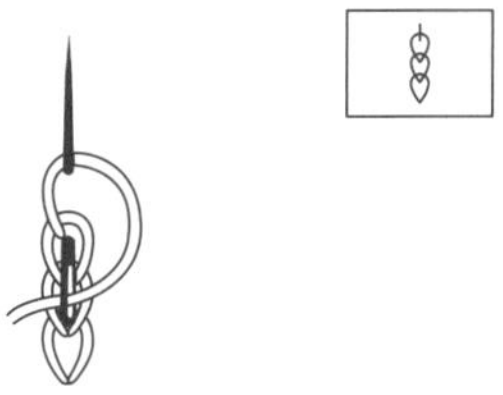

●オープンチェーン・S

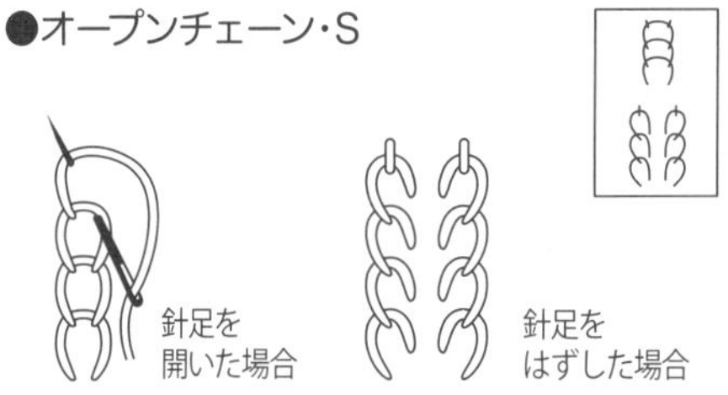
針足を
開いた場合
針足を
はずした場合

●チェーン・Sの応用A

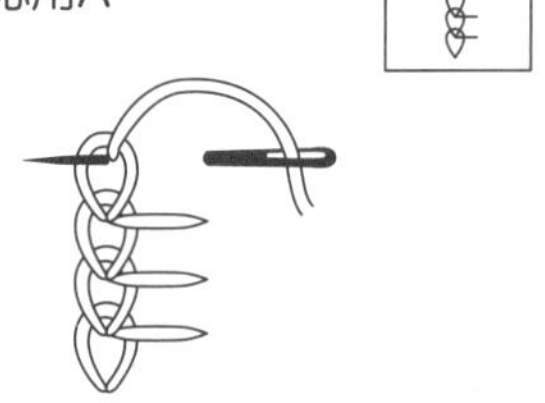

●チェーン・Sの応用B

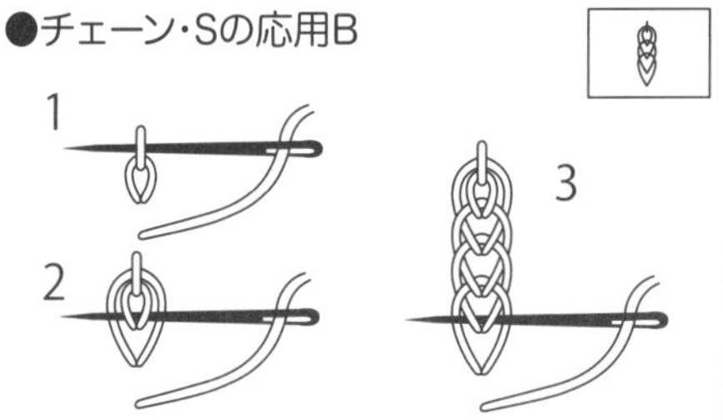
1
2
3

プレーンナット・S

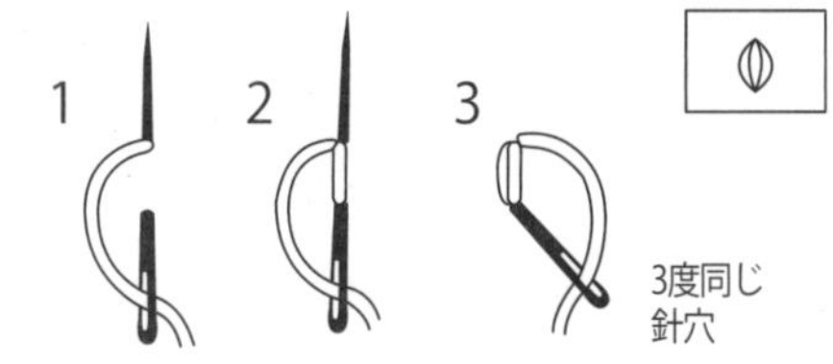
1
2
3
3度同じ
針穴

バリオン・S

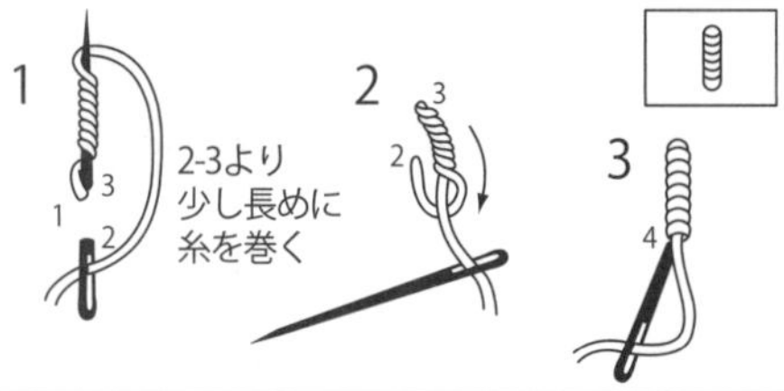
1
2
3
2-3より
少し長めに
糸を巻く

●トライアングルバリオン・S

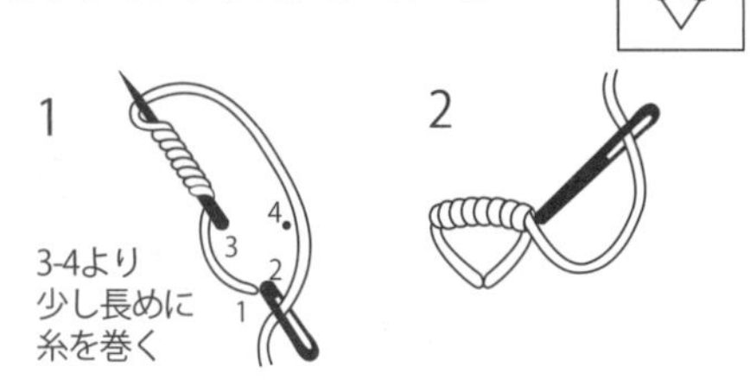
1
2
3-4より
少し長めに
糸を巻く

●バリオンリング・S

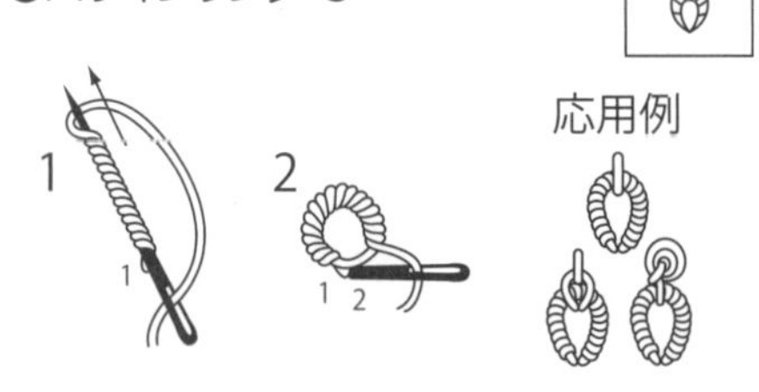
1
2
応用例

クロス・S

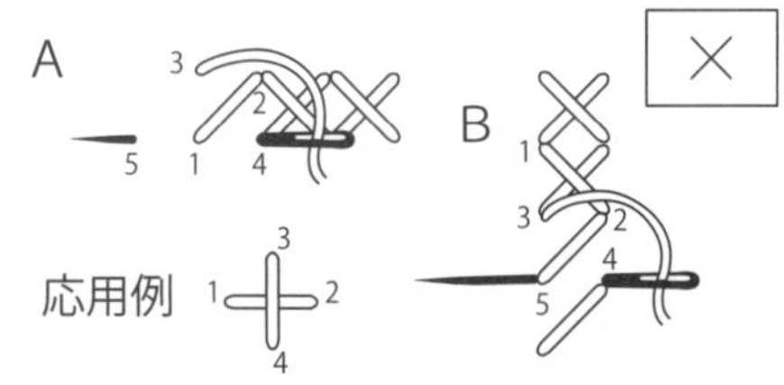
A
B
応用例

●ダブルクロス・S

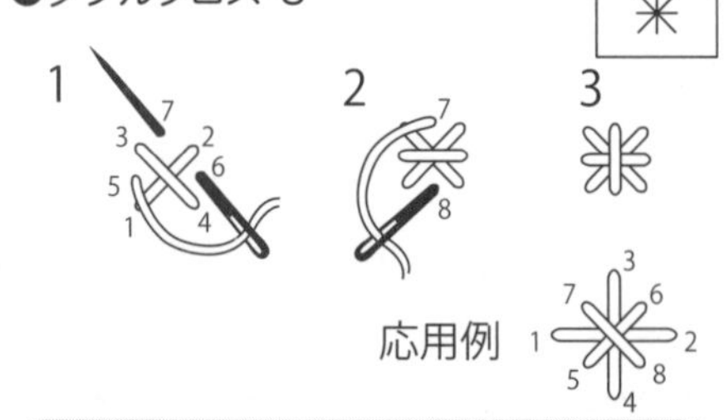
1
2
3
応用例

ループ・S

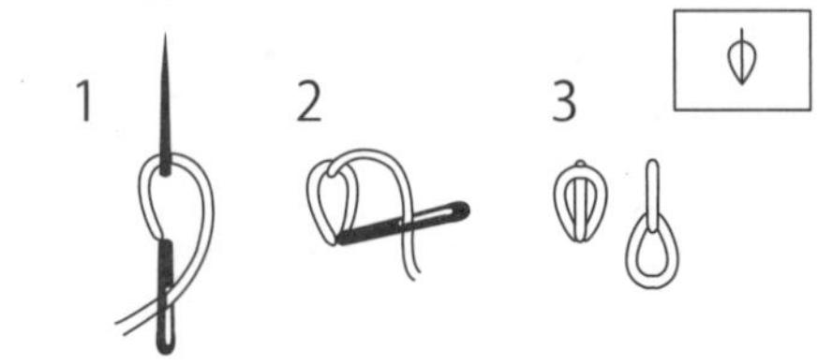
1
2
3

バリオンローズ・S

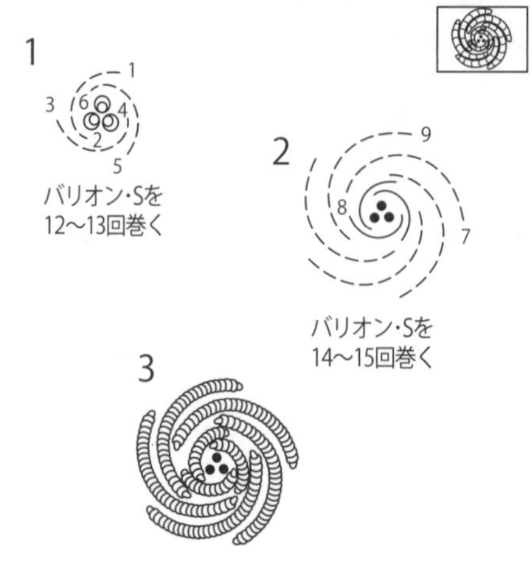
1
バリオン・Sを
12〜13回巻く
2
バリオン・Sを
14〜15回巻く
3

ラムラローズ・S

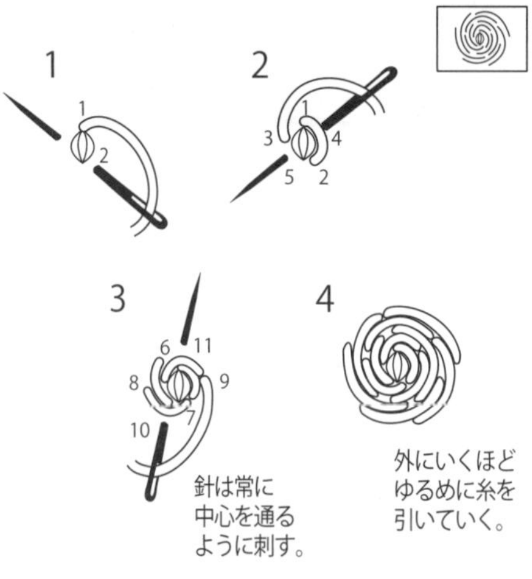
1
2
3
4
針は常に
中心を通る
ように刺す。
外にいくほど
ゆるめに糸を
引いていく。

サーフェイス・S

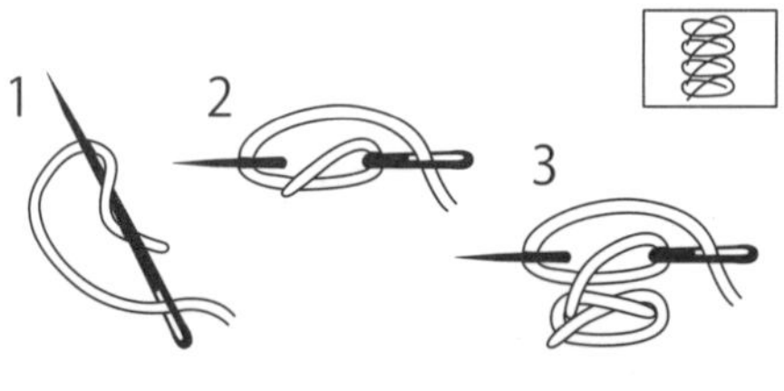
1
2
3

ジャーマンナット・S

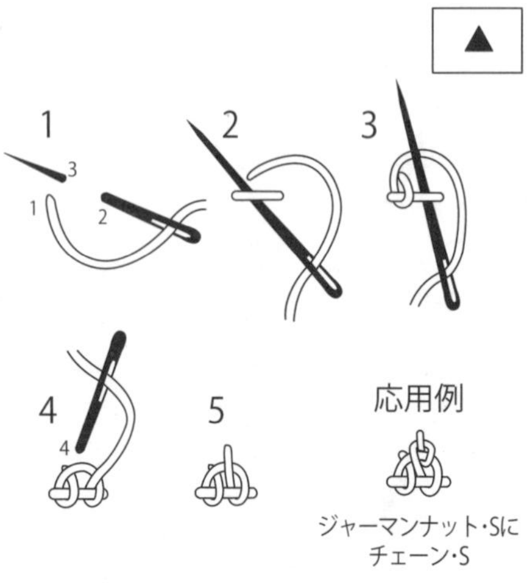
1
2
3
4
5
応用例
ジャーマンナット・Sに
チェーン・S

●四角いジャーマンナット・S

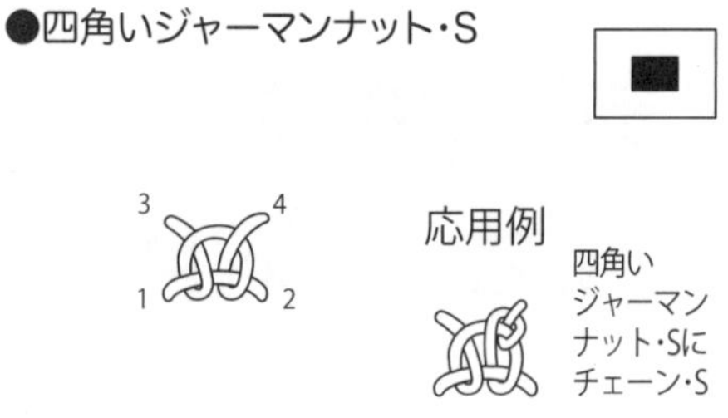
応用例
四角い
ジャーマン
ナット・Sに
チェーン・S

●横につづけたジャーマンナット・S

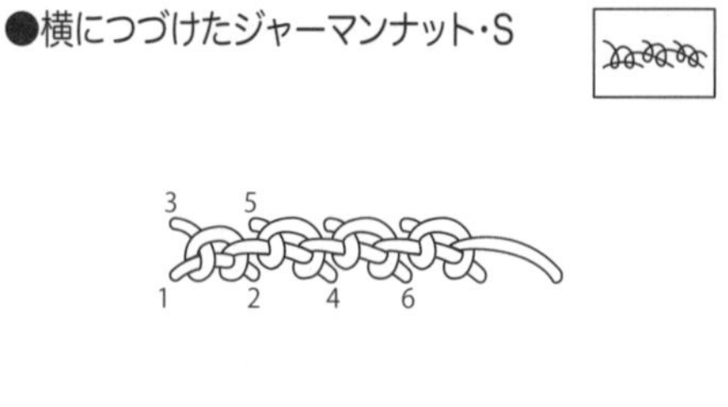

●ジャーマンナットダーニング・S

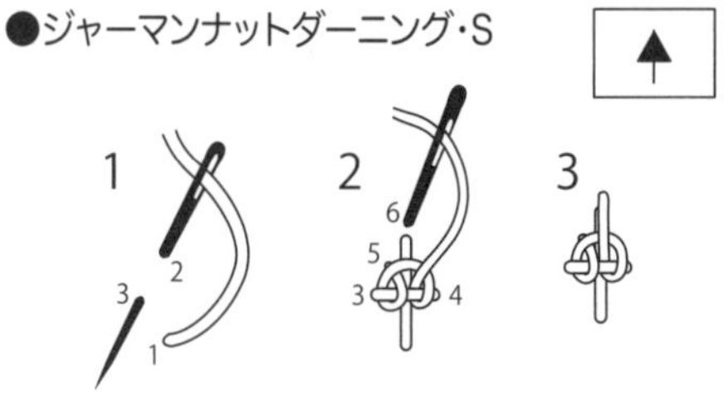
1
2
3

ケーブル・S

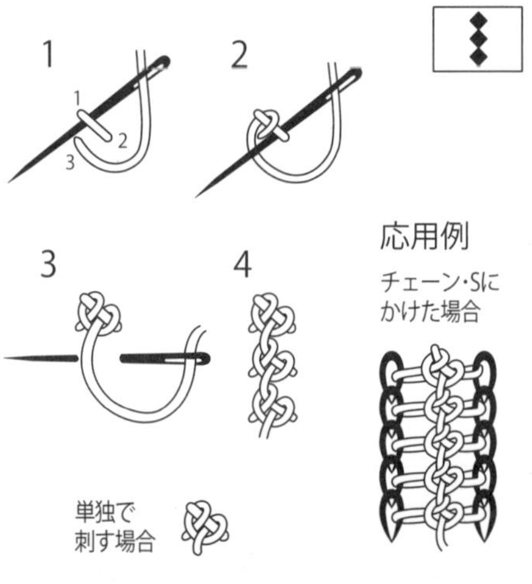
1
2
3
4
応用例
チェーン・Sに
かけた場合
単独で
刺す場合

リーフ・S

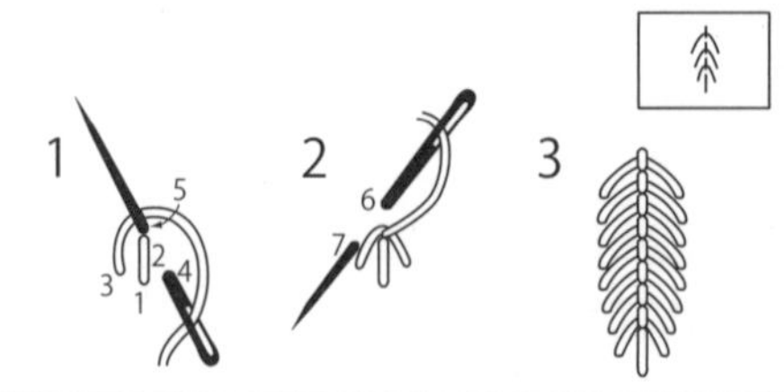
1
2
3

●リーフ・Sの応用A

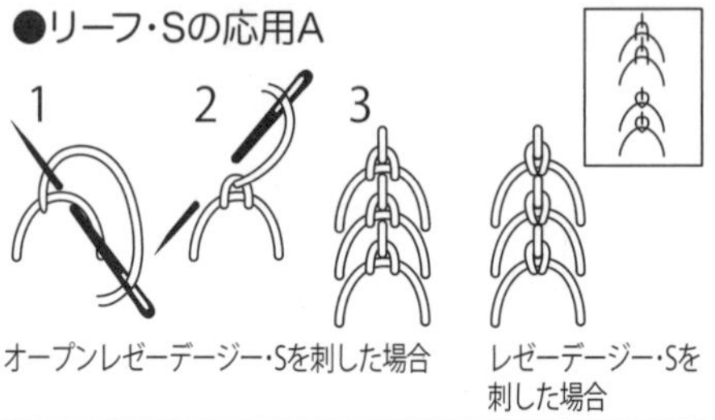
1
2
3
オープンレゼーデージー・Sを刺した場合
レゼーデージー・Sを
刺した場合

フリー・S

重ねて刺す場合
(色または本数をかえて刺したりする)

レゼーデージー・S

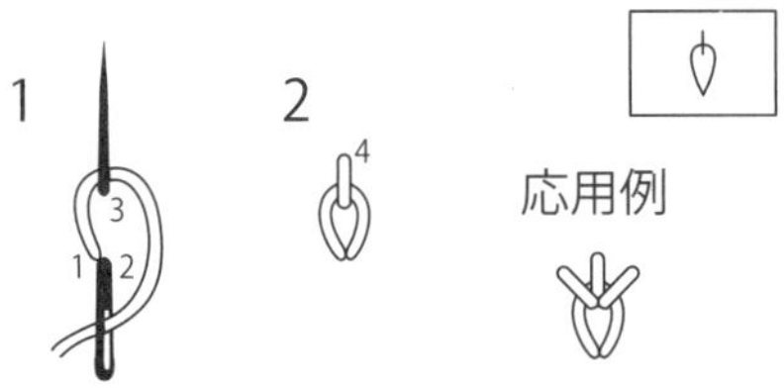

1
2
3
4
応用例

●レゼーロープ

他のステッチにレゼーデージー・Sのように糸をかける。

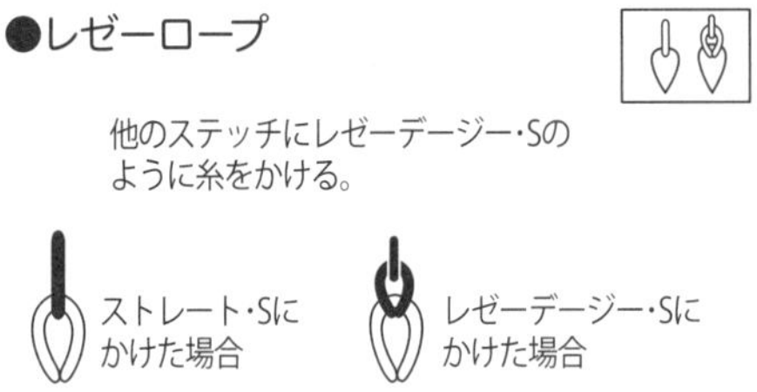

ストレート・Sにかけた場合
レゼーデージー・Sにかけた場合

●オープンレゼーデージー・S

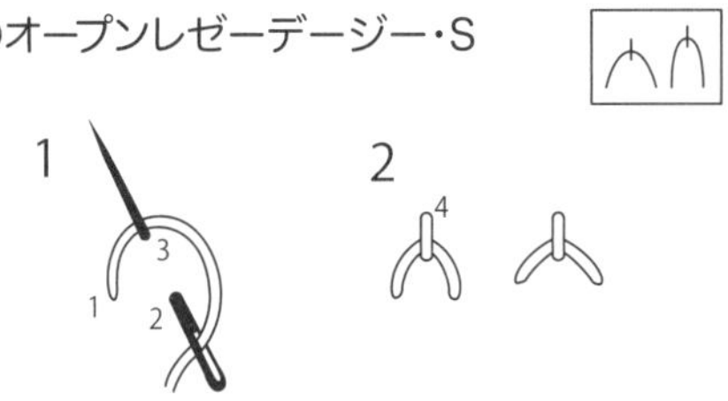

1
2
3
4

●レゼーデージー・Sの応用A

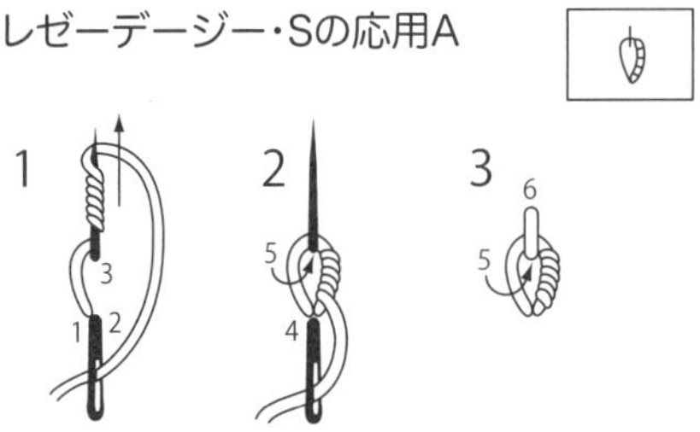

1
2
3
4
5
6

●レゼーデージー・Sにフレンチナット・S

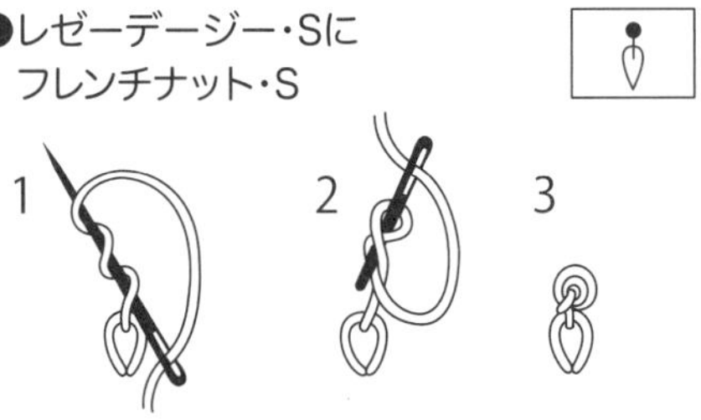

1
2
3

●レゼーデージー・Sにジャーマンナット・S

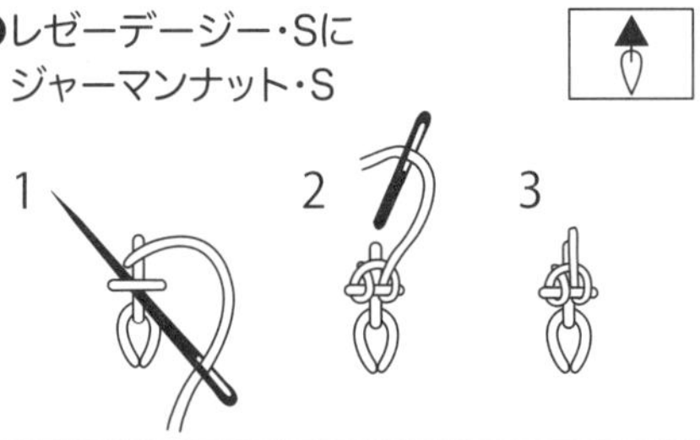

1
2
3

●レゼーデージー・Sにループ・S

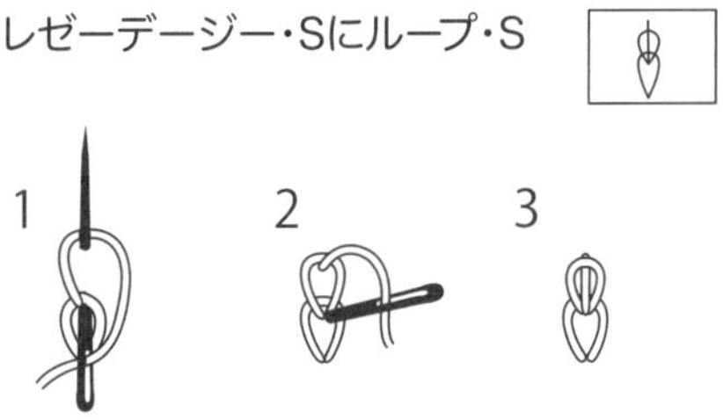

1
2
3

●レゼーデージー・Sにプレーンナット・S

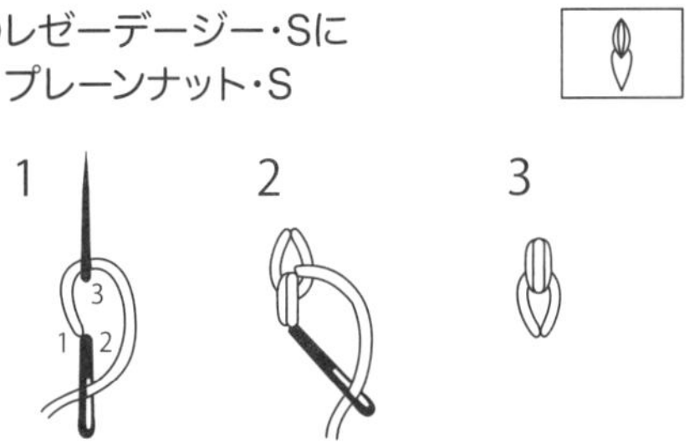

1
2
3

天地を逆にしてプレーンナット・Sを刺す。

●レゼーデージー・Sにバリオン・S

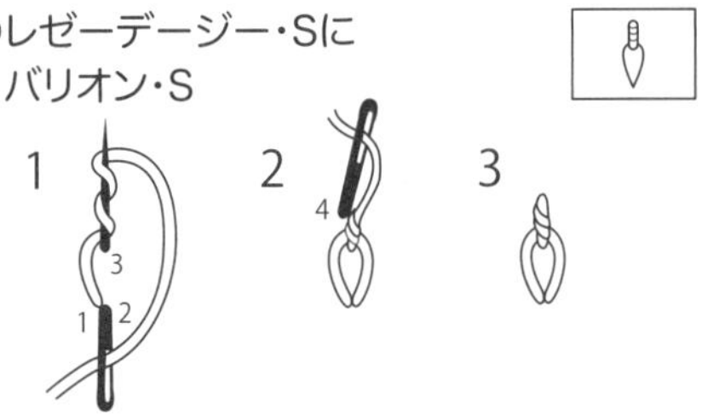

1
2
3
4

●レゼーデージー・Sにポップコーン

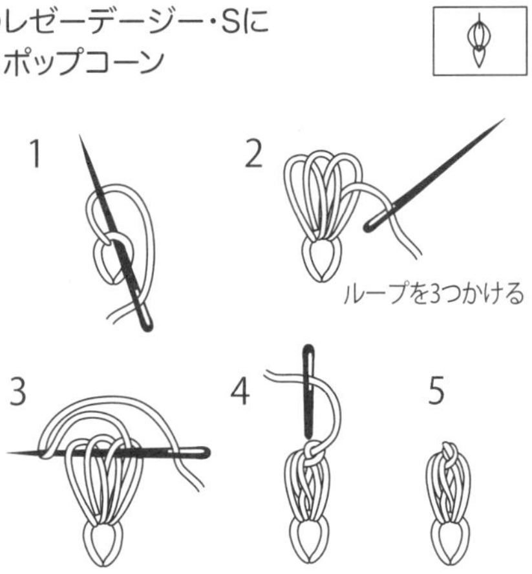

1
2
ループを3つかける
3
4
5

チェーンダーニング・S

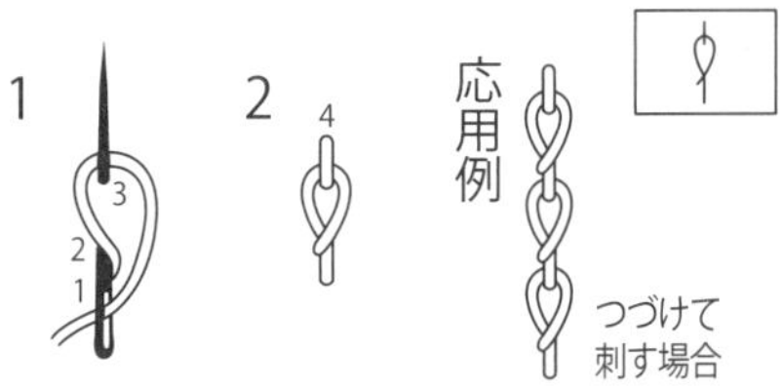

1
2
3
4
応用例
つづけて刺す場合

●チェーンダーニング・Sの応用A

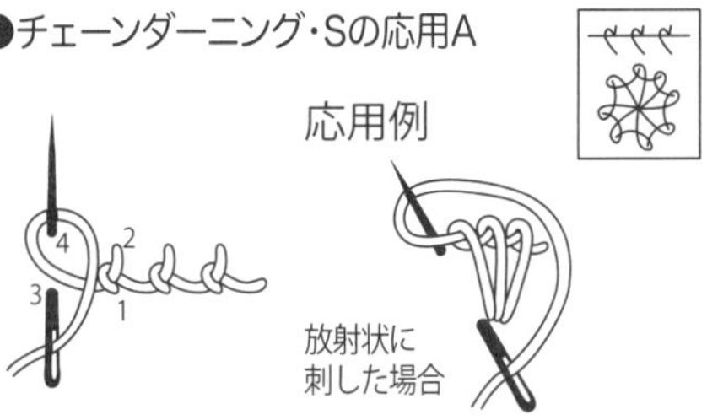

応用例
1
2
3
4
放射状に刺した場合

●チェーンダーニング・Sの応用B

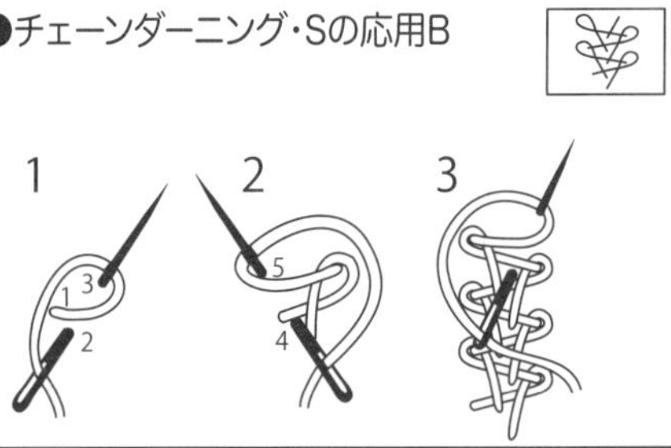

1
2
3
4
5

●チェーンダーニング・Sの応用C

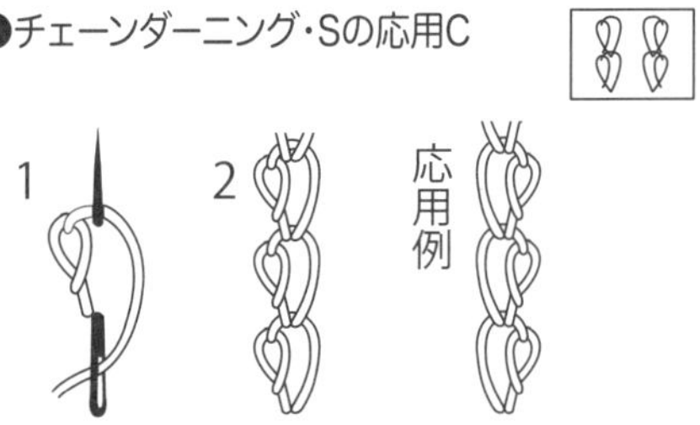

1
2
応用例

●チェーンダーニング・Sの応用D

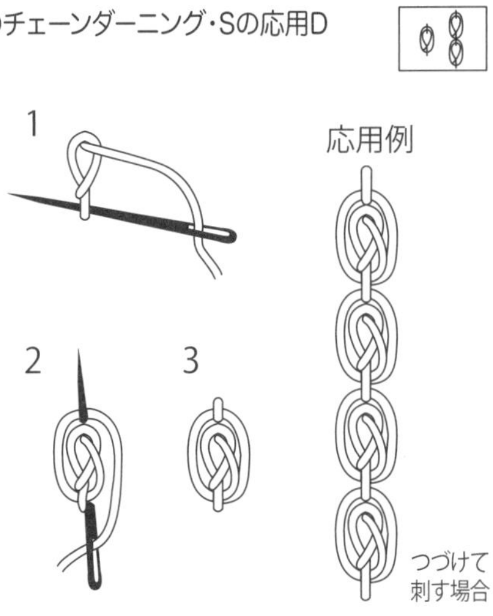

1
応用例
2
3
つづけて刺す場合

●チェーンダーニング・Sの応用E

1
2

針の下をくぐらせてから、チェーンダーニング・Sを刺す。

●チェーンダーニング・Sにフレンチナット・S

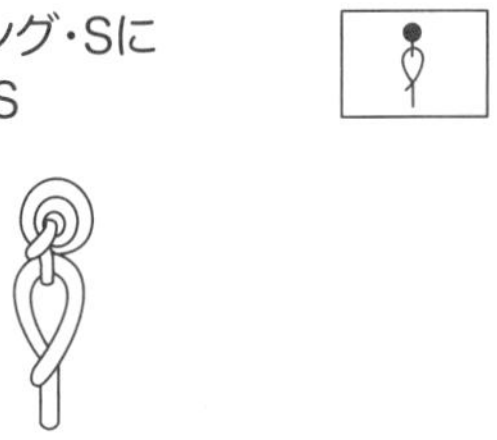

●チェーンダーニング・Sにジャーマンナット・S

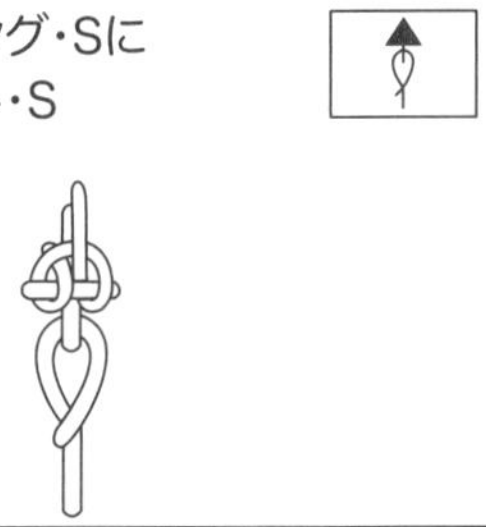

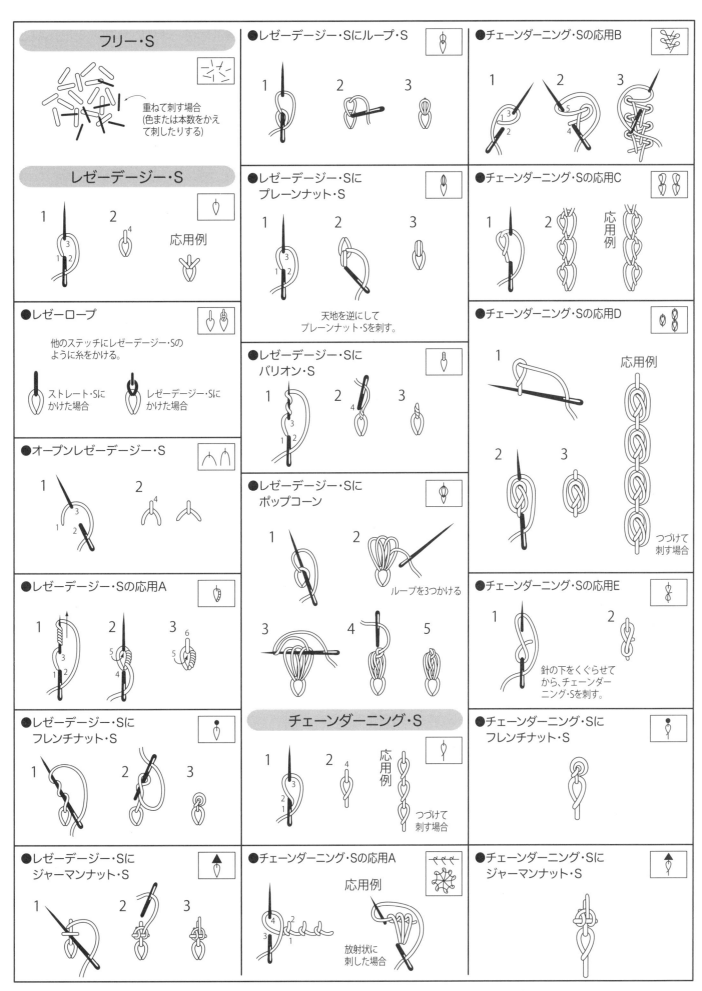

●チェーンダーニング・Sにレゼーデージー・S

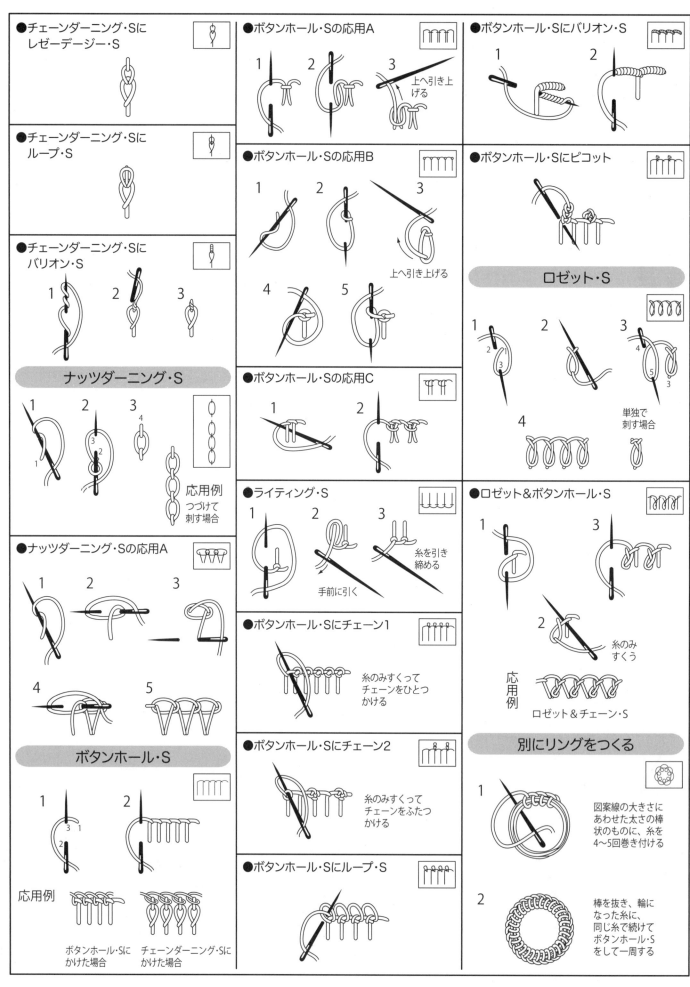

●チェーンダーニング・Sにループ・S

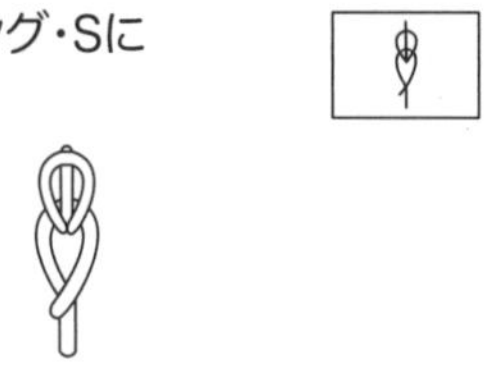

●チェーンダーニング・Sにバリオン・S

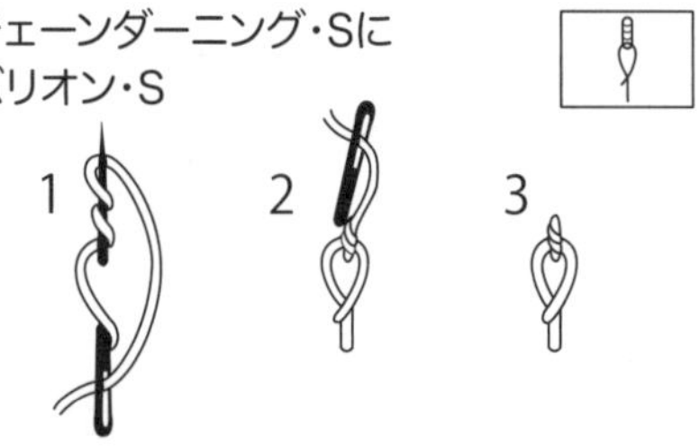
1
2
3

ナッツダーニング・S

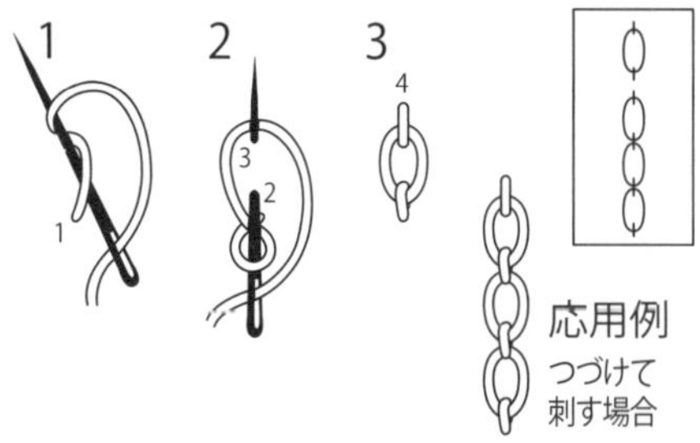
1
2
3
応用例
つづけて刺す場合

●ナッツダーニング・Sの応用A

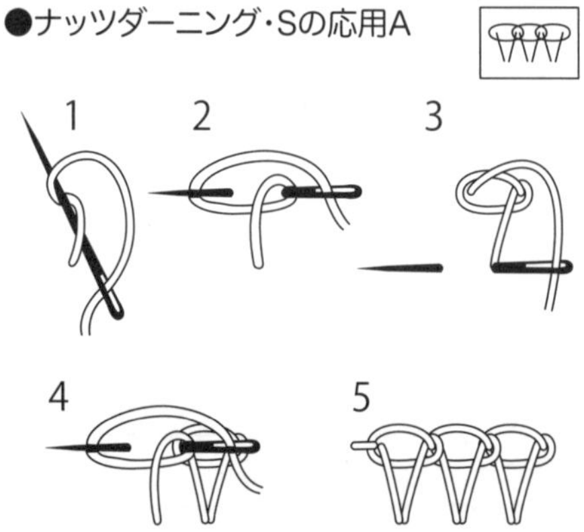
1
2
3
4
5

ボタンホール・S

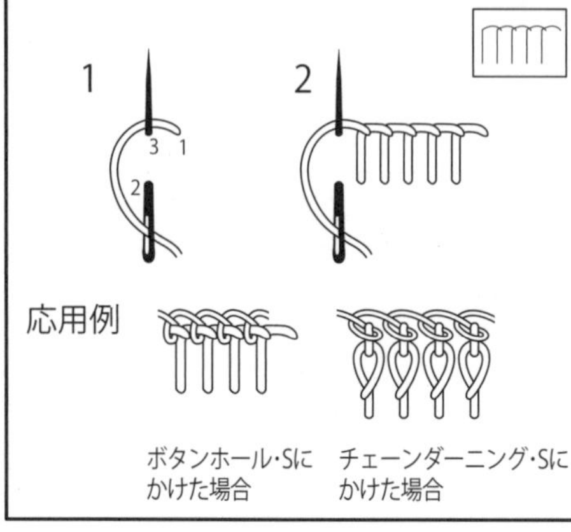
1
2
応用例
ボタンホール・Sにかけた場合
チェーンダーニング・Sにかけた場合

●ボタンホール・Sの応用A

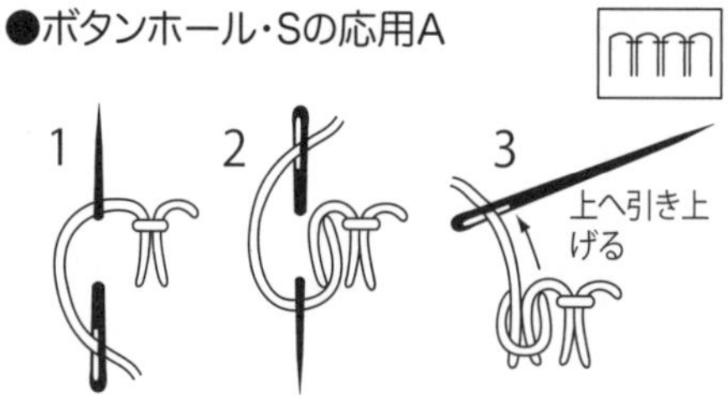
1
2
3
上へ引き上げる

●ボタンホール・Sの応用B

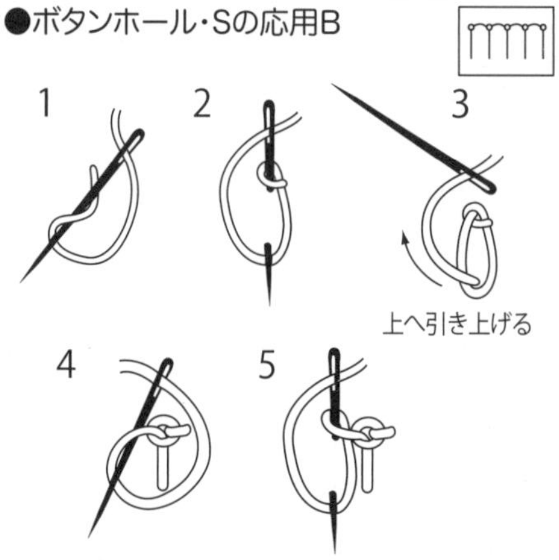
1
2
3
上へ引き上げる
4
5

●ボタンホール・Sの応用C

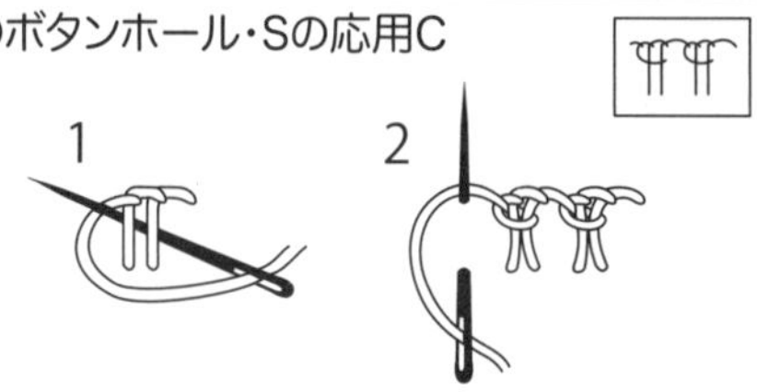
1
2

●ライティング・S

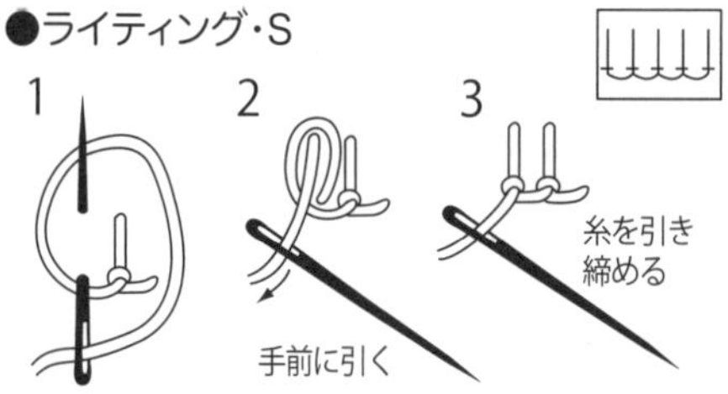
1
2
3
手前に引く
糸を引き締める

●ボタンホール・Sにチェーン1

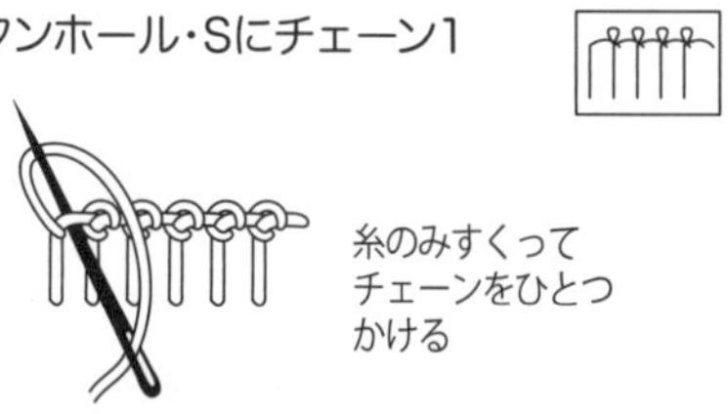
糸のみすくってチェーンをひとつかける

●ボタンホール・Sにチェーン2

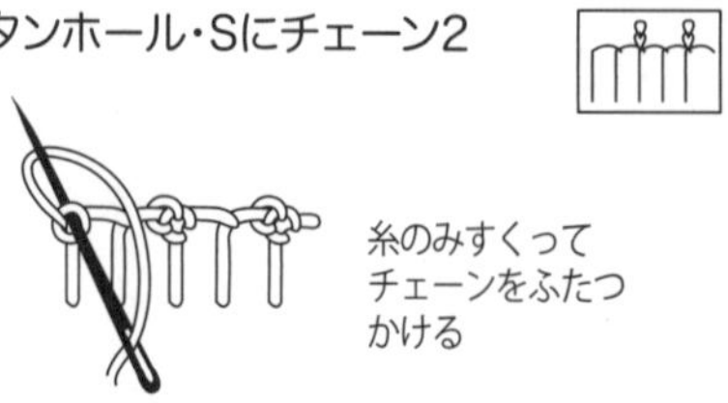
糸のみすくってチェーンをふたつかける

●ボタンホール・Sにループ・S

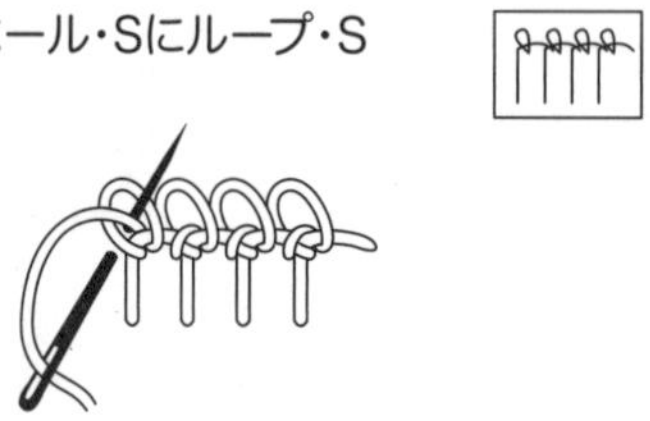

●ボタンホール・Sにバリオン・S

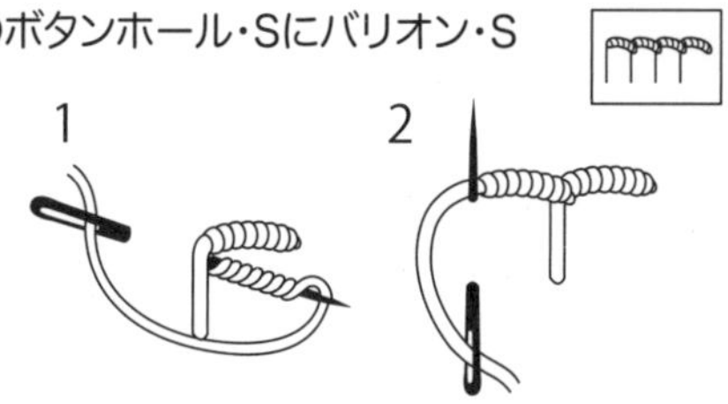
1
2

●ボタンホール・Sにピコット

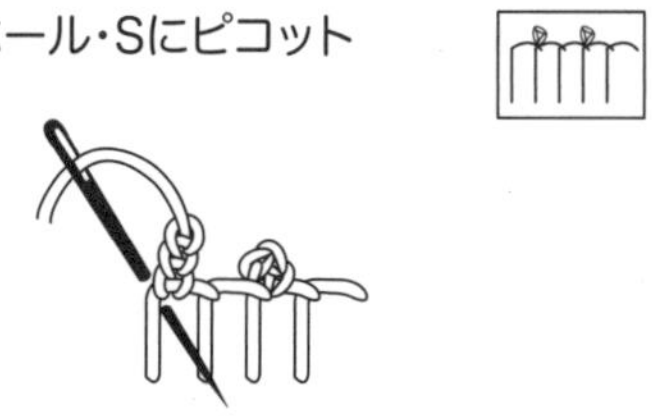

ロゼット・S

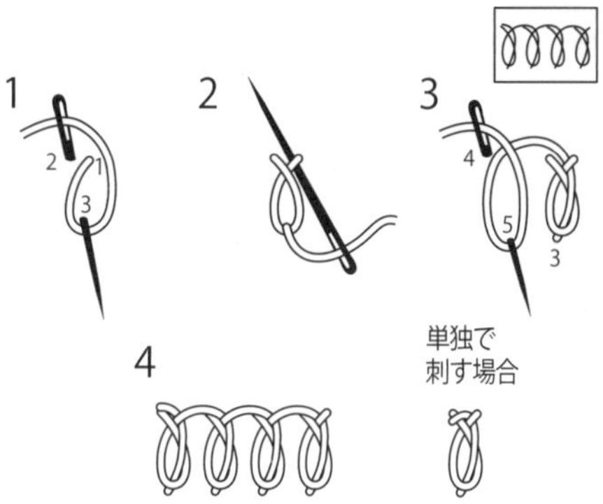
1
2
3
4
単独で刺す場合

●ロゼット&ボタンホール・S

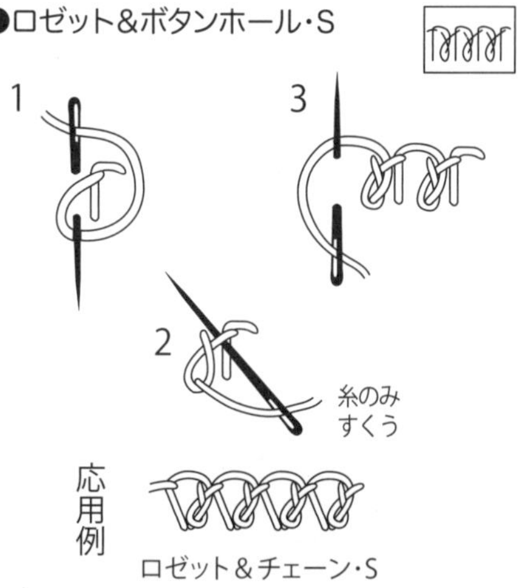
1
3
2
糸のみすくう
応用例
ロゼット＆チェーン・S

別にリングをつくる

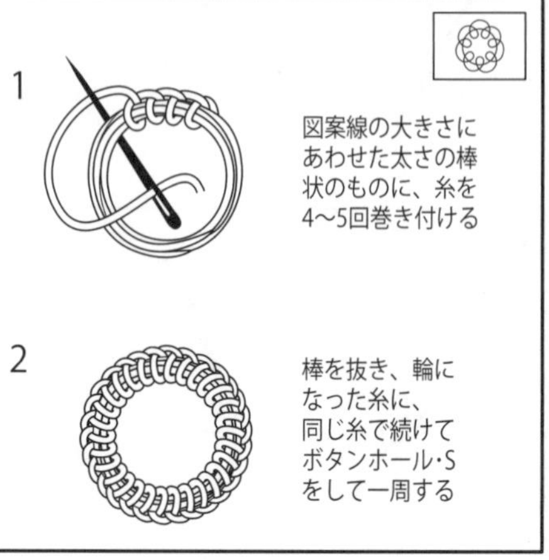
1
図案線の大きさにあわせた太さの棒状のものに、糸を4～5回巻き付ける
2
棒を抜き、輪になった糸に、同じ糸で続けてボタンホール・Sをして一周する

フェザー・S

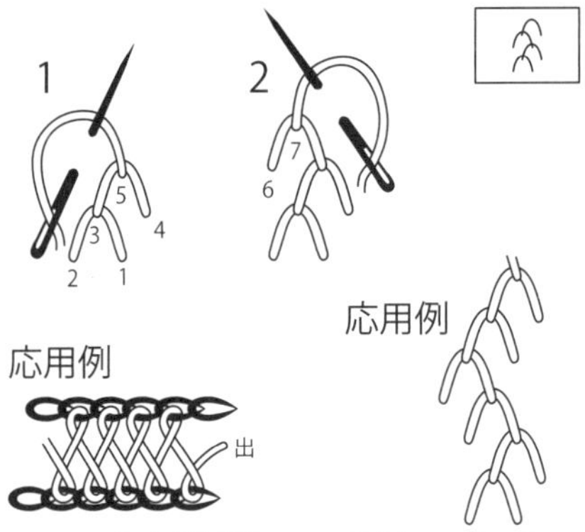
1
2
応用例
出
応用例

チェーン・Sにかけた場合　ダブルフェザー・S

●フェザー・Sの応用A

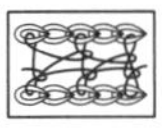

チェーン・Sにかけた場合

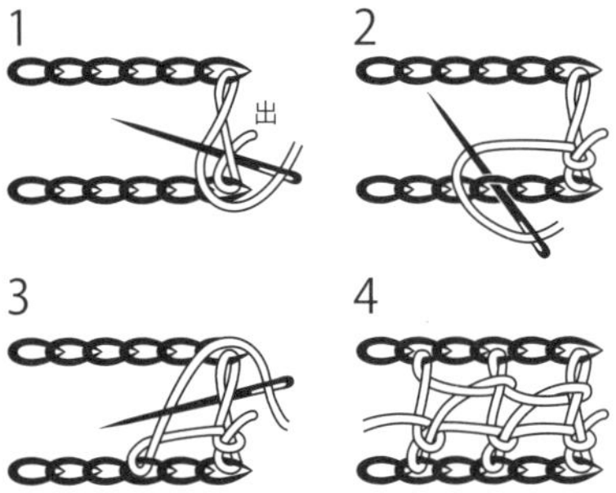
1
2
出
3
4

シャドー・S

●A

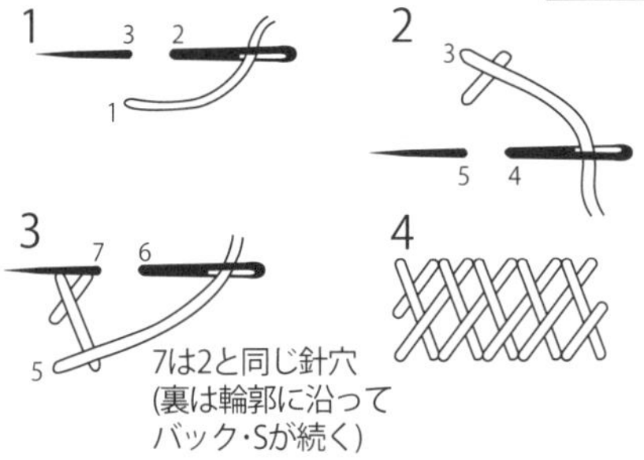
1
2
3
4
7は2と同じ針穴
(裏は輪郭に沿って
バック・Sが続く)

応用例
先端が細い図案に
刺した場合
出
チェーン・Sに
かけた場合

●B

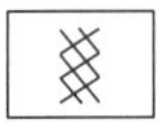

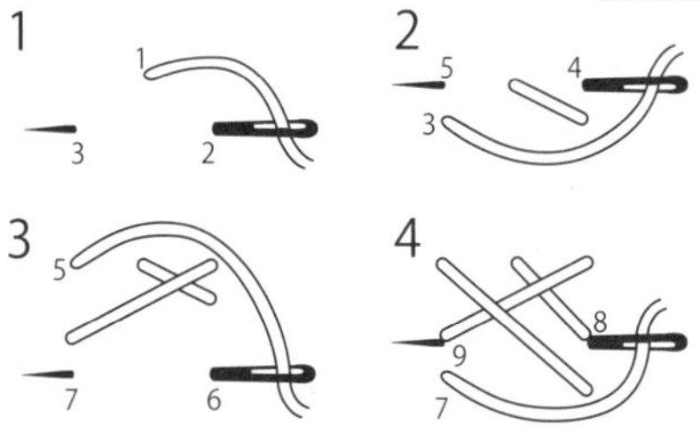
1
2
3
4

8は2と、9は3と同じ針穴
(裏は横に等間隔の
ストレート・Sが渡る)

●ダブルシャドー・S

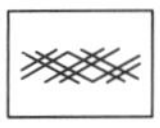

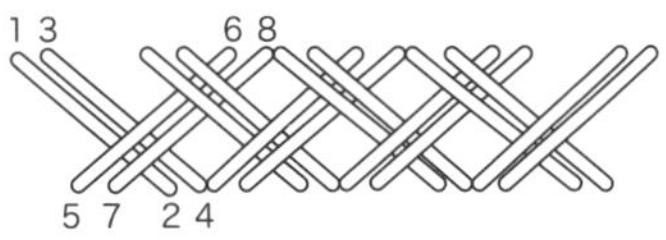
1 3
6 8
5 7
2 4

●レイズドフェザー・S

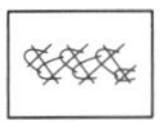

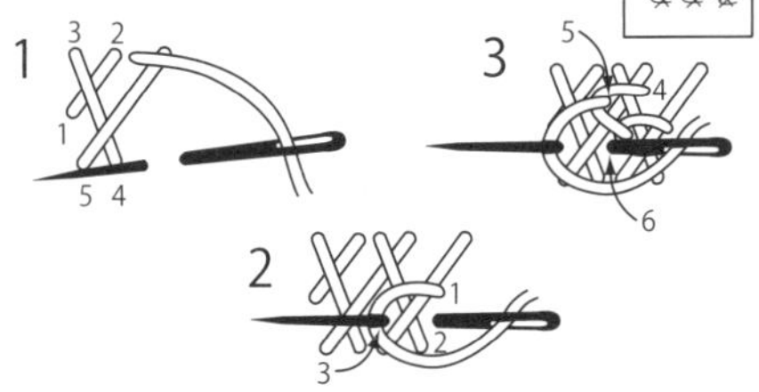
1
2
3

●シャドー・Sの応用A

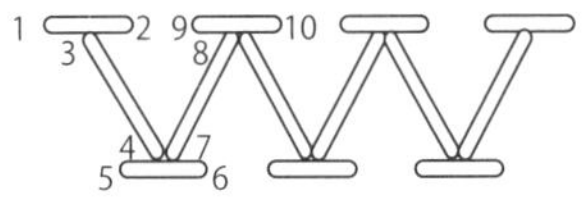
1
2
3
4
5
6
7
8
9
10

●シャドー・Sの応用B

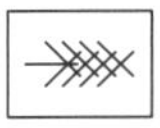

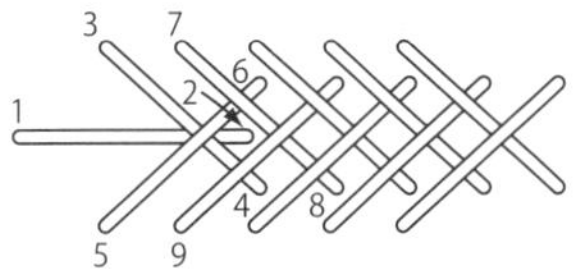
1
2
3
4
5
6
7
8
9

●シャドー・Sの応用C

片側をレゼーデージー・Sにする。

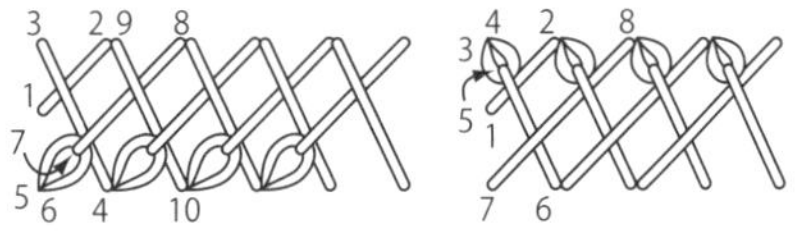

●シャドー・Sの応用D

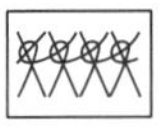

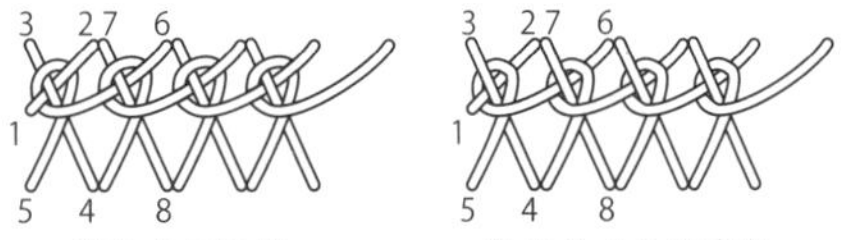
応用例

糸をくぐらせ
ながら刺す。

糸のくぐらせ方を
変えた場合

ハネコム・S

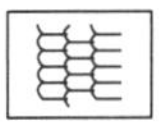

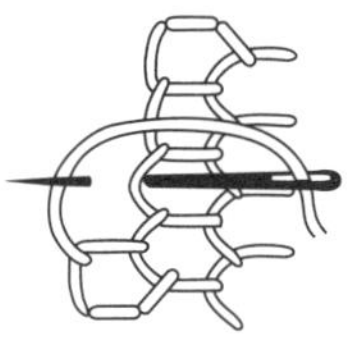

ウィービング・S

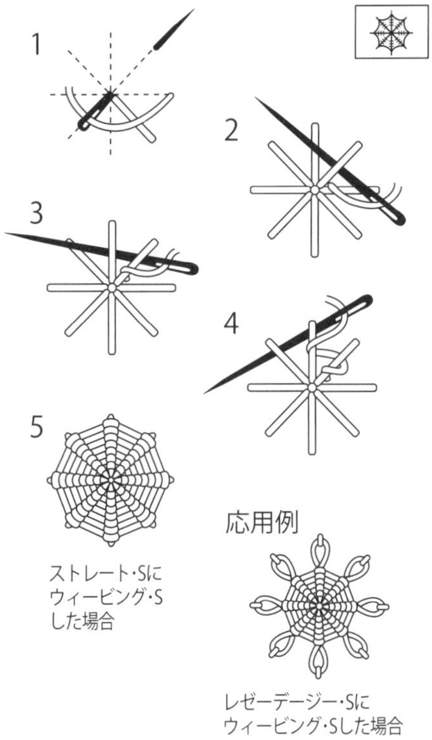
1
2
3
4
5
応用例
ストレート・Sに
ウィービング・S
した場合
レゼーデージー・Sに
ウィービング・Sした場合

ダーニングかがり

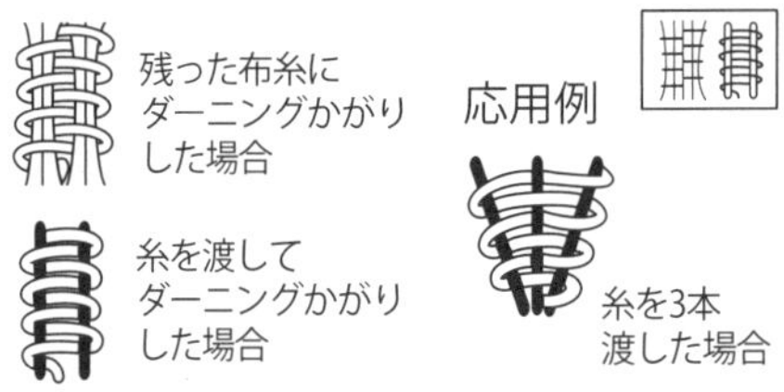
残った布糸に
ダーニングかがり
した場合
応用例
糸を渡して
ダーニングかがり
した場合
糸を3本
渡した場合

アイレットワーク

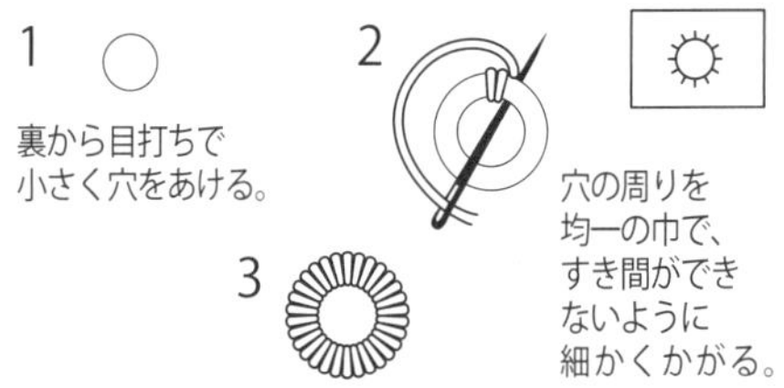
1
裏から目打ちで
小さく穴をあける。
2
穴の周りを
均一の巾で、
すき間ができ
ないように
細かくかがる。
3

4目刺し/6目刺し

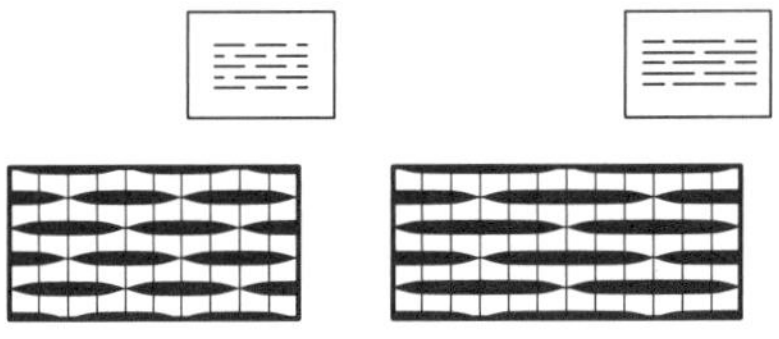

バック・Sで進む

パンチドワーク

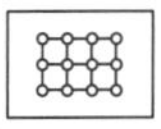

少しきつめに糸を引く

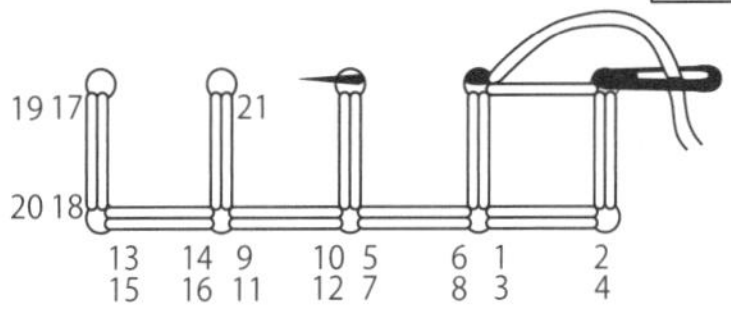
19 17
21
20 18
13 15
14 16
9 11
10 12
5 7
6 8
1 3
2 4

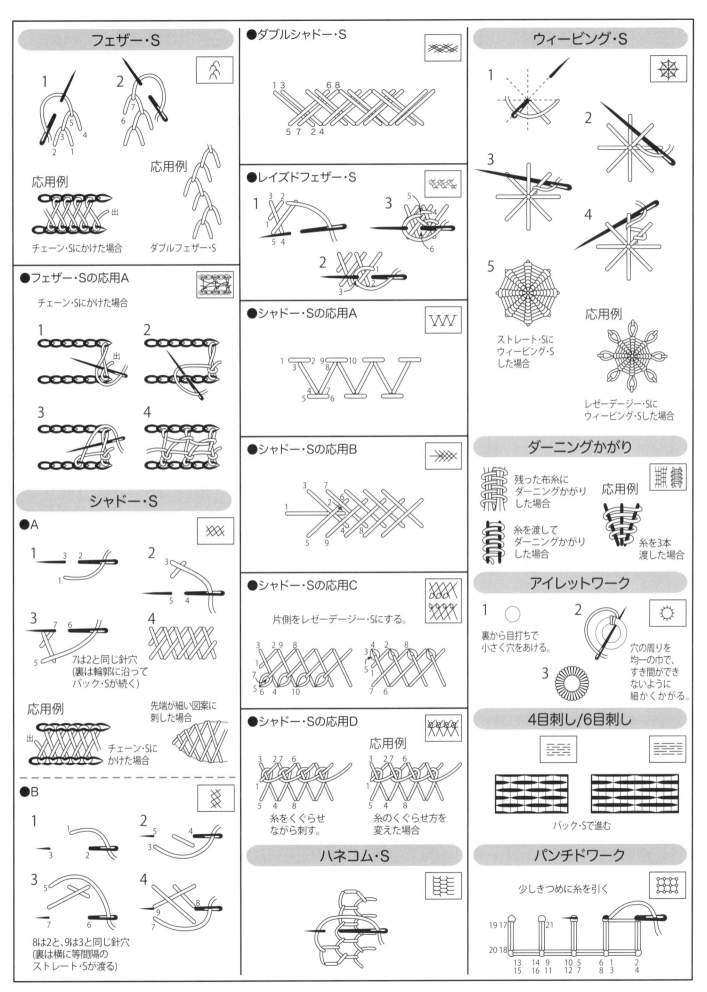

カットワーク　ドロンワーク　ハーダンガーワーク

カットワークは、布を部分的に切り取って、その効果を楽しむ手法です。それには布を切り取るだけのものから、バーワークをするものまで、いろいろな手法があります。
ドロンワークとは、布糸を抜き、残った布糸をいろいろな形にかがり、美しい透かし模様を作り出す手法です。
ドロンワークの中には、**ハーダンガーワーク**があり、布を格子に抜き、幾何学的な模様を作ります。
ここでは、それぞれの基本的な手順を解説します。

●カットワーク

1. 下糸入りボタンホール・Sをする

布を切り取るためにボタンホール・Sで周りをかがりますが、ステッチにボリュームをもたせたり、布を補強するために、バック・S(①図)や、チェーン・S(②図)などで最初に下糸を入れます。
次に下糸の上にボタンホール・Sをします。このときに、糸の間から布が見えないように細かく刺します。この本の作品解説では「ボタンホール・S(下糸入り)」と記していますが、特に指定のない場合には、下糸はボタンホール・Sと同色、同本数で刺します。なお、二つ以上のボタンホール・Sが隣り合う部分は、③④図のように糸をつなぎ合わせておくことが必要です。

①

②

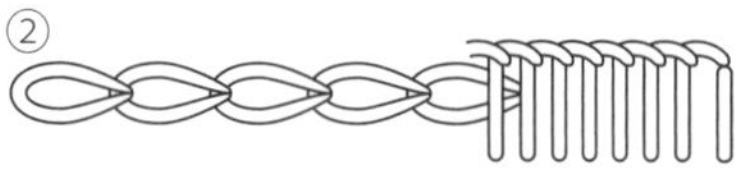

③

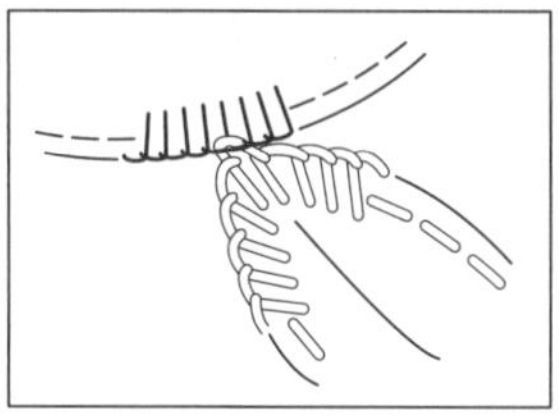

④

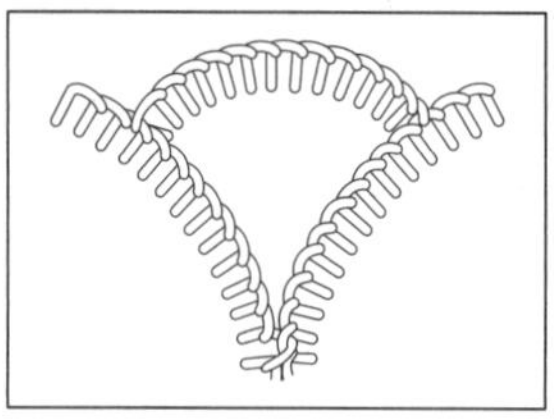

2. 1の下糸入りボタンホール・Sをしながらバーを渡す

本書では、渡した糸をボタンホール・Sでかがる方法(⑤図)をブリッジとし、数回巻きかがりをする方法(⑥図)をバーとしています。本書では総称して、バーワークという名称で解説しています。
ブリッジやバーは布を切り取る部分に渡すことによって、布をしっかりと固定したり、透かし模様的な効果を楽しむために入れるものです。ブリッジは、糸を渡すとき、その糸を少し引き気味に渡しておくと、ボタンホール・Sをかけたときに伸びずにきれいな仕上がりになります。

ブリッジ

⑤

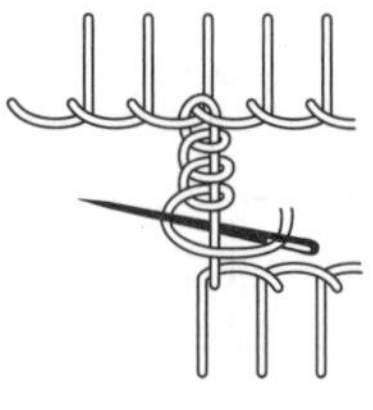

バー

⑥

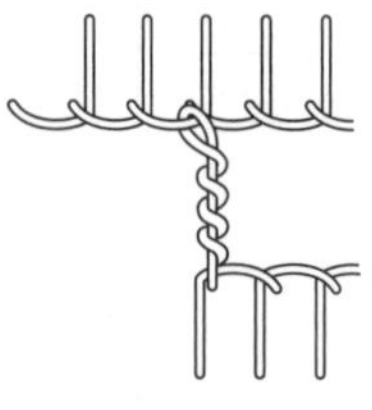

糸の渡し方はいろいろありますが、次に最も多く使われる方法を解説します。この方法は、渡した糸と外周りの糸の色が同色になります。

①

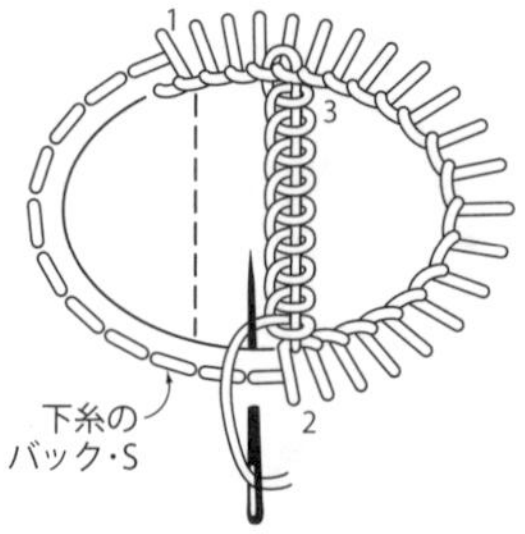

図案の少し外側に、バック・Sまたはチェーン・Sで下糸を入れる。
次に**1**から**2**までボタンホール・Sをし、**3**に糸を渡してボタンホール・Sの頭を図のようにすくい、渡した糸をボタンホール・Sでかがって**2**にもどる。
同じようにもう1本のブリッジを渡しながら、外周りのボタンホール・Sを続ける。

②

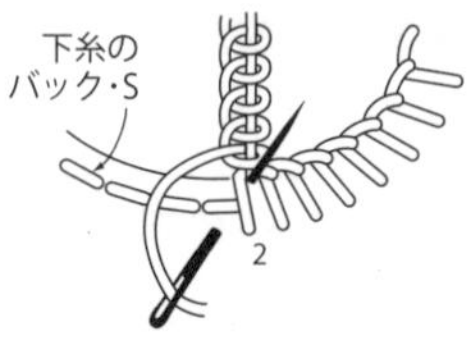

※**2**に戻り外周りに移るときの方法は、①図、②図のどちらの方法でもよい。

［応用例］

①

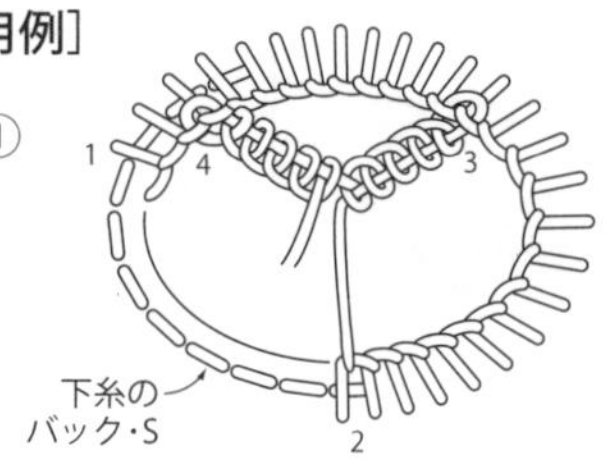

下糸を入れて、**1**から**2**までボタンホール・Sをし、**3**に糸を渡してボタンホール・Sの頭を図のようにすくい、ボタンホール・Sでかがって中心まで戻る。**4**へも同様にして中心へ戻る。

②

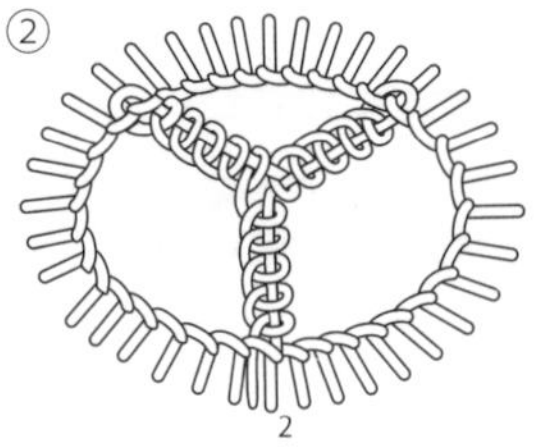

ボタンホール・Sを続けて**2**まで戻り、残りの外周りをボタンホール・Sする。

●別に糸をつけて糸を渡す方法

ボタンホール・Sの頭から糸をつけて出し、下糸を渡し、ボタンホール・Sでかがりながら戻る。

※この方法は、ブリッジと外側の糸の色を変えることが出来ます。

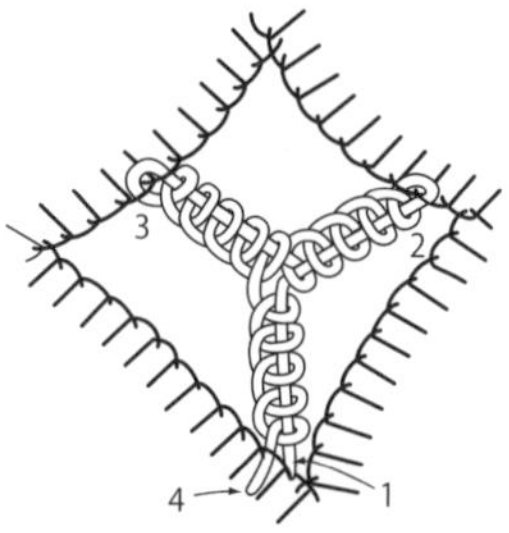

●別に作ったリングをつける方法

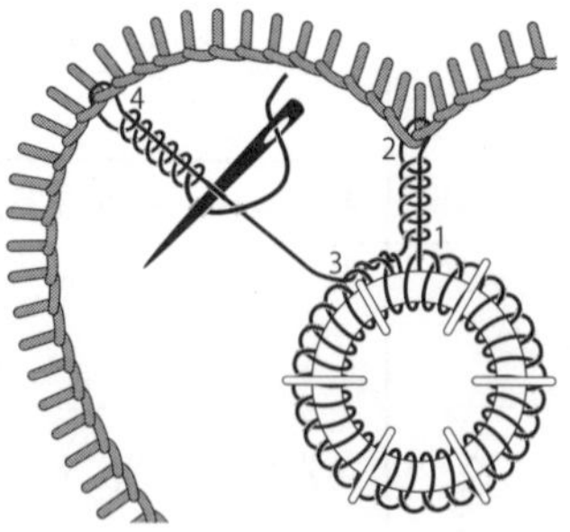

別にリングを作り、糸は切らずにおく。 図案の位置にリングを糸で仮止めし、1から続いている糸を2へ渡し、ボタンホール・Sで戻る。目立たないようにリングの糸をすくって3まで進み、同じ手順で4へ糸を渡し、刺し進める。

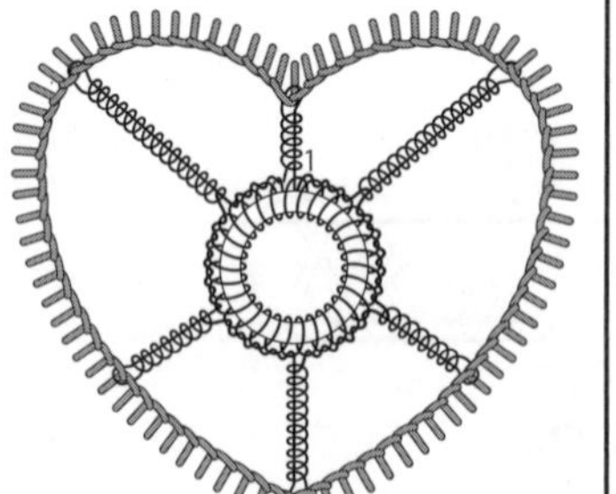

全てのブリッジを渡したら、リングの糸をすくって1に戻り、裏で止める。仮止めの糸を外す。

3. 布をカットする

最後に糸を切らないように注意して、ボタンホール・Sの際で布を切り取ります。切り取る部分が小さい場合は、布の中央に切り込みを入れてからカットします。

●ドロンワーク

1.下糸入りボタンホール・Sをする

カットワークの＜**1.下糸入りボタンホール・Sをする**＞と同様にする。

2.布糸を抜く

①

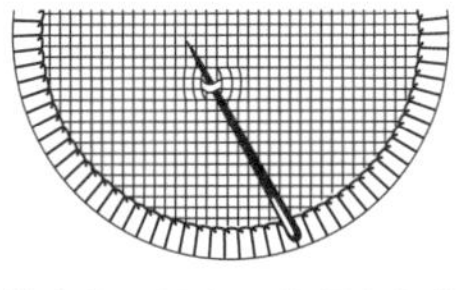

抜きとる長さの中程から針の先を使って、布糸を一本持ち上げる。

②

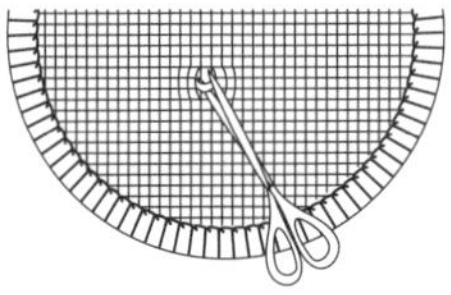

はさみを入れ、切った布糸をそれぞれ両端まで抜き、あとは指定通りの本数の布糸を抜いていく。この時1目でも違うと模様が違ってくるので、充分注意する。

裏

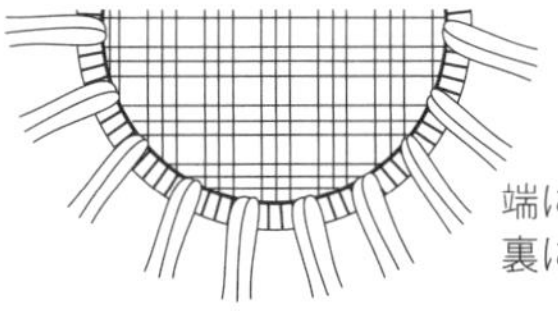

端に集めた布糸を裏に折り返す。

3.抜いた布糸の始末をする

Ⓐ布糸を切る

裏

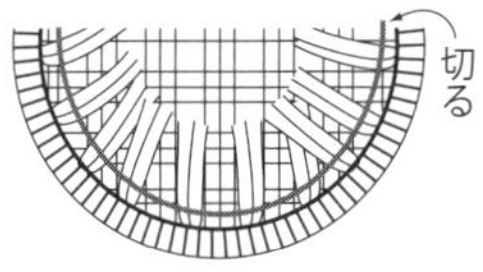
切る

刺繍糸を切らぬように、ボタンホール・Sの際で、余分な布糸を切る。

Ⓑ布糸を裏に止めてから切る。
(Ⓐより丁寧で丈夫な仕上げとなります)

裏

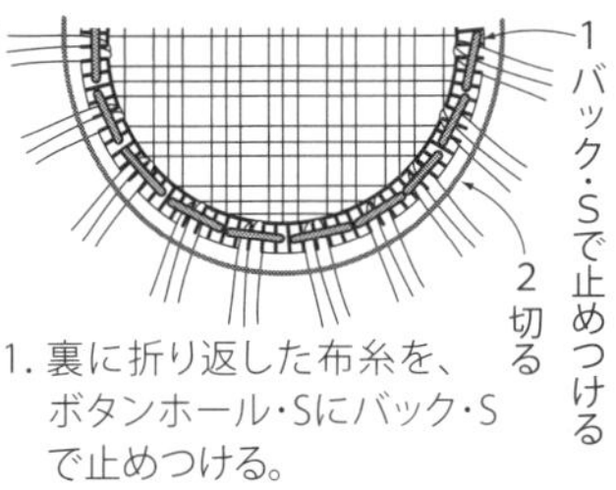
1 バック・Sで止めつける
2 切る

1. 裏に折り返した布糸を、ボタンホール・Sにバック・Sで止めつける。
2. 刺繍糸を切らぬように、余分な布糸を切る。

［参考例］

●布糸を抜いてから周りをボタンホール・Sする方法
(布糸をボタンホール・Sの中に入れてしまうので、より丈夫で丁寧な方法になります)

①裏

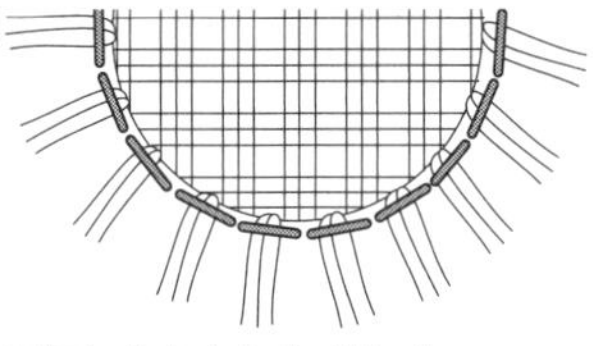

最初に布糸を抜き、端に集めた布糸を裏に折り返し、バック・Sで止めつける。

②表

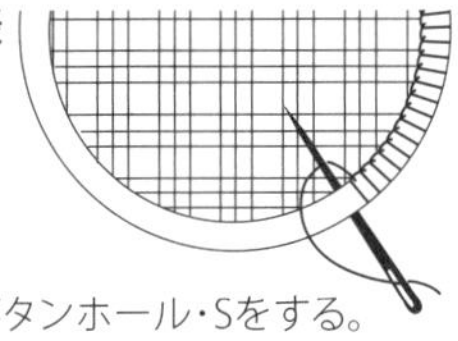

ボタンホール・Sをする。

③表

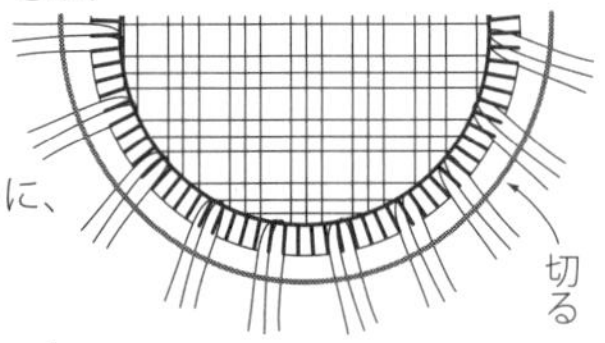
切る

刺繍糸を切らぬように、余分な布糸を切る。

4.残った布糸を指定通りにかがる

●ハーダンガーワーク

［刺す前の準備］

刺す前に布目を数えやすくし、間違いをなくすために、刺しゅう布に糸印を入れておくことをおすすめします。特に大きな作品ほど入れておくと便利です。布の中心をとり、そこからしつけ糸で十字に布目に沿って糸印を付けます。糸印は4目抜く作品は4目おきに布目を拾っておくと、より目数が読み取りやすくなります。また、作品に応じて、要所要所に同じように糸印を入れるとよいでしょう。

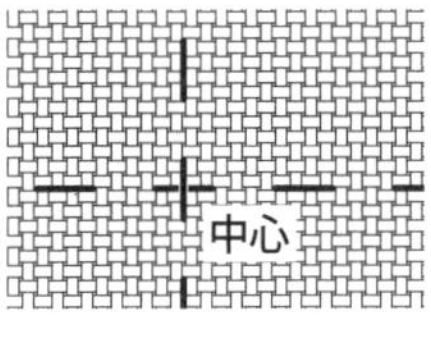
中心

1.周りのストレート・Sをする

表

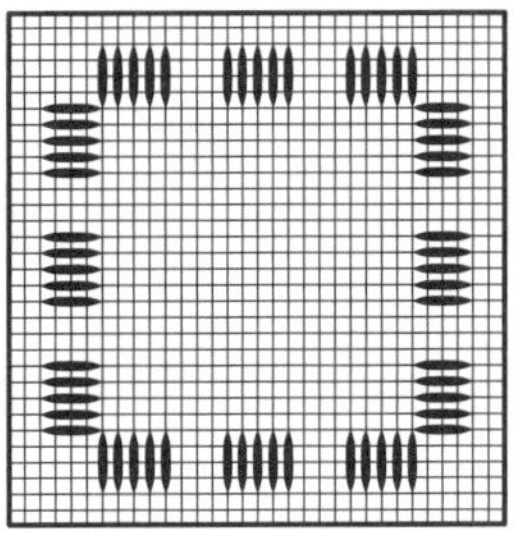

周りをストレート・Sする。

2.布糸を抜く

ドロンワークの〈**2.布糸を抜く**〉と同様にする。

裏

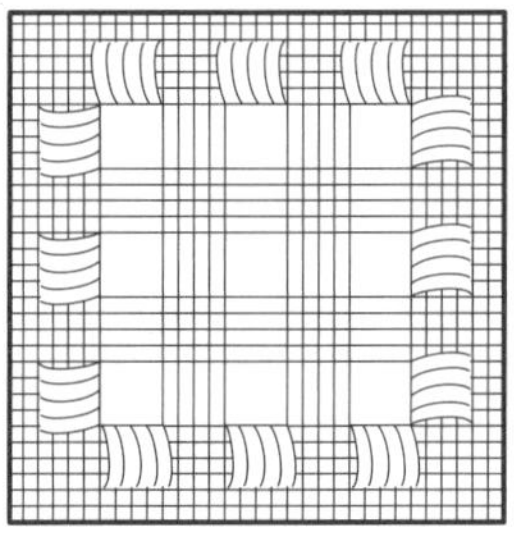

端に集めた布糸を裏に折り返した図。
周りのストレート・Sは省略。

3.抜いた布糸の始末をする

Ⓐ布糸を切る

裏

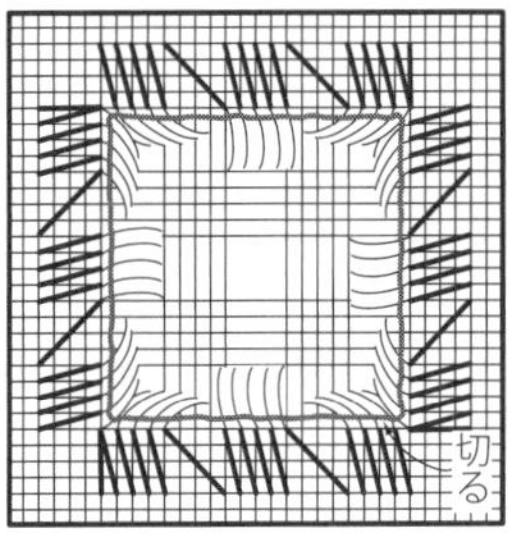
切る

刺繍糸を切らぬように、ストレート・Sの際で余分な布糸を切る。

Ⓑ布糸を裏に止めてから切る。
(Ⓐより丁寧で丈夫な仕上げとなります)

裏

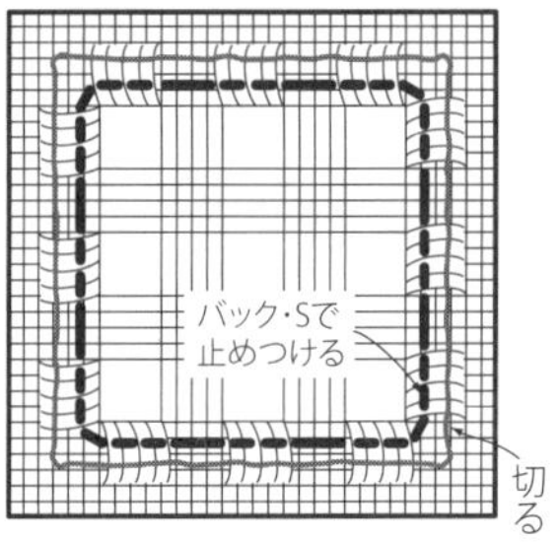
バック・Sで止めつける
切る

裏に折り返した布糸を、ストレート・Sに、バック・Sで止めつけた図。
周りのストレート・Sは省略。

4.残った布糸を指定通りにかがる

ヘム・S

緑のかがり方の代表的なものです。

ヘム・SのA 裏

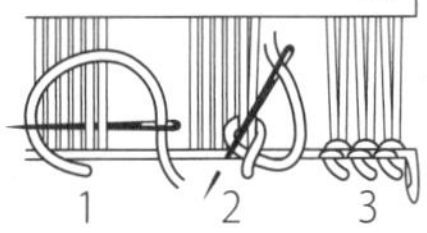
1
2
3

三つ折りにした布端の縁を止めながら、布糸をかがっていく。

ヘム・SのB 表

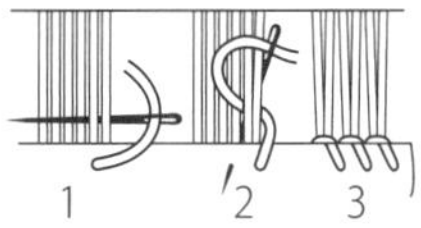
1
2
3

布糸のみかがっていく。

額縁仕立て

角の仕立て方の代表的なものです。

ここでは、額縁仕立てに多く使われている方法を載せました。作品の中には、布糸を抜かず、まつりつける方法などもありますが、このような場合には、作品の解説に準じて下さい。

＊印 拡大図

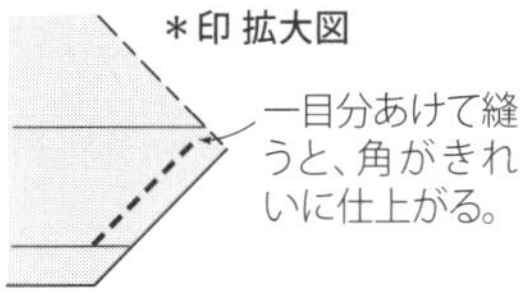
一目分あけて縫うと、角がきれいに仕上がる。

1 裏

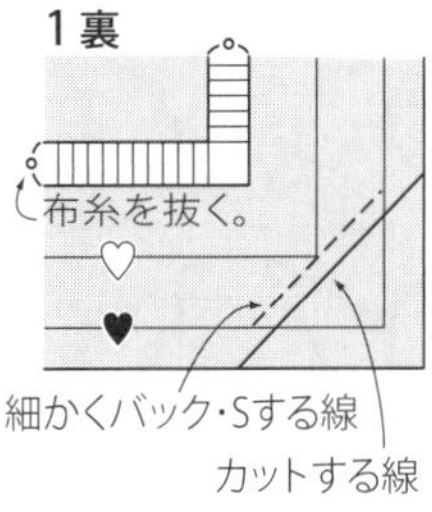
布糸を抜く。
細かくバック・Sする線
カットする線

2 裏

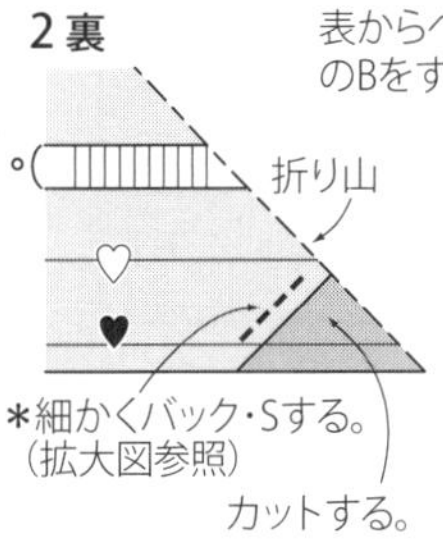
折り山
＊細かくバック・Sする。
(拡大図参照)
カットする。

3 裏

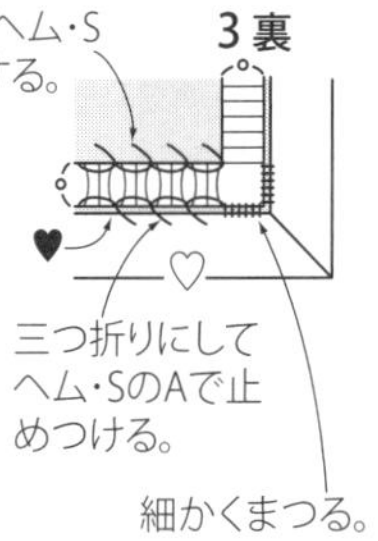
表からヘム・SのBをする。
三つ折りにしてヘム・SのAで止めつける。
細かくまつる。

基本のかがり方

解説中は、各名称で表記しています。

巻きかがり

＊残した織り糸を巻きかがる

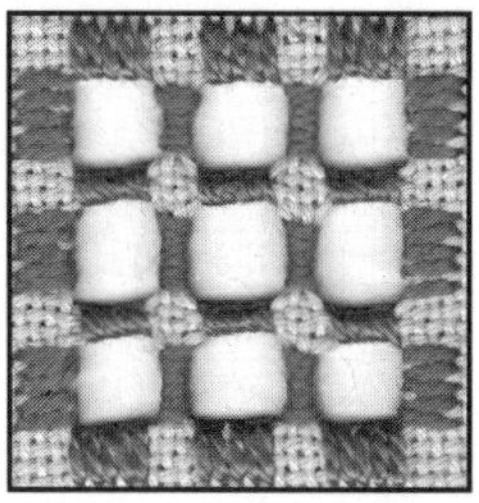

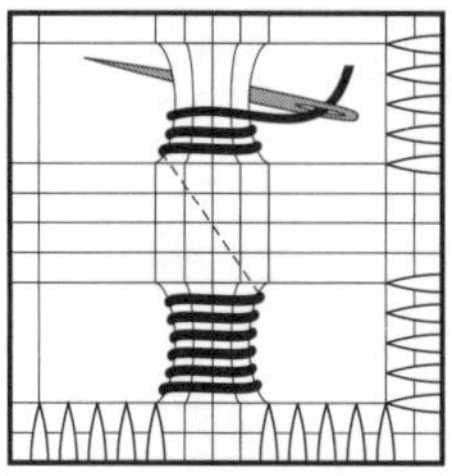

縦をかがる場合

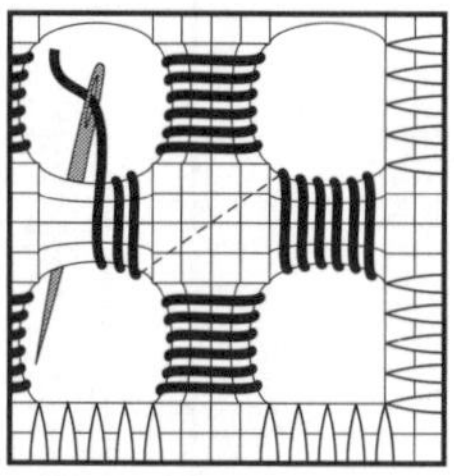

縦をかがってから
横をかがる場合

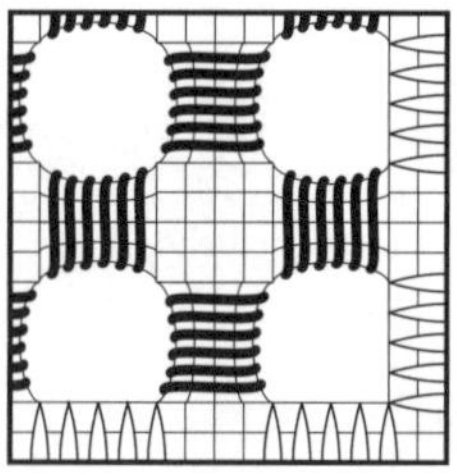

階段状に進む方法もありますが、縦、横それぞれを先にかがり、次に、他方をかがる方法もあります。

ダーニングかがり

＊残した織り糸を交互にかがる

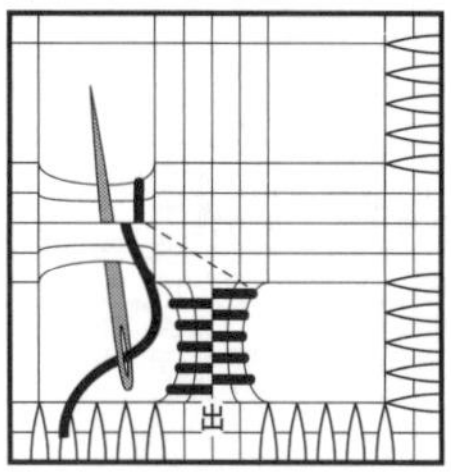

内から外にかがる場合

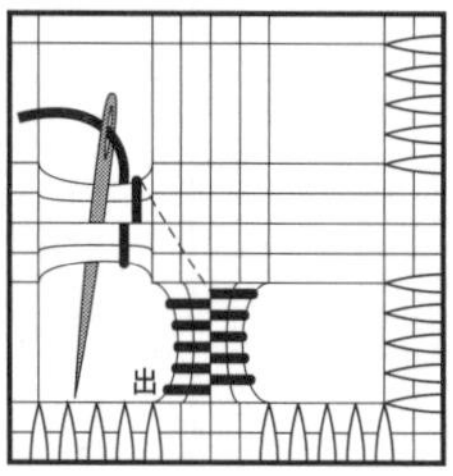

外から内にかがる場合

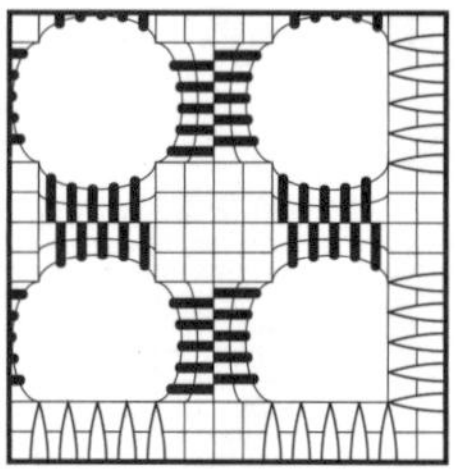

残った織り糸を半分に分け、交互にダーニングかがりをした場合。
階段状に進むのが基本の方法ですが、縦を全部かがってから、横をかがる方法もあります。

A

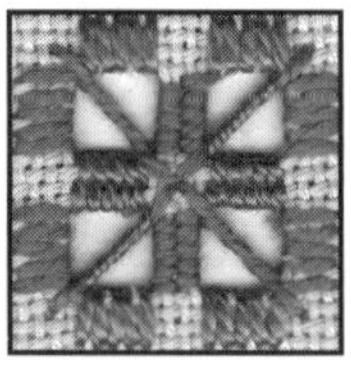

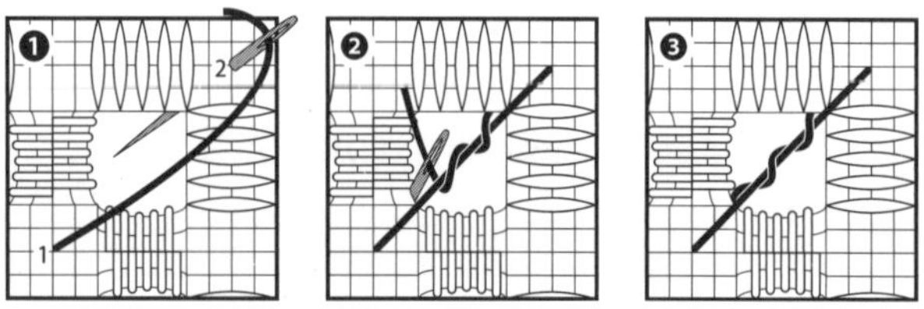

1から糸を出して2に入れ、数回巻きかがりながら戻る。

B

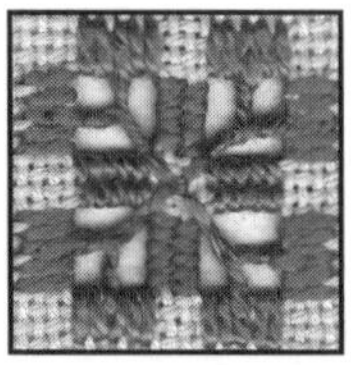

1から糸を出して2に入れ、巻きかがりながら戻り、途中で3に入れて同様に巻きかがる。糸が交差しているところで図のように糸を交互に1回かけ、巻きかがりながら1に戻る。

C

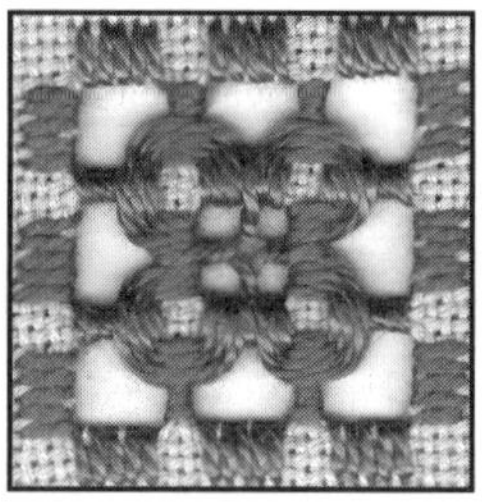

最初に織り糸をかがる(この場合は 巻きかがり)。次に、かがった織り糸4つにダーニングかがりをする。これを4箇所かけ、続けて E をかがった織り糸にかける(図はわかりやすいように糸の色を変えてあります)。

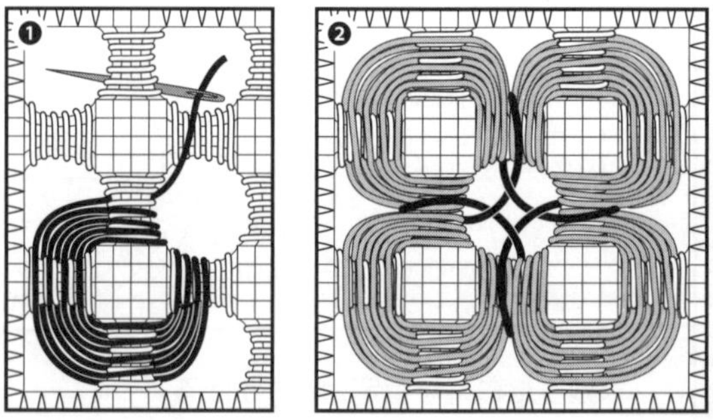

D

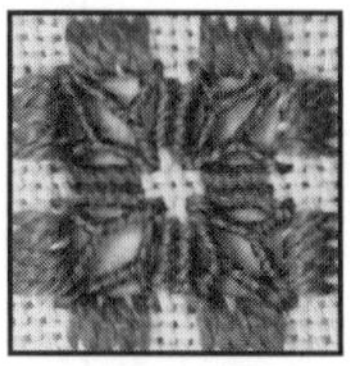

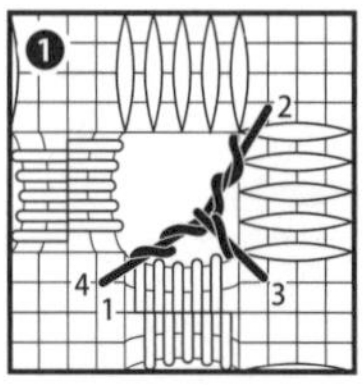

1から2に斜めに糸を渡し、巻きかがり2回で中央まで戻り、3に糸を渡して1回巻きで中央まで戻り、刺し始めの4まで2回巻いて戻る。

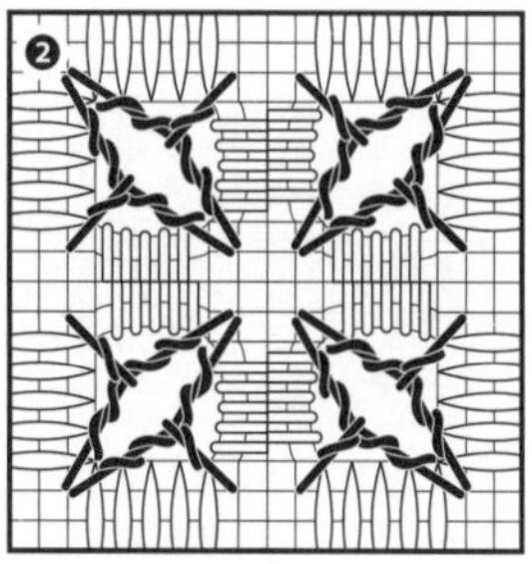

対角になるようにもう一方にも同じ巻きかがりをする。

E

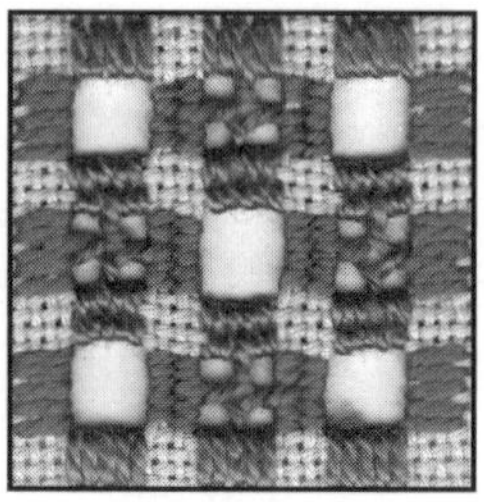

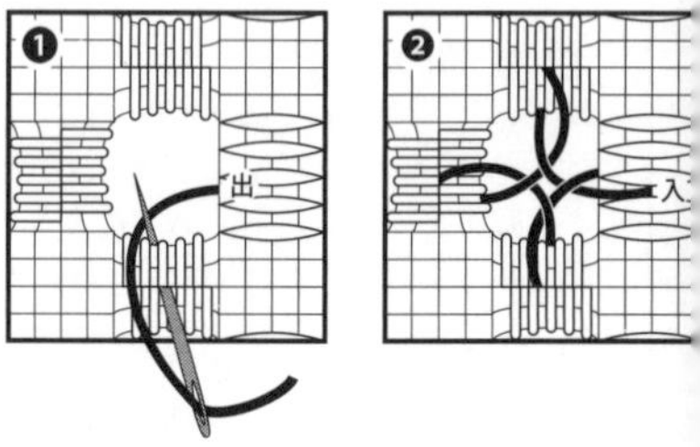

図のように糸をかける。最後は、最初の糸にくぐらせて針を入れる。

F

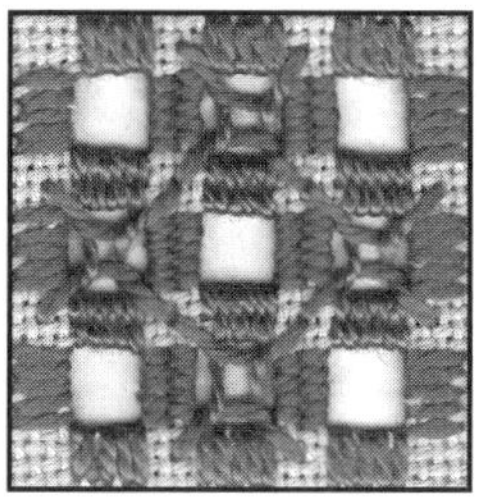

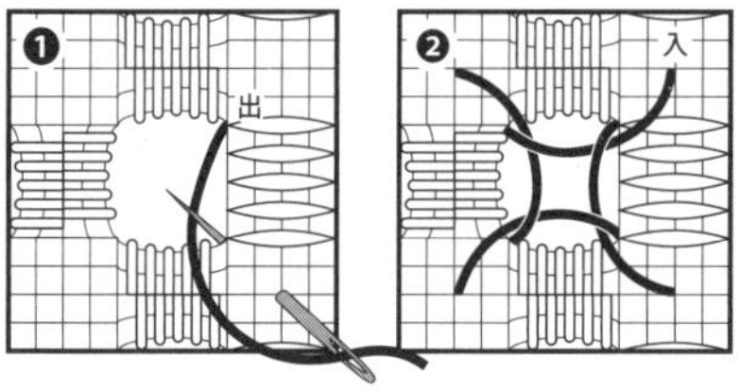
❶
出
❷
入

図のように糸をかける。最後は、最初の糸にくぐらせて針を入れる。

G

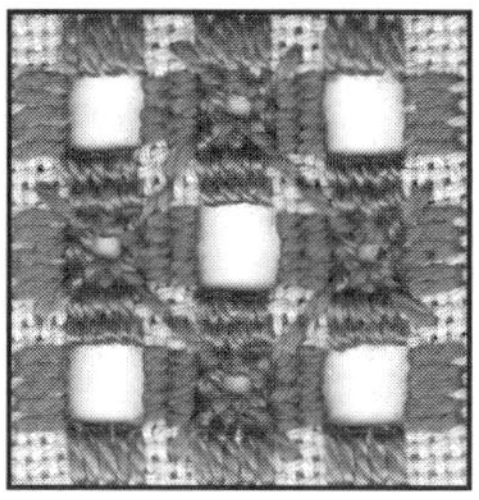

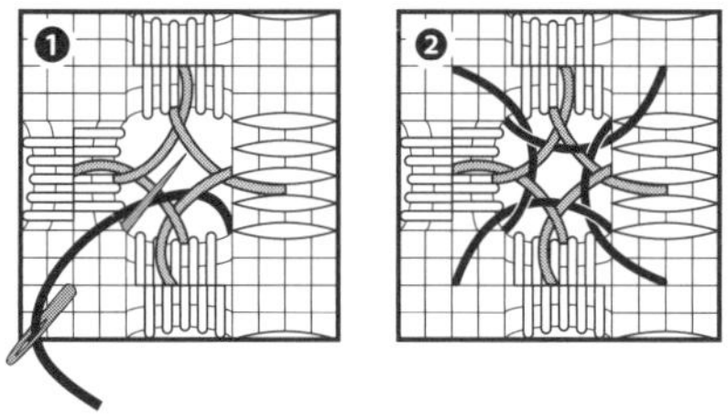
❶
❷

Eに続けてFをかけるが、途中でEの糸にくぐらせる(図はわかりやすいように糸の色を変えてあります)。

J

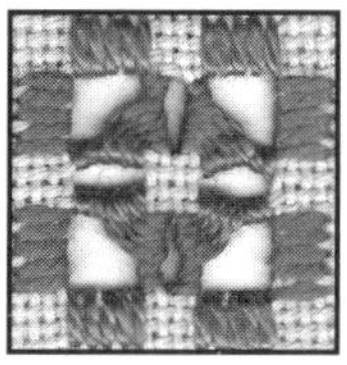

残った織り糸を半分に分け、巻きかがる。途中からダーニングかがりをして、残りの織り糸を巻きかがる。

❶
出
❷
❸
入

H

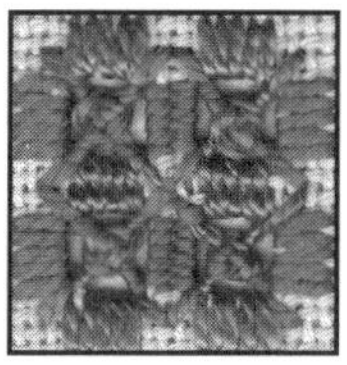

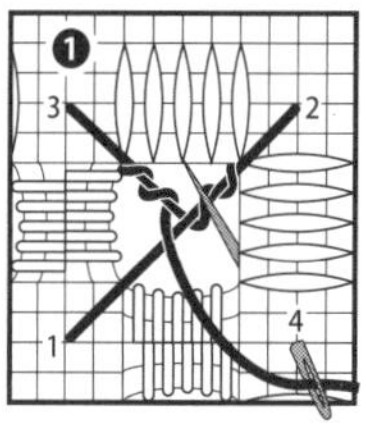
❶
3
2
1
4

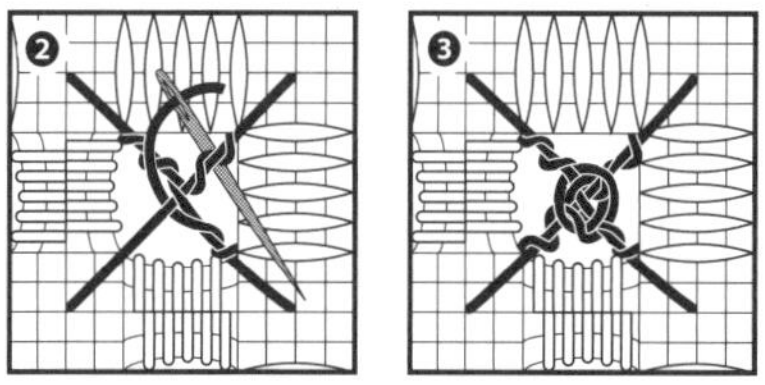
❷
❸

1から糸を出して2に入れ、巻きかがりながら戻り、途中で3に入れて同様に巻きかがり、4に入れる。巻きかがりながら糸が交差しているところで図のように糸を交互に2回かけ、巻きかがりながら1に戻る。

I

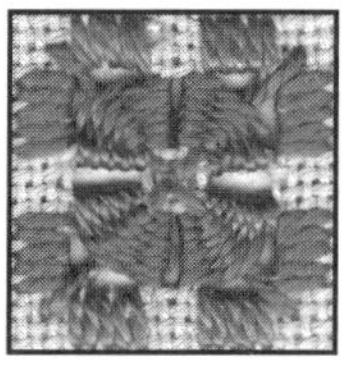

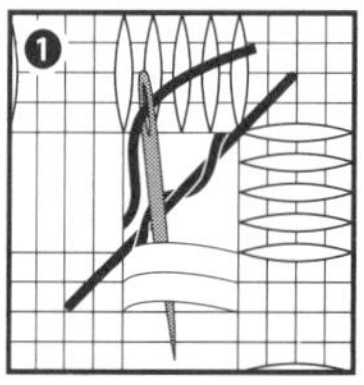
❶

最初に中心からAを渡す。

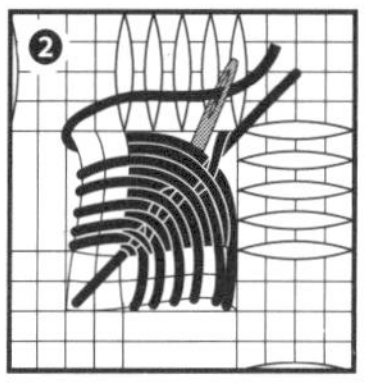
❷

次に、半分に分けた織り糸とダーニングかがりをする。

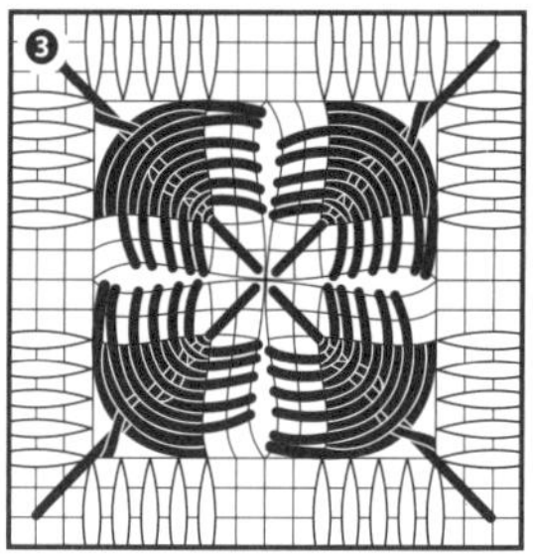
❸

K

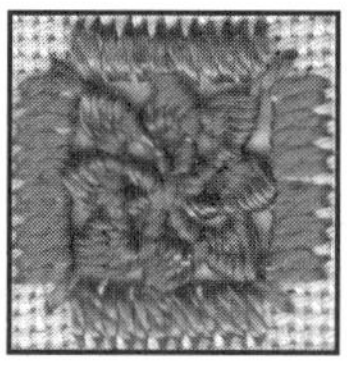

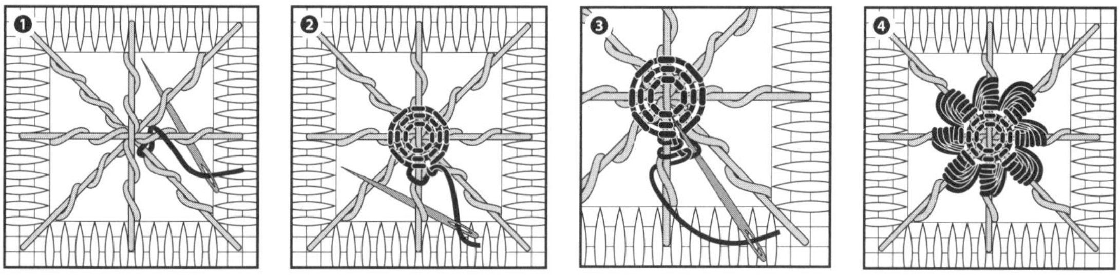
❶
❷
❸
❹

最初にAを八方に渡し、その糸にウィービング・Sをする。次に、渡した糸とウィービング・Sの最後の糸にダーニングかがりをする。

M

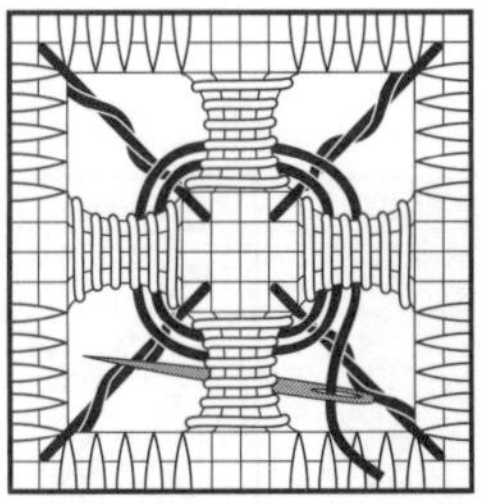

最初に織り糸をかがる(この場合は 巻きかがり)。次に、A を四方に渡し、かがった織り糸と交互に糸をかける。

N

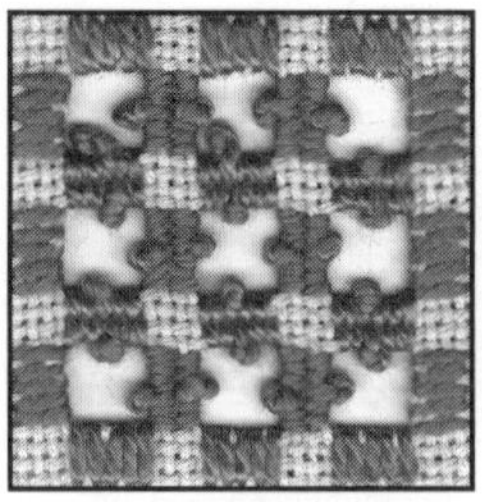

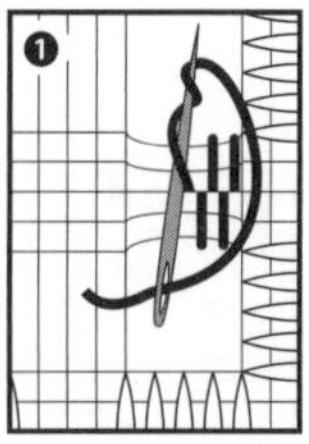

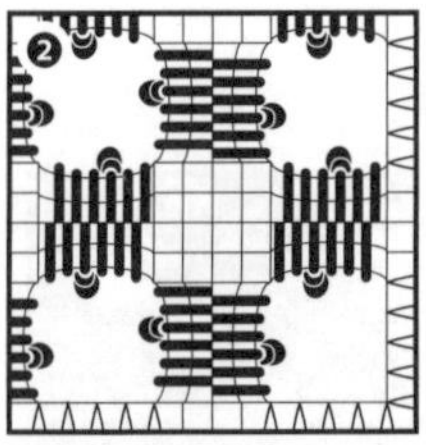

ダーニングかがりを半分までして、バリオン・Sの要領で糸を1～2回巻き、ピコットを作る。続けて残りのダーニングかがりをする。進み方は、 ダーニングかがり 同様、階段状、または縦を全部かがってから、横をかがる。

●周りのかがり方と仕上げ●

ボタンホール・S

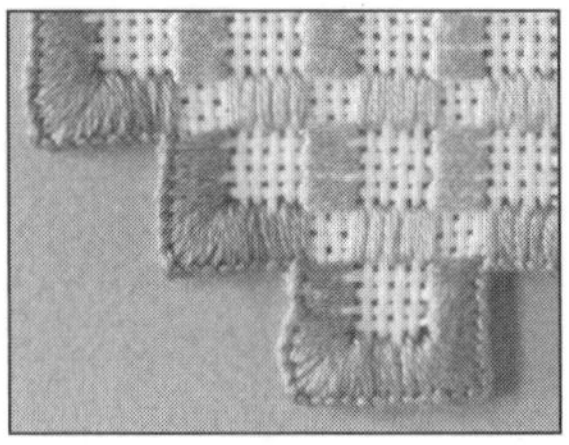

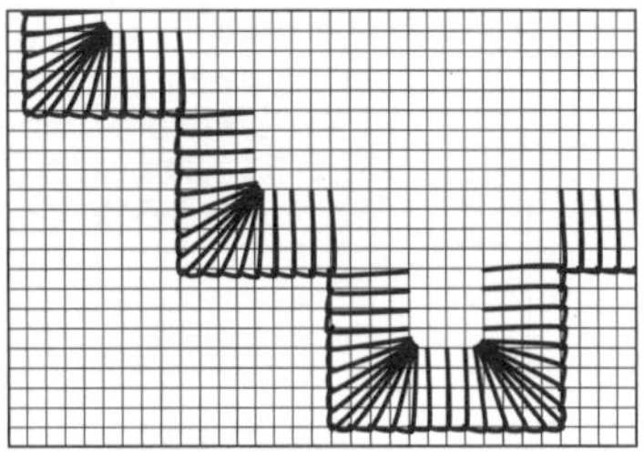

①布を切った時にすき間が出来ないように、頭の糸がつながるように気をつけながらボタンホール・Sをする

②糸に傷をつけないように気をつけながら、余分な布をカットする

ダーニングかがり＋ボタンホール・S

＊レースのような透かし模様が美しい技法です。

＊ダーニングかがりとボタンホール・Sを続けて刺す方法もあります。

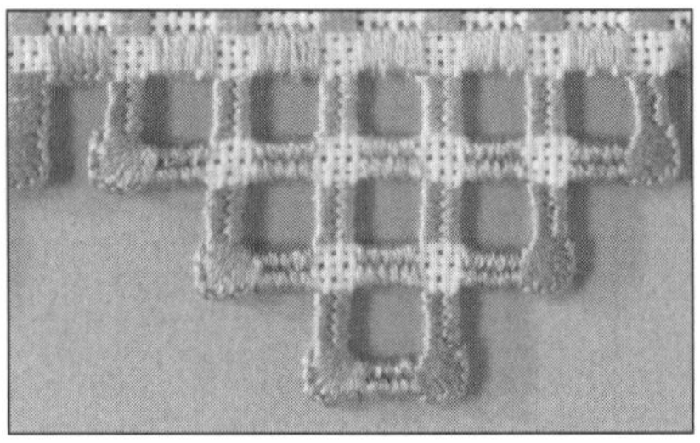

余分な織り糸をカットする前の状態

1

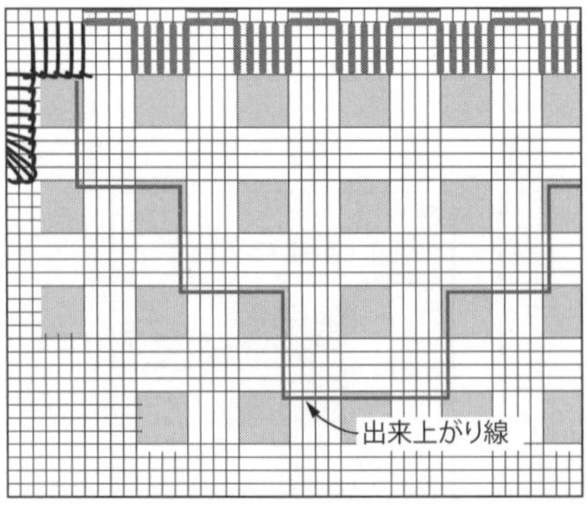

①ストレート・Sに沿って、出来上がり線の一回り外側でタテ糸を切り、抜いておく

②続けてヨコ糸を、図のように4目ずつ抜く

2

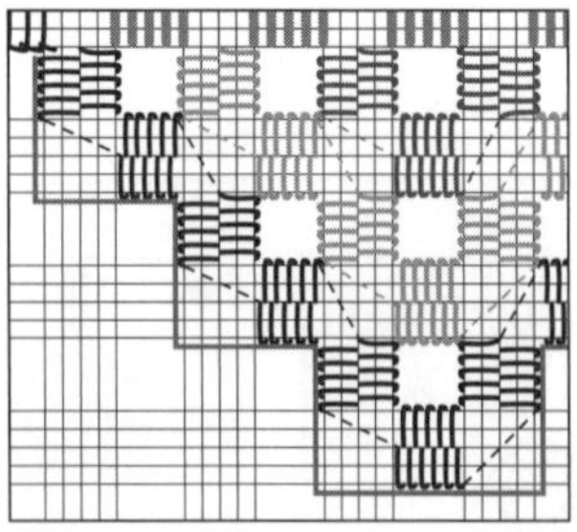

③内側から順に、ダーニングかがりをする

3

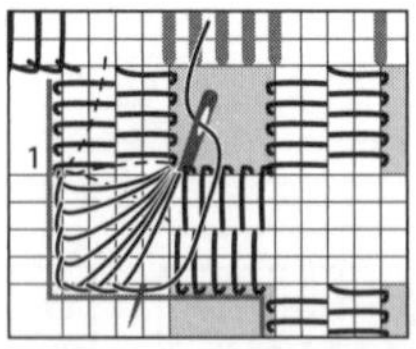

④ダーニングかがりの裏の糸に針を通し、1から針を出し、ボタンホール・Sをする。

4

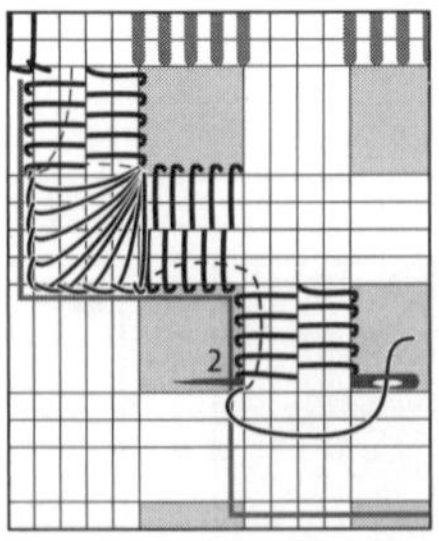

⑤同様に針を通し、2から針を出し、続ける。

5

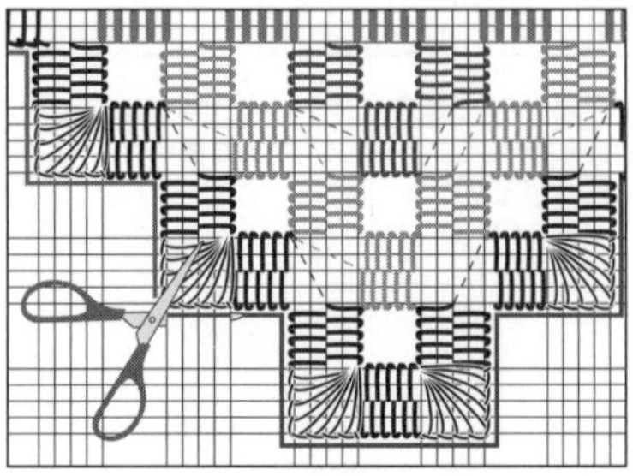

⑥刺し終えたら、糸に傷をつけないように気をつけながら、余分な織り糸をカットする